UTB 2835

Eine Arbeitsgemeinschaft der Verlage

Beltz Verlag Weinheim · Basel
Böhlau Verlag Köln · Weimar · Wien
Wilhelm Fink Verlag München
A. Francke Verlag Tübingen und Basel
Paul Haupt Verlag Bern · Stuttgart · Wien
Lucius & Lucius Verlagsgesellschaft Stuttgart
Mohr Siebeck Tübingen
C. F. Müller Verlag Heidelberg
Ernst Reinhardt Verlag München und Basel
Ferdinand Schöningh Verlag Paderborn · München · Wien · Zürich
Eugen Ulmer Verlag Stuttgart
UVK Verlagsgesellschaft Konstanz
Vandenhoeck & Ruprecht Göttingen
vdf Hochschulverlag AG an der ETH Zürich
Verlag Barbara Budrich Opladen · Farmington Hills
Verlag Recht und Wirtschaft Frankfurt am Main
WUV   Facultas Wien

Sabina Misoch

Online-Kommunikation

UVK Verlagsgesellschaft mbH

Bibliografische Information der Deutschen Bibliothek
Die Deutsche Bibliothek verzeichnet diese Publikation in der Deutschen
Nationalbibliografie; detaillierte bibliografische Daten sind im Internet über
<http://dnb.ddb.de> abrufbar.

ISBN 13: 978-3-8252-2835-4
ISBN 10: 3-8252-2835-5

© UVK Verlagsgesellschaft mbH, Konstanz 2006

Einbandgestaltung und -motiv: Atelier Reichert, Stuttgart
Satz und Layout: Claudia Wild-Bechinger, Stuttgart
Druck: Ebner & Spiegel, Ulm

UVK Verlagsgesellschaft mbH
Schützenstr. 24 · 78462 Konstanz
Tel. 07531-9053-21 · Fax 07531-9053-98
www.uvk.de

Inhalt

I. Kommunikation

1. Was ist Kommunikation?

Bevor man sich mit verschiedenen Modellen und Theorien der computervermittelten Kommunikation auseinander setzt, ist es ratsam, zuerst den theoretischen Hintergrund hinreichend zu sondieren und die Frage zu beantworten: Was ist überhaupt unter Kommunikation zu verstehen, bzw. wie kann dieser Begriff definiert werden?

Kommunikation ist ein weit gefasster Begriff und bezeichnet einen an sich alltäglichen Vorgang, denn wir alle kommunizieren tagtäglich, ohne uns dieses Prozesses immer bewusst zu sein. Gerade weil es sich bei Kommunikation um einen alltäglichen, für das Zusammenleben der Menschen unabdingbaren und basalen Vorgang handelt, setzen sich verschiedene Fachdisziplinen (Psychologie, Soziologie, Kommunikationswissenschaften, Linguistik usw.) mit diesem Phänomen auseinander. Durch die Multidisziplinarität des Begriffes hat sich eine begriffliche Vielfalt herausgebildet, was anhand der über 160 verschiedenen Bedeutungskonnotationen des Begriffes Kommunikation (Merten 1977) verdeutlicht werden kann.

Der Begriff selbst leitet sich vom lat. communicatio ab, was soviel bedeutet wie Mitteilung oder Verbindung. Unter Kommunikation versteht man im allgemeinen Sinne den Vorgang der Informationsübermittlung von einem Sender zu einem Empfänger mittels Zeichen/Codes. Diese grundlegende Struktur kann z. B. anhand des informationstechnischen Kommunikationsmodells von Shannon und Weaver, welches als „Sender-Transmitter-Receiver"-Schema[1] allgemein bekannt ist, verdeutlicht werden:

Schaubild: Das informationstheoretische Kommunikationsmodell von Shannon & Weaver (1949)

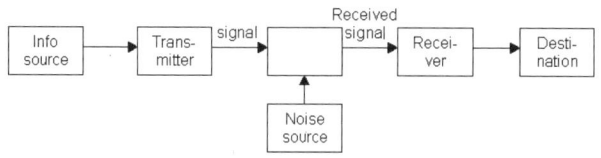

---

1 Für Shannon/Weaver war von besonderem Interesse, welchen Irritationen und Störungen der Informationsübertragungsprozess unterworfen sein kann (noise). Dies ist für die Einführung in den Begriff der Kommunikation nicht relevant und wird deswegen an dieser Stelle nicht weiter ausgeführt.

Der Begriff der Kommunikation kann Prozesse der Informationsübermittlung bei technischen Systemen oder bei Lebewesen bezeichnen. Kommunikation bedeutet, dass ein System (z. B. ein Lebewesen) die Fähigkeit besitzt, Zeichen auszusenden und zu empfangen und somit Botschaften mit der Umwelt auszutauschen.

Der Kommunikationsbegriff ist einer der zentralen Begriffe der Soziologie, da „alles Verhalten in einer zwischenmenschlichen Situation" (Watzlawik u. a. 1969) als Kommunikation bezeichnet werden kann: Ein Individuum sendet in einer sozialen Situation[2] immer Zeichen aus, seien diese bewusst oder unbewusst, man kann somit nicht *nicht* kommunizieren (Watzlawik). Diese Definition subsumiert auch nicht-intentionales und unbewusstes Verhalten als Kommunikation.

Betrachtet man jedoch den Bereich der intentionalen Zeichensendung, so zeigt sich, dass Kommunikation eng mit der menschlichen Fähigkeit der *Soziabilität* zusammenhängt. Hierunter wird die Fähigkeit zur Gesellschaftsbildung verstanden, die soziale Aushandlungsprozesse voraussetzt: Kommunikation ist damit Grundvoraussetzung für alle Formen der Vergesellschaftung und kann als anthropologische Grundkonstante des Menschen bezeichnet werden (Burkart 1995, 125). Kommunikation ist ein *sozialer Prozess*, in welchem unter gemeinschaftlicher Verwendung sinnhafter (oftmals regelgebundener) Zeichen und Codes eine wechselseitige Verständigung eines Senders (initiator) und eines Empfängers (recipient) durch Informationsübermittlung (message) zur Handlungskoordinierung und Wirklichkeitsgestaltung hergestellt werden soll. Übertragen werden im Kommunikationsverlauf keine Bedeutungen, sondern Zeichen, denen Bedeutungen zugewiesen werden und die vom Sender kodiert und vom Empfänger enkodiert werden.

Kommunikation ist, um sozial wirksam werden zu können, immer mit Prozessen des *Verstehens* bzw. des *Gelingens* verknüpft: „Jeder Versuch, sich mitzuteilen, [kann] nur mit dem Wohlwollen der anderen gelingen" (Max Frisch). *Verstehen* heißt „einen, wenn auch nur partiellen, Einblick in die Gedanken und Gefühlswelt des anderen zu erhalten, seine Handlungsgründe nachzuvollziehen und Aufschluß über seine Wertvorstellungen zu erhalten" (Rosemann/Kerres 1986, 151). Die Möglichkeit des Verstehens ist daran gebunden, dass eine gemeinsame Semantik[3] bei Sender und Empfänger vorliegt (Roth 1997, 107), so dass den Zeichen/Signalen die gleiche oder zumindest ähnliche Bedeutung zugewiesen wird.

---

2   Unter einer sozialen Situation werden im soziologischen Sinne alle Situationen verstanden, in denen sich mindestens zwei Individuen unter Bedingungen der gegenseitigen Wahrnehmbarkeit befinden (Goffman 1972).

3   Semantik bezeichnet die Lehre von der Bedeutung der Zeichen/Wörter.

Eine gemeinsame Semantik ist nicht nur davon abhängig, dass die Akteure der gleichen Sprach(-Kultur) angehören, sondern ist auch entscheidend von den vorgenommenen Bedeutungszuschreibungen abhängig. Diese sind individuell und variieren nach Bildungsgrad, individueller Erfahrung usw. Bedeutungen werden den Zeichen von den Kommunikanden zugeschrieben, wobei es sich bei den Bedeutungszuschreibungen und -rekonstruktionen (auf der Empfängerseite) um kognitive Prozesse handelt. Wenn sowohl der Sender als auch der Empfänger einem Zeichen eine synonyme Bedeutung zuweisen, dann sind die besten Chancen für ein Gelingen von Kommunikation gegeben.

Kommunikationsprozesse sind demnach immer der Gefahr des Nichtgelingens ausgesetzt. Gelingende Kommunikation bedeutet im Idealfall, dass die am Kommunikationsprozess beteiligten Subjekte „einen Ausdruck identisch verstehen" (Habermas 1976, 177), wobei in der Alltagskommunikation in den meisten Fällen als ausreichend empfunden wird, nur insoweit verstanden zu werden, wie es dem Gesprächsanlass entspricht, da es wenige Situationen gibt, in denen ein wirklich detailgenaues Verstehen vonnöten ist (Foppa 1994). *Verstehen* bedeutet demnach die gemeinsame (kommunikative) Konstruktion von Wirklichkeit und stellt die Voraussetzung für die Konstitution von Gesellschaft dar (Habermas 1981).

Skeptisch gegenüber der Möglichkeit eines gegenseitigen Verstehens spricht Luhmann von der „Unmöglichkeit der Kommunikation" (Luhmann 1981). Ein identisches Sinnverstehen, so wie dies u. a. Habermas postuliere, sei nicht möglich, des Weiteren sei Kommunikation kein Prozess, in welchem Sinn transportiert würde, da – worauf Luhmann hinweist – die „black boxes [die Kommunikationsteilnehmer; Anm. S. M.] bei aller Bemühung [...] füreinander undurchsichtig" bleiben. Dies liege daran, dass die Akteure keinen gegenseitigen informationellen Zugriff aufeinander hätten (Luhmann 1984, 156), was dazu führe, dass „‚ego' zu keinem Zeitpunkt einer Interaktion wissen [kann], ob ‚alter ego' versteht, was ‚ego' meint, wenn er sagt, was er sagt. Zugleich weiß ‚ego', daß ‚alter ego' nicht (eindeutig) weiß, was ‚ego' meint, wenn er sagt, was er sagt. Und ‚alter ego' weiß, daß ‚ego' nicht weiß, ob ‚alter ego' versteht, was ‚ego' meint, wenn er sagt, was er sagt et vice versa." (Klatt 1993, 378).

Durch die Unfähigkeit der Akteure, dem jeweils anderen „in den Kopf sehen zu können", entsteht nach Luhmann erst die Notwendigkeit der Kommunikation. Diese muss die Voraussetzung dafür schaffen, dass Verhalten wechselseitig aufeinander abgestimmt werden kann, indem sich Individuen über ihre Befindlichkeiten, Absichten, Gedanken usw. austauschen. So fasst Nassehi zusammen: „Nicht *obwohl*, sondern *weil* Bewusstseine füreinander radikal intransparent sind, entsteht so etwas wie die funktionale Notwendigkeit für die Emergenz von sozialen Operationen, von Kommunikationen" (2003, 25). Das Verstehen dieser Kommunikationen ist dabei nur relativ, da die Sinngebung jeweils subjektiv konstruiert wird und jeweils subjektiv rekonstruiert werden muss: „Wenn man aber sagt: ‚Wie soll ich wissen, was er meint, ich sehe ja nur seine Zeichen‘, so sage ich: ‚Wie soll *er* wissen, was er meint, er hat ja auch nur seine Zeichen.‘" (Wittgenstein, 1984, 504).

Zusammenfassend lässt sich festhalten, dass Kommunikation im sozialen Sinne mehr ist als lediglich die Übertragung von Zeichen von einem Sender zu einem Empfänger, wie dies im informationstechnischen Modell von Shannon/Weaver modelliert wurde. Interpersonale Kommunikation ist ein soziales Geschehen, das sich zwischen zweien oder mehreren Personen vollzieht und das wir als *sprachliches Handeln* definieren können, wobei Handeln nach Max Weber (1864–1920) jede Form des menschlichen Verhaltens ist, welches sich als äußeres oder innerliches Tun, Unterlassen oder Dulden zeigt und welches mit einem subjektiven Sinn verbunden ist. Ist ein Verhalten sinnhaft besetzt und des Weiteren auf das Verhalten/Tun der anderen Akteure bezogen und vollzieht es sich mittels verbaler und/oder nonverbaler Zeichen, so kann dieses als soziales Handeln in Form von Kommunikation definiert werden.

2. Zeichen

Kommunikation vollzieht sich unter der Verwendung von Zeichen. Zeichen sind sinnlich wahrnehmbare Signale, die für etwas anderes stehen als für sich selbst: Zeichen sind Stellvertreter.

Ein *Zeichen* ist eine vom Menschen künstlich geschaffene Bedeutungsrepräsentation, wobei Zeichen immer aus einer Relation (Hickethier 2003, 59) zwischen
- dem Bezeichneten (d. h. dem begrifflichen Konzept) und
- dem Bezeichnendem (d. h. dem lautlichen, grafischen oder gestischen Zeichenkörper) bestehen.

Als grundlegendes Prinzip dieser Relation gilt: „aliquid stat pro aliquo" d. h. dass etwas für etwas anderes steht (siehe Jakobson 1979, 16). „A sign [...] is something which stands to somebody for something in some respect or capacity." (Peirce 1931, Bd. 2, 228).

Es lassen sich natürliche und künstliche Zeichen unterscheiden. *Natürliche Zeichen* sind z. B. Wolken, die als Zeichen für einen kommenden Regen stehen können, Hüsteln als Zeichen einer Erkältung oder Rauch als Zeichen eines Feuers (diese werden in der Alltagssprache auch als Anzeichen bezeichnet). Bei *künstlichen Zeichensystemen* steht das Zeichen, das Bezeichnende, in abstrakter Relation zum Bezeichneten. So würde hier Rauch für bestimmte Bedeutungen stehen (Rauchzeichenkommunikation), die durch spezielle Rauchformationen oder -rhythmen repräsentiert werden; das Hüsteln wäre hier nicht natürliches Zeichen einer Erkältung, sondern könnte als ein Zeichen der individuell-situativen psychischen Verfassung wie z. B. von Verlegenheit interpretiert werden.

Des Weiteren kann zwischen primären und sekundären Zeichen differenziert werden (Hickethier 2003, 59 f.).

- *Primäre Zeichen* sind dabei alle abstrakten Zeichen, die nur in ihrer Zeichenfunktion existieren wie z. B. Schriftzeichen, Buchstaben, Ziffern usw.
- *Sekundäre Zeichen* sind reale Dinge, die nicht nur als Zeichen für etwas stehen können, sondern die außerhalb ihrer Zeichenfunktion als Dinge existieren. Als Beispiel wäre hier der Eiffelturm zu nennen, der zum einen als Zeichen (Wahrzeichen) von Paris – wenn nicht gar der französischen Nation – fungiert und zum anderen als architektonisch-materiales Artefakt existiert.

2.1 Sprache

Sprache ist ein *künstliches Zeichensystem*, welches in abstrakter Weise Inhalte bzw. Bedeutungen repräsentiert (bestehend aus primären Zeichen). Es handelt sich hierbei um ein gesellschaftlich bedingtes, konventionalisiertes und historischen Entwicklungen unterworfenes Zeichensystem

(1) zum Ausdruck von innerpsychischen mentalen, emotionalen, kognitiven Vorgängen/Inhalten,

(2) zum interpersonalen Austausch und

(3) zur Speicherung von Informationen.

Sprachzeichen repräsentieren durch ein logografisches[4], ideografisches[5] oder phonetisches Prinzip inhaltliche Bedeutungen. Unsere Alphabetschrift basiert auf dem phonetischen Prinzip, bei welchem Grundlaute (Phoneme) oder deren Kombination (Morpheme) bestimmten Symbolen zugeordnet werden. Diese bilden dann

---

4 Logografische Zeichensysteme sind z. B. das Chinesische, in welchem jedem Zeichen eine eindeutige bedeutungstragende Funktion zugewiesen wird.

5 In ideografischen Systemen werden komplexe Bedeutungen durch ein einziges Zeichen symbolisiert.

ihrerseits Worte (die Objekte bezeichnen, Emotionen/Informationen ausdrücken), die anhand grammatischer Regeln zu Sätzen kombiniert werden.

Aus philosophischer Sicht wird unter Sprache das „umfassendste und differenzierteste Ausdrucksmittel des Menschen [und] zugleich die höchste Erscheinungsform [des] subjektiven, als auch des objektiven Geistes" d. h. des Denkens, der Vernunft und des Bewusstseins verstanden (Schischkoff 1982, 658). Neben diesem Aspekt hat die Sprache einen starken Rückkoppelungseffekt auf die Persönlichkeit, wenn Popper und Eccles schließen, dass ein „vollkommenes menschliches Wesen zu werden [...] auf einem Reifeprozeß [beruht], in dem der Spracherwerb eine außerordentliche Rolle spielt: Man lernt nicht nur wahrzunehmen und seine Wahrnehmungen zu interpretieren, sondern auch eine Person, ein Ich zu sein" (dies. 1990, 76).

Phylogenetisch wird davon ausgegangen, dass bereits der Homo erectus vor ca. 1 Million bis 500.000 Jahren über eine artikulierte Lautsprache verfügte (Kuckenberg 1989; Földes-Papp 1984), was Analysen von Endocranialausgüssen (Abdrücke des Schädelinneren) und paläolarygische Studien (Untersuchung der Stimmfähigkeit anhand von Skelett- und Schädelanalysen) zeigten, da für die Herausbildung einer artikulierten Sprache sowohl kognitive als auch konstitutive Elemente Voraussetzung waren: zum eine die Entwicklung der entsprechenden Rindenfelder der Großhirnhemisphären (v. a. links) und eine Ausbildung des Lautbildungsapparates wie Kehlkopf und Stimmbänder (siehe hierzu ausführlich Eccles 1993; Kuckenberg 1989).

Sprache kann sowohl in gesprochener Form als auch in geschriebener Form vorkommen. Beide zeichnen sich durch besondere Merkmale aus, die nachfolgend dargestellt werden.

2.2 Gesprochene Sprache – Oralität

Oralität bzw. Mündlichkeit bezeichnet die gesprochene Sprache und stellt die grundlegende Form des menschlichen Sprachaustauschs dar.
    Es kann zwischen primärer und sekundärer Oralität unterschieden werden: *Primäre Oralität* vollzieht sich in Kulturen, die ohne Kenntnis von Schrift existieren; dies bedeutet, dass primäre Oralität eine vom Einfluss der Schrift unberührte Form der Mündlichkeit darstellt. Auch der mündliche Austausch in literalisierten Gesellschaften wird häufig mit diesem Begriff bezeichnet. Unter *sekundärer Orali-*

tät werden jene Formen der Mündlichkeit verstanden, die erst im Zusammenhang mit technischen Errungenschaften entstanden sind und die Ergebnis einer technischen Mediierung sind, wie die durch Telefon, Radio, Fernsehen usw. vermittelte und unterstützte Mündlichkeit.

Oralität vollzieht sich hauptsächlich in sozialen Situationen, die durch Kopräsenz der Teilnehmer (raum-zeitliche Bindung) gekennzeichnet sind oder die mittels eines Mediums, welches akustische Zeichen zu übertragen vermag, stattfinden (z. B. Telefon). Mündlichkeit ist u. a. durch seine Alltäglichkeit gekennzeichnet und besitzt folgende distinktiven Merkmale:
* Unvermitteltheit, Spontaneität;
* (potenzielle) Begleitung durch paralinguistische Signale;
* geringe Normierung, ggf. dialektale Färbung;
* Situations-/Kontextgebundenheit;
* dialogische Orientierung;
* Interaktivität;
* Prozesshaftigkeit.

Gesprochene Sprache findet in einem Kommunikationsprozess statt; durch diesen prozessualen Charakter ist die Vorausplanungsmöglichkeit für die/den Sprecher relativ gering. Dies gilt für alle dialogischen oder anderen interpersonalen Kommunikationen, die durch Interaktivität gekennzeichnet sind. Nur monologische Sprechakte, wie z. B. ein Tagungsvortrag oder eine Rede (ohne Diskussionsteil), können minutiös vorbereitet werden, wobei es sich dabei dann weniger um Oralität, als das Verbalisieren von Literalität (eines fixierten Textes) handelt.

Die wichtigsten grammatischen Merkmale von Oralität sind (siehe hierzu ausführlich z. B. Bußmann 1983; Zifonun et al. 1997):
(1) Ellipsenbildung
(2) Interjektionen
(3) Anakoluthe
(4) Nachträge
(5) Ausklammerung
(6) Modalpartikel

(1) *Ellipsenbildung* bedeutet die Aussparung von syntaktisch notwendigen Sprachelementen, wie z. B. die Äußerung: „Gib her!" [statt „gib das Buch her"] oder „er chattet, sie auch" [statt: „er chattet, sie chattet auch"]. Diese Verkürzung ist bei Mündlichkeit möglich, da durch die raum(zeitliche) Einbindung und die kontextuelle Einbettung der Situation sprachliche Redundanzen ohne Gefahr des Informationsverlustes vermieden werden können.

(2) *Interjektionen* sind Wörter, die Empfindungen zum Ausdruck bringen und die bei mündlicher Sprache eingesetzt werden wie „Aua!", „Hoppla", „Hallo!", „ah", „hmm" usw. Diese erfüllen in mündlicher Kommunikation auch eine Resonanzfunktion und tragen somit zur Aufrechterhaltung der Kommunikation oder zu deren Initiierung bei.

(3) Unter einem *Anakoluth* wird der während des Sprechaktes plötzlich vorgenommene Wechsel zwischen der geplanten regulären Satzkonstruktion und einer anderen (ggf. sogar inkorrekten) Satzkonstruktion bezeichnet. Es kann entweder ein angefangener Satz abgebrochen werden oder in einen anderen überführt werden. Anakoluthe entstehen oftmals durch lange Satzkonstruktionen, die dann im Zuge des Sprechens korrigiert werden: „Also, ich glaube nicht … wenn wir uns in die Situation versetzen, dass …"

(4) *Nachträge* bezeichnen Satzteile, die außerhalb des vollständigen Satzes hinzugefügt werden und attributiven Charakter haben. Typisch hierfür ist z. B. der Zusatz „…und zwar …".

(5) Unter einer *Ausklammerung* wird das Weglassen bestimmter Satzteile verstanden, z. B.: „Sie konnten beim Nachbarn mitfahren, der sie gerne mitnahm" statt: „Sie konnten beim Nachbarn, der sie gerne mitnahm, mitfahren".

(6) Unter *Modalpartikeln* werden so genannte Füllwörter wie „bloß", „nur", „ja", „vielleicht" usw. verstanden, die an unbetonter Stelle im Satzmittelfeld stehen und für den Sinngehalt nicht zwingend notwendig sind: „… ist denn das die Möglichkeit?", „Wie konnte ich das bloß übersehen?"

2.3 Geschriebene Sprache – Schriftlichkeit/Literalität

Unter *Schrift* wird ein auf einem „konventionalisierten System von graphischen Zeichen basierendes Mittel zur Aufzeichnung von mündlicher Sprache verstanden" (Bußmann 1983, 450) bzw. ein „Korpus von festgelegten Zeichen oder Symbolen, mit deren Hilfe man fähig ist, alles, was man denkt, fühlt oder ausdrücken will, eindeutig festzulegen" (Georges 1991, 12). Im Gegensatz zur gesprochenen Sprache liefert die Schrift eine Fixierung des Inhalts, so dass dieser unabhängig von Raum und Zeit existieren kann. Die Schrift macht das Hörbare sichtbar oder ist, wie es Voltaire ausdrückte, ein „Bild der Stimme". Verliefen vor der Erfindung der Schrift Tradierungen ausschließlich über die gesprochene Sprache und musste sich das Denken von daher in mnemonischen Mustern vollziehen (Ong 1987), so kam es durch die Erfindung der Schrift zu einer Exteriorität des menschlichen Gedächtnisses, da nun unabhängig von den kognitiven Memorierungsleistungen Inhalte gespeichert oder vermittelt werden konnten.

Die Einführung der Schrift als differenziertem Zeichensystem liegt erst ca. 6.000 Jahre zurück. Zwar gibt es frühere Funde von Zeichen und Bildern, doch können erst ausdifferenzierte abstrakte Zeichensysteme wie Keilschriften und Hieroglyphen als Schriften im engeren Sinne bezeichnet werden (siehe hierzu ausführlich Földes-Papp 1984). Repräsentierten die frühesten Schriftfunde in grafischer Art das Bezeichnete (Bildschriften), so sind die heute gebräuchlichen Schriftsysteme abstrakter Natur und repräsentieren somit nicht das Wahrnehmungsbild des Bezeichneten, sondern repräsentieren dessen Lautbild durch die grafische Darstellung der Morpheme oder Silben des Wortes. Durch diese Abstraktion ermöglicht die Schrift dem Menschen eine kritische Distanz zur Sprache einzunehmen: „Das Schreiben trennt den Wissenden vom Wissensstoff und errichtet so die Bedingungen für ‚Objektivität' im Sinne eines persönlichen Unbeteiligt- und Distanziertseins" (Ong 1987, 50).

Phylogenetisch handelt es sich bei der Schrift um das wichtigste Zeichensystem des Menschen (siehe hierzu u. a. Coulmas 1981, 10), und auch ontogenetisch erweist sich der Schrifterwerb als einer der zentralen kognitiven Entwicklungsschritte eines Individuums: „Learning to read, and to a lesser degree, to write, are of course *the* major events in one's intellectual development" (Popper 1976, 12).

Einen entscheidenden Sprung für die gesellschaftliche Verbreitung des Mediums Schrift bedeutete der im Jahre 1450 durch Johannes Gutenberg (um 1397–1468) entwickelte Buchdruck mit beweglichen Bleilettern: So wurde die bis dahin vorherrschende Praxis der handschriftlichen Manuskriptabschrift durch (identische) Druckexemplare ersetzt. Diese Rationalisierung des Prozesses zog eine weite gesellschaftliche Diffusion von Schriftlichkeit in Form des gedruckten Buches nach sich.

Schrift ist gekennzeichnet durch das bereits erwähnte Prinzip der *Exteriorität*: Sie repräsentiert die sprachlichen Inhalte und Bedeutungen außerhalb des menschlichen Körpers – wohingegen die Oralität an den Körper gebunden ist. Die Schriftproduktion ist eine Technologie, die „den Gebrauch von Werkzeugen und anderer Ausrüstung voraussetzt: Man braucht Bleistifte, Pinsel, Feder, es bedarf sorgfältig präparierter Oberflächen des Papiers, der Tierhäute, der Holzstücke, man braucht Tinten und Farben und vieles mehr" (Ong 1987, 84).

Betrachtet man Schriftlichkeit, dann zeichnet sich diese u. a. durch folgende Merkmale aus:
• Entkontextualisierung;
• Statik;

- Komplexität;
- Normierung;
- Elaboriertheit;
- Planung, Voraussehbarkeit.

Durch die schriftliche Fixierung von Inhalten können diese, anders als bei gesprochener Sprache, von ihrem Kontext gelöst werden. Des Weiteren steht Textualität (meist) nicht in einem direkten interaktiven Kontext und kann aufgrund dessen überlegter, konstruierter und geplanter verlaufen. Dieses hat zur Folge, dass Schriftliches (im Allgemeinen) eine höhere Informationsdichte und Komplexität der Information besitzt, als dies bei reiner Oralität der Fall ist. Geschriebene Sprache zeichnet sich des Weiteren durch die Verwendung eines elaborierten Stils aus, d. h. sie ist (im Normalfall) nicht dialektal gefärbt, und es werden keine umgangssprachlichen Begriffe verwendet. Schriftsprache wird durch Regeln (Normen) reguliert. Diese sorgen für die grammatische Korrektheit, die Interjektionen, Anakoluthe, Ellipsen oder Modalpartikel ausschließt.

3. Medien

Der Begriff des *Mediums* leitet sich vom lat. „medius" ab, das soviel bedeutet wie „in der Mitte", „dazwischen befindlich" sowie der substantivierten Form „medium", die die Bedeutungsebenen „Mitte", „Mittelpunkt" und „Vermittelndes" besitzt. Als Medien werden im kommunikationswissenschaftlichen Sinne definiert:

(1) Kulturell generierte und konventionalisierte Symbol- und Zeichensysteme, die der Übertragung und ggf. der Speicherung von Informationen dienen.[6]

(2) Alle Objekte, technischen Geräte oder Konfigurationen, die Botschaften speichern können und mittels derer kommuniziert werden kann (siehe Issing/ Klimsa; engere Mediendefinition).

Bezug nehmend auf Definition (1) kann bereits die menschliche *Sprache* als Medium bezeichnet werden, da diese ein auf „mentalen Prozessen basierendes, gesellschaftlich bedingtes, historischer Entwicklung unterworfenes Mittel zum Ausdruck bzw. Austausch von Gedanken, Vorstellungen, Erkenntnissen und Informationen" ist (Bußmann 1983, 475). Demnach ist in dieser weiten Definition ein Medium die zwischen zwei (oder mehreren) sozialen Akteuren vermit-

---

6   In einer noch weiter gefassten Definition können unter einem Medium alle Elemente bezeichnet werden, in denen sich Formen einprägen können, wie z. B. Sand (sog. Heider-Medien; Heider 1926).

telnde Instanz, die den Austausch von Informationen zwischen den Akteuren ermöglicht und unterstützt.

Viele Autoren sehen jedoch den mündlichen Sprachaustausch (Oralität) als klassische Situation der „natürlichen", d. h. ohne Medieneinbezug vonstatten gehenden Kommunikation an, zumal diese Form des Austausches meist als unmittelbar empfunden wird. In dieser Sichtweise (Definition (2)) wird nur als Medium definiert, wenn es sich beim Vermittelnden um ein Artefakt handelt, welches sich außerhalb des Menschen selbst befindet. Auch wenn die Schallwellen bei Oralität ein Medium darstellen, die das Gesagte transportieren, so werden sie in dieser engeren Definition nicht als Medium definiert.

Der Begriff des *Mediums* findet sich in zahlreichen Fachdisziplinen wieder, wobei er mit jeweils verschiedenen Bedeutungskonnotationen verwendet wird:

- Informatik: Hier ist ein Medium ein Speicher- oder Übertragungsmedium;
- Physik: Hier bezeichnet ein Medium ein Mittel, welches einen Raum kontinuierlich erfüllt und als Träger von Wellen fungiert (z. B. Luft);
- Chemie: Hier ist ein Medium ein flüssiger oder gasförmiger Stoff (chemisches Medium);
- Grammatik: Hier bezeichnet der Begriff den genus verbi (im Griechischen);
- Biologie: Hier ist ein Medium eine Nährlösung für das Wachstum von Lebewesen (Pflanzen, Pilze, Bakterien);
- Soziologie: Hier kann ein Medium im systemischen und nicht kommunikativen Sinne ein Mittel bezeichnen, mit Hilfe dessen soziale Austauschprozesse stattfinden; hierzu rechnen Medien wie Geld, Macht, Werte usw.;
- Psychologie: Hier bezeichnet der Begriff eine Versuchsperson für Suggestionsversuche oder Hypnosen;
- Parapsychologie: Hier bezeichnet dieser Begriff eine Person, die auf Grund paranormaler Fähigkeiten als Vermittler zwischen der realen Welt und der spirituellen Welt (der Geister u. a.) fungiert;
- Publizistik: Hier bezeichnet der Begriff die verschiedenen Publikationsformen (Buch, Film usw.);
- Kommunikationswissenschaft: Hier ist ein Medium ein Kommunikationsmittel.

3.1 Medienfunktionen

Betrachtet man Medien und ihre Funktionen, so können *vier* zentrale Medienfunktionen (siehe z. B. Hickethier 2003) voneinander abgegrenzt werden:

(a) Medien der Wahrnehmung

Diese Medien sind Objekte, die der Steigerung der menschlichen Wahrnehmungs-fähigkeit dienen, wie im visuellen Kontext Brille, Fernrohr, Mikroskop und z. B. Hörgeräte im akustischen Kontext.

Diese Medien sind rein instrumenteller Natur und werden nur eingesetzt, um die Wahrnehmungsfähigkeiten einzelner Individuen zu verbessern (wenn z. B. die Sehkraft eingeschränkt ist, so können diese mittels des Mediums Brille/Kontakt-linse wieder hergestellt werden). Über diesen Effekt hinaus haben die Medien keine Wirkungen.

(b) Medien der Speicherung/Bearbeitung

Hierbei handelt es sich um Medien, die die Aufzeichnung von Wissen und dadurch die Bereitstellung dessen zu einem späteren Zeitpunkt ermöglichen. Wichtigstes Speichermedium ist die Schrift, die die Funktion eines externen Speichermediums erfüllt (neben dem internen Speichermedium des Menschen, dem Gehirn). Durch die Schriftgenese kam es nach und nach zu einer Ablösung traditioneller mnemo-technischer Methoden[7] (der Sprachmemorierung mittels bestimmter Körperbewe-gungen) und die Informationen konnten mittels Schrift besser bewahrt werden und in ihrer Komplexität zunehmen (siehe hierzu ausführlich Ong 1987; Kerckhove 1995; Misoch 2000). Die Weiterentwicklung der Speichermedien hat zu Medien-entwicklungen geführt, die gleichzeitig sowohl die Speicherung als auch die Bear-beitung des Materials erlauben, wie dies z. B. bei digitalen Medien der Fall ist: Hier-durch können Informationen gespeichert, aber auch bearbeitet und verändert werden. Diese Medien gehen über eine reine Speicherfunktion hinaus.

(c) Medien der Übertragung

Medien der Übertragung ermöglichen Informationen die Überwindung raum-zeitlicher Grenzen. Als ältestes Übertragungsmedium könnte der Bote bezeichnet werden, der die Nachricht von einem Ort an den anderen überbrachte; heute übernehmen Kurierdienste diese Funktion. Übertragungsmedien sollen die Infor-mation über eine räumliche Distanz ohne Informationsverlust, ohne Störungen und möglichst rasch übermitteln. Ein weit verbreitetes Übertragungs- bzw. Ver-

---

7 Waren frühe Mnemotechniken an den Körper gebunden, indem Informationen mit bestimmten Körperbewegungen verbunden wurden, so wird nun die Information abstrakt und durch Aufschreibsysteme vom Körper losgelöst.

breitungsmedium ist das Fernsehen, welches die Übermittlung der vom Sender aufbereiteten Informationen über Distanzen hinweg zu einem „dispersen" Massenpublikum ermöglicht. Andere Übertragungsmedien sind Post, Brieftauben, Telegraphensysteme oder auch vernetzte Systeme, wie das Internet in seiner physikalischen Qualität als Verbindung von Koaxialkabeln.

(d) Medien der Kommunikation

Hierunter werden alle Medien subsumiert, die die Kommunikation zwischen zweien oder mehreren Individuen ermöglichen. Wichtigstes Medium der Kommunikation ist die menschliche Sprache, durch die sich die verbalen sozialen Interaktionen vollziehen, wobei diese im realweltlichen Kontext durch körpersprachliche Zeichen begleitet werden. Damit kann auch der Körper als Medium betrachtet werden, da dieser die Zeichen hervorbringt und begleitet und als mittelndes „Objekt" bei interaktiven Prozessen fungiert. Aber auch Telefon, Brief, Internet usw. sind Medien der Kommunikation, da sie interpersonale Austauschsituationen ermöglichen, wobei diese Medien zum Teil auch Speicher- und/oder Übertragungsfunktion besitzen. Die Kommunikationsmedien sind damit kombinierte Medien, die sich ihrerseits aus anderen Medienfunktionen zusammensetzen; sie stellen die komplexeste Medienfunktion dar und erlangen durch ihre Vernetzung und strukturelle Einbindung systemischen Charakter über ihre rein kommunikative Funktion hinaus.

3.2 Mediendifferenzierung

(a) Primäre Medien

Unter primären Medien werden nach Pross alle „Mittel des menschlichen Elementarkontakts" verstanden (Pross 1972, 128), wobei es sich hierbei um Medien handelt, die bei Kommunikationen unter der Bedingung der Kopräsenz eingesetzt werden. Diese bedürfen nicht der technischen Hilfsmittel, sondern umfassen Körperzeichen wie Bewegung, Gestik, Mimik, des Weiteren Akustik (sprachliche Zeichen und nicht-sprachliche Laute), Olfaktorik, Proxemik (Körperdistanz) usw.

Distinktives Merkmal primärer Medien ist, dass diese weder auf der Produzenten- noch auf der Rezipientenseite technische Hilfsmittel benötigen.

(b) Sekundäre Medien

Unter sekundären Medien werden jene Kommunikationsmittel verstanden, die zwar auf der Produzentenseite, jedoch nicht auf der Rezipientenseite, eines technischen Hilfsmittels zur Informationsvermittlung bedürfen. Die Notwendigkeit des Einsatzes dieser Medien in kommunikativen Zusammenhängen hat sich im Zuge der Wissenserweiterung, der zunehmenden Wissenskomplexität sowie der Notwendigkeit der räumlichen und zeitlichen Distanzüberwindung von Informationen ergeben. Entscheidendes Merkmal sekundärer Medien ist, dass sie nicht an den Körper und dessen Zeichen gebunden sind und damit eine Loslösung der Information vom Körper herbeiführen.

Frühe sekundäre Medien sind z. B. Feuerzeichen, die über Distanzen hinweg Informationen verbreiten können oder Flaggzeichen. Weitere sekundäre Medien sind Bild, Druck, Schrift, Zeitung, Buch, Plakate usw. Bei allen wird die Botschaft mittels eines Artefakts ausgedrückt; der Rezipient braucht zum Informationsempfang kein bestimmtes technisches Artefakt, lediglich das Beherrschen der Kulturtechnik der Zeichendeutung (z. B. des Lesens).

(c) Tertiäre Medien

Alle Kommunikationsmittel, die sowohl auf der Produzenten- als auch auf der Rezipientenseite technische Hilfsmittel benötigen werden nach Pross (1972) als tertiäre Medien bezeichnet. Frühestes Beispiel hierfür ist die Telegraphie, da hier sowohl die Versendung als auch der Empfang der Information mittels eines technischen Apparates stattfindet. Auch das Telefon, Schallplatten, Tonbänder, Film, Fernsehen und Radio fallen hierunter, da diese sich bei der Informationsspeicherung/ -sendung und -rezeption des technischen Artefakts bedienen müssen.

(d) Quartäre Medien

Als quartäre Medien werden nach Faßler (1997) vernetzte Computermedien (Internet) bezeichnet. Diese basieren sowohl auf der Produzenten- als auch auf der Rezipientenseite auf vernetzten digitalen Technologien und bezeichnen „die computerbasierten und -verstärkten Medienbereiche netztechnischer und elektronisch-räumlicher Konsumption, Information und Kommunikation. Sie sind durch die Telematik (Tele- & Informatik oder auch: Tele- und Automatik), durch das globale System der Fernanwesenheiten bestimmt" (Faßler 1997, 117).

Quartäre Medien ermöglichen eine interaktive Kommunikation, die interpersonal, gruppenbezogen oder in Form von Massenkommunikation ablaufen kann und in einem (teil-) öffentlichen virtuellen Raum stattfindet, der auf vernetzten Technologien basiert. Durch das digitale Datenformat dieser Medien sind diese miteinander kombinierbar, d. h. Text, Bild, Sound usw. können miteinander verbunden werden (Hypermedia).

Tabelle: Übersicht Mediendifferenzierung

Typ	Beispiel	Merkmal
Primäre Medien	Mündliche Kommunikation	Keine technischen Hilfsmittel bei Produktion oder Rezeption notwendig
Sekundäre Medien	Buch, Zeitung	Technische Hilfsmittel bei der Produktion notwendig
Tertiäre Medien	Fernsehen, Radio, Telefon	Technische Hilfsmittel bei der Produktion als auch bei der Rezeption notwendig
Quartäre Medien	Computer/Internet	Vernetzte technische Hilfsmittel bei der Produktion und Rezeption notwendig

Quelle: Ludes 1998

3.3 Massenmedien

Unter dem Begriff des Massenmediums werden jene Medien subsumiert, die Informationen an eine heterogene, nicht genau zu bestimmende Gruppe von Menschen zu übermitteln vermögen, wobei der Zugang zu den übermittelten Informationen öffentlich ist. Diese heterogene Empfängergruppe wird nach Maletzke (1976) in Anlehnung an Lang/Lang (1961) als disperses Massenpublikum bezeichnet: dispers deswegen, weil es sich um ein räumlich verstreutes Publikum handelt, das nicht durch eine genaue Zahl anzugeben ist und sich situativ wandelt. Auf Grund der Reichweite der Medien und deren öffentliche Zugänglichkeit kann es als Massenpublikum bezeichnet werden. Die durch Massenmedien stattfindende Kommunikation wird dementsprechend als Massenkommunikation bezeichnet, deren Merkmale die Unidirektionalität bzw. Einseitigkeit der Kommunikationssituation sind, dass ein Sender an mehrere Empfänger sendet, dass diese Rollen (meist) nicht umkehrbar sind und dass eine indirekte d. h. vermittelte Kommunikation stattfindet. Massenmedien sind z. B. Zeitungen, Zeitschriften, Radio und Fernsehen sowie das Internet, wenn wir dieses im Allgemeinen und nicht dienstspezifisch betrachten. Massenmedien erfüllen im gesellschaftlichen Sinne verschiedene Funktionen, wie z. B. die Lieferung von Informationen, Unterhaltung, Lebenshilfe, Zerstreuung usw.

Durch die Einseitigkeit des Kommunikationsflusses bei den traditionellen Massenmedien wurden deren Machtposition und deren Bedeutung für die Herstellung einer informierten Öffentlichkeit kritisch diskutiert (siehe hierzu u. a. die Medienkritik der Kritischen Theorie (Adorno, Horkheimer, Marcuse)). Denn Massenmedien sind nicht neutrale Überträgermedien für Informationen, sondern sie werden zu zentralen Medien der Wirklichkeitserzeugung, indem die Informationen für den Rezipienten ausgewählt (selektioniert) und präsentiert (rekonstruiert und interpretiert) werden. Massenmedien sind komplexe Systeme, die eine Eigendynamik entwickeln und die durch selbst produzierende Zwecke überformt werden können (Neumann-Braun 2000, 33). Damit werden Massenmedien zu institutionalisierten Systemen, zu einem „organisierten Kommunikationskanal von spezifischen Leistungsvermögen mit gesellschaftlicher Dominanz" (Saxer 1991), oder: Massenmedien sind soziale Systeme, die der technischen Erzeugung und Verbreitung von Kommunikationen dienen (Luhmann 1996). Massenmedien dienen der Kommunikation, jedoch einer systemischen, überindividuellen und einseitigen, die ihrerseits durch ihre Wirklichkeits- und Themengenerierung als Grundlage für interpersonale Kommunikationssituationen dienen kann: So werden Inhalte der Massenmedien, ein Artikel in der Zeitung oder ein Fernsehfilm oft Anlass zur Alltagskommunikation.

4. Kommunikation: verbal & nonverbal

Betrachtet man den Bereich der Humankommunikation, so können hier zwei grundlegende Kommunikationsformen unterschieden werden:

(1) der kommunikative Austausch ohne sprachliche Zeichen, die so genannte nonverbale Kommunikation und

(2) der soziale Austausch mittels konventionalisierter Sprachzeichensysteme, auch als verbale Kommunikation (sprachliches Handeln) bezeichnet.

4.1 Nonverbale Kommunikation

Unter *nonverbaler Kommunikation* können alle Elemente des Sozialverhaltens subsumiert werden, die im Rahmen sozialer Austauschprozesse relevant sind und die ohne Verwendung sprachlicher Zeichen erfolgen. Hierzu zählen alle Zeichen, die vom Körper ausgehen (Körperzeichen) oder Attribute, die kommunikativ wirksam werden (Kleidung, Statussymbole usw.). Voraussetzung für eine Kommunikation mittels nonverbaler Zeichen ist die Kopräsenz der Teilnehmer, d. h. die physische Anwesenheit aller Beteiligten oder zumindest die gegenseitige Wahrnehmbarkeit durch Übertragung optischer und/oder akustischer Zeichen.

Nonverbale bzw. paraverbale Zeichen können verbale Kommunikationen begleiten oder ersetzen. Kulturanthropologische Studien konnten zeigen, dass die Elemente nonverbaler Kommunikation hinsichtlich ihrer Ausformung und Interpretation kulturspezifisch variieren. So zeigten die Studien zu den Bedeutungskonstruktionen von Gesten (Efron 1941) deren Kulturgebundenheit und auch die Studien von Mauss (1934/35) verdeutlichten, dass verschiedene Körpertechniken (Schwimmen, Geburtsvorgang, Gehen usw.) Ergebnisse von Enkulturationsprozessen[8] darstellen und dass der Körper und dessen gesellschaftliche und alltägliche „Verwendung" die nach außen hin wahrnehmbaren und sich im Verhalten der Menschen eingeschriebenen Formen der jeweiligen Kultur sind.

Die verschiedenen Elemente nonverbaler Kommunikation bzw. der Körpersprache können wie folgt differenziert werden:

(a) Taktilität

Hierunter wird Kommunikation mittels Berührung/Körperkontakt verstanden. Dies ist die ursprünglichste Form des sozialen Verhaltens, und auch soziogenetisch beginnt alle menschliche Kommunikation mit dem Körperkontakt zwischen Säugling und Bezugs-/Betreuungsperson (Mutter/Vater).

Körperkontakt ist in vielen Variationen vorzufinden, und die Bedeutung einzelner Formen kann interkulturell stark variieren. So ist in unserem Kulturkreis das Händeschütteln als Begrüßungs- und Abschiedsformel zwischen nicht vertrauten Menschen üblich, hingegen begrüßen z. B. die Copper-Eskimos […] Fremde mit einem Faustschlag auf Kopf und Schultern ..." (La Barre 1964; zitiert nach Argyle 1972, 91).

Taktilität setzt eine Körpernähe zwischen den Kommunikanden voraus und wird deswegen intensiv sozial reguliert. Dies bedeutet, dass Überschreitungen sozial normierter Distanzen negativ sanktioniert werden, was u. a. in dem Sprichwort „jemandem zu nahe treten" zum Ausdruck kommt. So besteht ein großer Unter-

---

8   Enkulturation = Prozess des Erlernens und Übernehmens bestimmter Kulturmuster der Gesellschaft.

schied zwischen aktiv hervorgerufenen und passiven Körperkontakten/Berührungen, da Erstere ein aktives Handeln voraussetzen und das passive Berührtwerden nicht immer vom Rezipienten erwünscht ist.

Kulturanthropologen unterscheiden zwischen kontaktreichen und kontaktarmen Kulturen: Während arabische, latein-/südamerikanische, südeuropäische und afrikanische Kulturen reich an Körperkontakt sind, werden die nordeuropäischen, nordamerikanischen oder asiatischen Kulturen als körperkontaktarm eingestuft (Argyle 2005, 270).

(b) Nähe/Distanz – „Proximetik"

Der Begriff der Proximetik leitet sich vom lat. proximus ab, was soviel bedeutet wie „der Nächste" oder „der Körpermitte nahe gelegen". Im vorliegenden Fall wird darunter das räumliche Verhalten von Menschen im Hinblick auf die Nähe bzw. Distanz der Körper der Akteure zueinander verstanden.

Wenn Kommunikation unter Kopräsenz stattfindet, so müssen sich die Akteure im Raum positionieren und regulieren dadurch die Nähe und Distanz zu den anderen Kommunikationsteilnehmern. Hall (1963) differenziert hierbei in vier Zonen:

1. „intimate": intime Zone (0–18 inches ≈ 0–45 cm),
2. „casual-personal": zwanglos persönliche Zone (18 inches – 4 feet ≈ 45 cm – 1,22 m),
3. „social consultative": sozial-konsultative Zone (4–10 feet ≈ 1,22–3 m) und
4. „public": öffentliche Zone (>10 feet ≈ 3 m und mehr).

Die Zonen unterscheiden sich jeweils hinsichtlich der körperlichen Nähe der beteiligten Kommunikationsteilnehmer sowie hinsichtlich der beteiligten Sinnesorgane: Kommt es im Intimkontakt auf Grund der körperlichen Nähe zu einer Beteiligung der Geruchs- und Geschmackssinne und des Taktilen, so ist dies im öffentlichen Austausch (public) nicht der Fall, da sich dieser Austausch auf Distanz vollzieht und hauptsächlich akustisch und optisch verläuft.

Schaubild: Körperzonen nach Hall (1963)

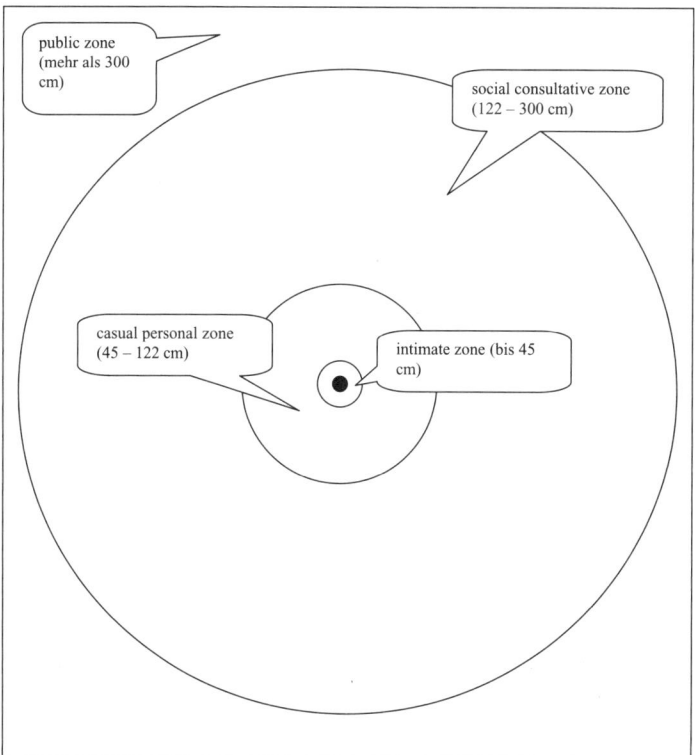

Quelle: Eigene Darstellung

(c) Körperhaltung

Die Körperhaltung kann den individuellen Gefühlszustand sowie den relativen Status einer Person widerspiegeln und wirkt sich auf die Kommunikation aus. Ob eine Person während der Kommunikation sitzt, liegt, kniet oder steht, wird den Kommunikationsprozess nachhaltig beeinflussen. Auch der Grad der Anspannung oder Entspannung wirkt sich auf das kommunikative Geschehen aus.

Schaubild: Körperhaltungen

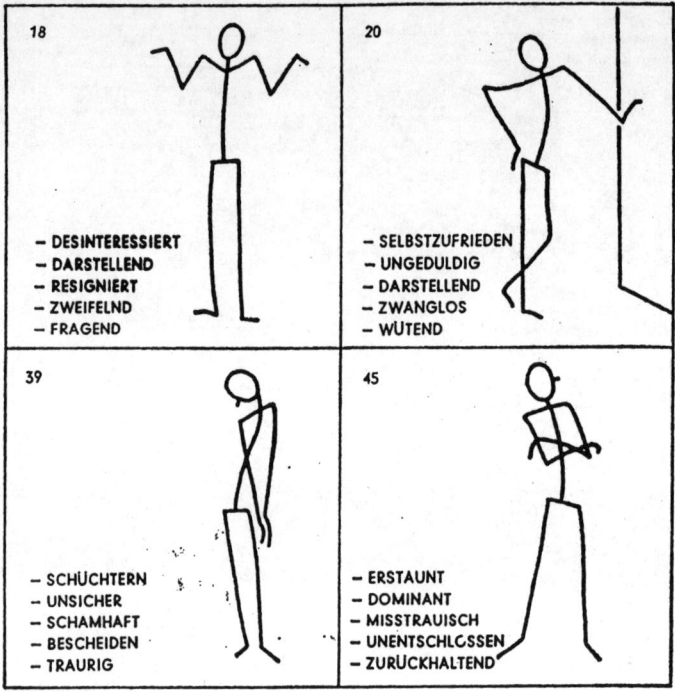

18		20	
− DESINTERESSIERT		− SELBSTZUFRIEDEN	
− DARSTELLEND		− UNGEDULDIG	
− RESIGNIERT		− DARSTELLEND	
− ZWEIFELND		− ZWANGLOS	
− FRAGEND		− WÜTEND	
39		45	
− SCHÜCHTERN		− ERSTAUNT	
− UNSICHER		− DOMINANT	
− SCHAMHAFT		− MISSTRAUISCH	
− BESCHEIDEN		− UNENTSCHLOSSEN	
− TRAURIG		− ZURÜCKHALTEND	

Quelle: Argyle 1974

(d) Pathognomik

Ein spezieller Bereich der Körpersprache ist die Pathognomik mit den Elementen
Gestik und Mimik, wobei das eine den Ausdruck mittels des Körpers (und hierbei
besonders der Hände) und das andere den Ausdruck mittels der Gesichtsmuskeln
(Gesichtsausdruck) bezeichnet.

Übersicht: Einige Gesten und deren Bedeutungen

Geste	Bedeutung
Kopfnicken	Zustimmung
mit der Faust schütteln	Ärger
mit den Handflächen reiben	Erwartung
Klatschen	Beifall
die Hand heben	Achtung!
Gähnen	Langeweile
die Hände reiben	Kälte
heranwinken	komm her
die Hand ausstrecken	Aufforderung zu Tanzen
mit dem Finger zeigen	die Richtung angeben
den Daumen nach unten	Missbilligung
die Achseln zucken	Desinteresse
Schulterklopfen	Ermutigung
Händeschütteln	Begrüßung

Quelle: Argyle 2005, 245 (Ausschnitt)

Gesten sind kulturell gebunden und die Bedeutungszuschreibungen variabel. Sie sind kommunikativ wirksam, da sie u. a. den Inhalt der verbalen Kommunikation unterstreichen oder illustrieren. Des Weiteren können Gesten unbewusste Gefühlszustände verdeutlichen, so wie z. B. Händezittern ein Ausdruck von Nervosität sein kann. In der Taubstummensprache wird die Gestik zur verkörperten Verbalsprache und bestimmten Handzeichen werden hier Bedeutungen zugewiesen; es handelt sich dabei um ein Gestensystem mit konventionalisierten Zeichen.

Das Gesicht ist mit dem Sitz der Sinnesrezeptoren Auge und Ohr ein zentrales Element menschlicher Kommunikation. Als *Mimik* wird das Muskelspiel von Mund, Lid und Augenbrauen bezeichnet. Die Mimik bzw. der Gesichtsausdruck spielen bei sozialen Austauschsituationen unter Bedingungen der Kopräsenz eine herausragende Rolle, da sie interpersonale Einstellungen wie Sympathie, Angst, Überraschung oder Wut anzeigen und dadurch die emotionale Befindlichkeit des Akteurs, seine Einstellung zum Gegenüber sowie zum Kommunizierten zum Ausdruck bringen können.

Schaubild: Die wichtigsten Gesichtsausdrücke

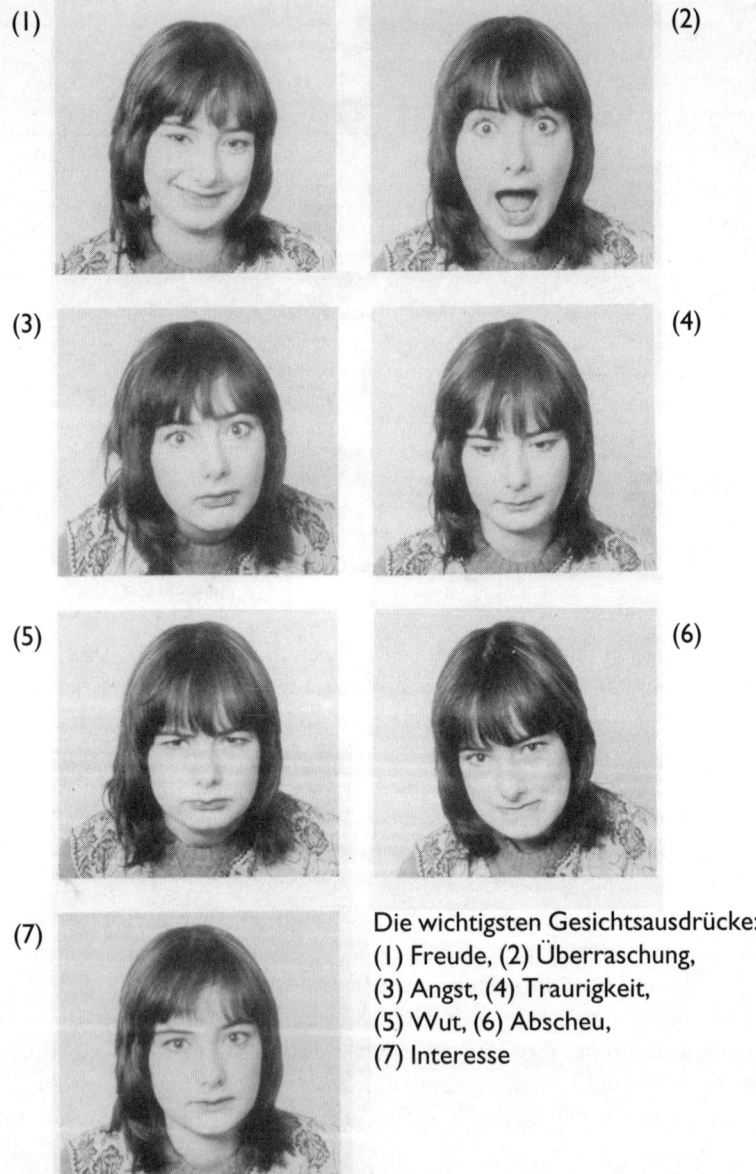

Die wichtigsten Gesichtsausdrücke:
(1) Freude, (2) Überraschung,
(3) Angst, (4) Traurigkeit,
(5) Wut, (6) Abscheu,
(7) Interesse

Quelle: Argyle 2005, Abbildung 10.

Kulturanthropologische Studien konnten belegen, dass der Gesichtsausdruck für Emotionen wie Freude, Ekel, Wut usw. in allen Kulturen sehr ähnlich ist (Argyle 2005, 14; Ekman 1972).

(e) Blick

Der Blick ist ein wichtiger Aspekt sozialer Interaktion, gerade weil dieser sich innerhalb des Gesichtsfeldes abspielt und dieses eine relevante Kommunikationsfläche darstellt, da sich dort die meisten Sinnesorgane und deren Rezeptoren befinden (Augen, Ohren, Nase, Mund) und sich im Gesicht „am lebhaftesten und schnellsten" Gefühle ausdrücken (Mead 2000, 54).

Der Blick und dessen Richtung zeigen die Aufmerksamkeit und das Interesse an und haben in Gesprächssituationen affiliativen Charakter: Während des Austausches von Informationen per gesprochener Sprache unter Bedingung der Kopräsenz werden im Normalfall auch Blicke „getauscht". Diese können neben der affiliativen Funktion auch andere Funktionen – die über den Gesprächsinhalt hinausgehen – erfüllen, wie den Ausdruck von Emotionen (auffordernder Blick, betrübter Blick usw.).

Blicke spielen gerade beim Herstellen von sozialen Interaktionen eine zentrale Rolle, sie fungieren als Signale der Näheregulierung: entweder als Aufforderung zur Kontaktaufnahme, als Zeichen der Sympathiebekundung oder als Signal für Distanz und als Aufforderung zum Kontaktabbruch. Die Intensität und die Wechselseitigkeit eines Blickkontaktes korreliert mit der emotionalen Beziehung der Beteiligten. So konnten Studien zeigen, dass Personen, die sich gegenseitig sympathisch finden oder gar in einer emotional engen Beziehung zueinander stehen, mehr Blickkontakt zueinander halten (Exline/Winters 1965, Rubin 1970) als wenn sich Personen nicht kennen oder sich unsympathisch sind.

Von der Macht des Blickes zeugen die Mythen vom „bösen Blick", in denen Personen (meistens weiblichen Geschlechts) die Macht zugeschrieben wird, dass sie mittels ihres Blickes anderen Personen, Lebewesen oder Objekten Schaden zuzufügen vermögen. Da man sich gegen einen Blick schwer zu schützen vermag, entwickelten sich in den Völkerglauben verschiedene Abwehrstrategien, wie Amulette, die zur Abwehr des „bösen Blickes" getragen wurden, oder bestimmte Gesten, die diesen abwehren sollten.

(f) Tonfall

Der Tonfall bezieht sich zwar auf die gesprochene Sprache, betrifft aber nicht das Gesagte an sich, sondern das Wie. Man muss nur an den geflügelten Satz denken „der Ton macht die Musik", um die Relevanz des Tonfalles in sozialen Austauschsituationen zu ermessen. Elemente des Tonfalls sind die Tonhöhe, die Lautstärke, die Geschwindigkeit und die Klangfarbe. Durch diese können zum einen Betonungen d. h. Bedeutungszuschreibungen vom Sprecher vorgenommen werden, indem an den bedeutsamen Stellen z. B. langsamer oder lauter gesprochen wird. Des Weiteren wird durch den Tonfall aber auch Emotionales ausgedrückt, wobei sich die Menschen hinsichtlich des Ausdrucksvermögens von Emotionen im Tonfall erheblich unterscheiden (Davitz 1964). Trotzdem zeigt sich, dass intensive Gefühle wie Wut sich überindividuell und in allen Kulturen durch eine laute Stimme ausdrücken und z. B. depressive Gefühle durch leises Sprechen (Eldred/ Price 1958).

(g) Attribute

Unter Attributen werden alle Zeichen verstanden, die sowohl außerhalb des menschlichen Körpers, als auch außerhalb der Sprache/Lautäußerungsebene liegen (Misoch 2004, 61) und die kommunikativ relevant sind. Vor allem in nichttraditionellen Gesellschaften haben diese Zeichen große Bedeutung, da soziale Zusammenhänge nicht durch Traditionen vorgegeben sind und sozialer Status oder bestimmte Gruppenzugehörigkeiten (Sennett 1986) meist durch Attribute (Kleidung, Artefakte) nach außen hin zum Ausdruck gebracht werden. Wichtige Attribute sind Kleidung, Accessoires, Schmuck, Auto, Möbel usw. Diese stehen zwar nicht im direkten Zusammenhang zur Kommunikation, prägen und beeinflussen diese jedoch nachhaltig. Schließlich gehört das Bekleidetsein in „den Kulturen, die wir uns angewöhnt haben, als zivilisiert oder modern zu bezeichnen, zur gesellschaftlichen Normalität" (Bohn 2006, 95) und spielt deswegen in fast allen sozialen Situationen unter Bedingungen der Kopräsenz eine entscheidende Rolle (weswegen es als gerechtfertigt angesehen werden kann, von vestimentären (bekleidungsbezogenen) Codes zu sprechen).

Zusammenfassung

Es zeigt sich, dass die Variationsbreite an Körperzeichen groß ist und dass diese eine je unterschiedliche Beteiligung des Körpers voraussetzen. Bei Kommunikationen unter Kopräsenz der Teilnehmer kommt dem Körper eine zentrale kommunikative und sozial regulative Rolle zu. Studien zur Beurteilung von Akteuren in Interaktionszusammenhängen unter Bedingung der Kopräsenz haben gezeigt, dass 38 % der Beurteilung von der Stimme abhängen, 55 % von der Körperhaltung und lediglich 7 % auf den Inhalt der Kommunikation zurückzuführen sind (Misoch 2004, 58/59). Es wird davon ausgegangen, dass Körperzeichen unvermittelt und unbewusst gesendet werden und sich zum Teil einer Kontrollierbarkeit durch das Subjekt entziehen (Schwitzen, Rotwerden usw.). Deswegen wird der Körper mit den an ihn gebundenen Zeichen eher als Garant von „Authentizität" angesehen als Sprachzeichen. Zu bedenken ist jedoch, dass auch Körperzeichen in einem Kontext stehen und nicht isoliert betrachtet und interpretiert werden dürfen, da „einzelne Körperkomponenten [...] ebenso wenig für sich alleine stehen wie ein Phonem im funktionalen Sprechakt" (Birdwhistell 1979). Des Weiteren können manche Körperzeichen bewusst gesteuert werden und so ggf. zur Eindrucksmanipulation verwendet werden: Auch der Körper ist im Face-to-Face-Austausch nicht immer als Authentizitätsgarant zu interpretieren.

4.2   Verbale Kommunikation

Unter verbaler Kommunikation wird jeder soziale Austausch mittels Sprache verstanden, wobei es sich bei *Sprache* um ein auf „mentalen Prozessen basierendes, gesellschaftlich bedingtes, historischer Entwicklung unterworfenes Mittel zum Ausdruck bzw. Austausch von Gedanken, Vorstellungen, Erkenntnissen und Informationen, sowie zur Fixierung und Tradierung von Erfahrung und Wissen" handelt (Bußmann 1983, 475). Die Fähigkeit, mittels eines differenzierten Sprachsystems zu kommunizieren, ist arttypisch für den Menschen und unterscheidet ihn dadurch von den anderen Primaten (Argyle 1974, 63).

Sprachgebundene Kommunikation kann sich durch Mündlichkeit oder durch Schriftlichkeit artikulieren. Verbale Kommunikation ist die Hauptform menschlicher sozialer Interaktion, da sich die meisten Austauschprozesse anhand von Sprachverwendung vollziehen. Die verbalen Botschaften „rahmen" die Kommunikationssituation, wie dies Goffman in seinen Studien gezeigt hat (Goffman 2000). Der enge Zusammenhang zwischen Sprache und Gesellschaftsstruktur ist Gegenstandsbereich der Soziolinguistik, da Sprache Ausdruck und Regulationsmedium für soziale Beziehungen darstellt und demnach als „linguistischer Code" verstanden werden kann (Bernstein 1972).

    In der Sprache manifestiert sich Soziales, da sie hinsichtlich der verwendeten Sprachzeichen, der Grammatik, der Komplexität schichtbezogen variiert. So wird

zwischen dem so genannten restringierten Code und dem elaborierten Code differenziert. Die Verwendung des jeweiligen Codes hängt von der Sozialschicht, der
Situation und dem Objekt der Kommunikation ab. So wird der *restringierte Code*
eher in Situationen verwendet, die nichtformellen Charakter besitzen, wenn sich
Kommunikationsteilnehmer gut kennen sowie vornehmlich in bildungsfernen
und kapitalarmen (im Sinne Bourdieus) Sozialschichten (Unterschichten): „Haste
mal…"; „Wat'n dat?" Der *elaborierte Code* hingegen ist formaler und wird eher in
öffentlichen Situationen gebraucht (v. a. wenn die Kommunikationsteilnehmer
durch soziale Ferne zueinander gekennzeichnet sind) und wird den kapitalstarken
(im Sinne Bourdieus) Mittel-/Oberschichten zugeschrieben. Der elaborierte Code
ist, neben der grammatischen Korrektheit der Sprache, durch einen höheren Grad
an Komplexität und Ausdrucksgenauigkeit gekennzeichnet.

5.   Kongruenz der Kommunikationsebenen

Kongruenz (vom lat. congruens) bedeutet so viel wie Übereinstimmung und in
der Geometrie die Deckungsgleichheit verschiedener geometrischer Objekte. Im
soziologischen Sinne bedeutet Kongruenz, dass sich die persönlichen und sozialen
Merkmale eines Individuums in Übereinstimmung mit den sozialen Erwartungen
der Umgebung befinden. So wäre ein punkig gestylter Vorstandsvorsitzender ein
Beispiel für Inkongruenz im sozialen Sinne.

Bezogen auf Kommunikation ist die Kongruenz, d. h. die Übereinstimmung
der Kommunikationsinhalte, Voraussetzung für das Gelingen von Kommunikation, d. h. für deren Glaubwürdigkeit. Betrachten wir die im vorherigen Abschnitt
dargestellten verschiedenen Kommunikationsebenen (verbal – nonverbal) aus dieser Perspektive, so kann festgestellt werden, dass für das Gelingen von Kommunikation eine Kongruenz der verschiedenen Zeichenebenen und -inhalte bestehen
muss. Nur wenn sowohl die nonverbalen als auch die sprachgebundenen Zeichen
im Hinblick auf ihren Aussagegehalt übereinstimmen, kann dieser als glaubwürdig
angesehen werden. Aber auch die Inhalte der einzelnen Ebenen müssen zueinander in Kongruenz stehen bzw. hinsichtlich ihres Aussagehalts kohärent sein, um zu
einer homogenen Darstellung zu führen (Goffman). Die homogene Darstellung
ihrerseits ist Voraussetzung für die Aufrechterhaltung und ggf. Auf-Dauer-Stellung
von Kommunikation.

Quelle: Forgas 1994, 172.

6. Kommunikationsformen

Neben den Formen verbaler und nonverbaler Kommunikation können weitere Kommunikationsformen unterschieden werden: (a) intrapersonale, (b) interpersonale Kommunikation und (c) Gruppenkommunikation sowie (d) Massenkommunikation.

(a) Intrapersonale Kommunikation

bezeichnet einen Sonderfall der Kommunikation, da hier nicht zwei oder mehrere Individuen bei einem Austauschprozess beteiligt sind – und hierdurch keine Wechselbezogenheit der Kommunikation besteht. Es handelt sich bei intrapersonaler Kommunikation um selbstbezogene Austauschprozesse innerhalb eines

33

Individuums. Das Subjekt ist hier Sender und Empfänger zugleich, wobei sich die Kommunikation kognitiv vollzieht und sich meist nicht durch gesprochene Sprache manifestiert.

(b) Interpersonale Kommunikation

bezeichnet den sozialen Austauschprozess zwischen zwei oder mehreren Individuen, wobei die Sender- und Empfängerrollen (im Idealfall) jeweils alternierend von den beteiligten Individuen übernommen werden. Klassische Situation hierfür ist das Gespräch, das in realen geografischen Räumen (Café, Kneipe, Privatraum, Betrieb, U-Bahn usw.) oder z. B. computervermittelt in virtuellen Räumen (Chat usw.) stattfinden kann.

(c) Gruppenkommunikation

bedeutet, dass sich mehrere innerhalb eines sozialen Netzwerkes befindliche Individuen – welches entweder durch geografischer Anwesenheit der Teilnehmer oder durch Gleichzeitigkeit der Teilnahme (online) bestimmt ist – multidirektional austauschen können. Im Face-to-Face-Kontext kann dies z. B. eine Situation am Stammtisch sein, in welcher sich theoretisch alle Anwesenden mit jeweils allen anderen austauschen können. Im Bereich des Virtuellen wären hier die Chats zu nennen, in deren öffentlichen Bereichen ein many-to-many-Austausch stattfinden kann.

(d) Massenkommunikation

bezeichnet die durch Massenmedien transportierten Kommunikationsinhalte. Hier handelt es sich nicht um ggf. alternierende Austauschprozesse zwischen einzelnen Individuen (d. h. nicht um Individualkommunikation wie in den Punkten a bis c), sondern um eine (massen-)öffentliche und einseitige (unidirektionale) Informationsübermittlung von einem Sender zu vielen Empfängern. Diese Empfänger werden auf Grund der Diffusionsweite des Gesendeten als „physically dispersed mass" (Lang/Lang 1961, 432) bzw. als disperses Massenpublikum[9] (Maletzke 1976) bezeichnet. Eine Definition des Begriffes Massenkommunikation findet sich bei Maletzke (1963, 32): „Unter Massenkommunikation verstehen wir jene Form der Kommunikation, bei der Aussagen öffentlich (also ohne begrenzte

---

9   Dispers leitet sich ab vom lat. dispersus = auseinander gestreut. Beim dispersen Massenpublikum handelt es sich um ein verstreutes und nicht personell zu lokalisierendes Publikum.

und personell definierte Empfängerschaft), durch technische Verbreitungsmittel (Medien), indirekt (also bei räumlicher oder zeitlicher oder raumzeitlicher Distanz zwischen den Kommunikationspartnern) und einseitig (also ohne Rollenwechsel zwischen Aussagendem und Aufnehmendem) an ein disperses Publikum (…) vermittelt werden." Massenkommunikation findet im realweltlichen Kontext durch Medien wie Fernsehen, Zeitung, Rundfunk usw. statt und im Bereich des Virtuellen z. B. durch WWW-Seiten, die unidirektional angelegt sind.

II. Computervermittelte Kommunikation

„Where is the internet? It is everywhere, as businesses and households even in the remotest parts of the world are discovering how internet technology revolutionizes communication. But it is also nowhere, with its nearly invisible infrastructure and its ephemeral content. Together, its apparent ubiquity and invisibility give its users a sense of placelessness, of freedom from the traditional constraints of physical distance. But this placelessness is an illusion. The internet is where its users are." (Kolko 1999, 2)

1. Was ist computervermittelte Kommunikation?

Unter computervermittelter Kommunikation werden alle kommunikativen, d. h. sozialen Austauschprozesse verstanden, die durch einen Computer als vermittelndes technisches Medium stattfinden bzw. jede Kommunikation, „bei der auf Seiten des Senders und des Empfängers einer Botschaft ein Computer zur En- und Dekodierung der Nachricht zum Einsatz kommt" (Boos et al. 2000, 2).

Diese Form der medial vermittelten Kommunikation basiert auf verschiedenen technologischen Komponenten:
(1) einem Computer als Eingabegerät (Senderseite);
(2) einem Computer als Endgerät (Rezipientenseite);
(3) einer Vernetzung der Computer untereinander (mittels Koaxialkabeln oder kabellos).
Damit unter Zuhilfenahme von Computern kommuniziert werden kann, müssen die einzelnen Rechner miteinander vernetzt sein. Das größte weltweite Computernetzwerk ist das so genannte *Internet*. Der Begriff selbst ist ein Neologismus, der sich von der englischen Bezeichnung „*inter*connected *net*works" ableitet.[10]

---

10 Die Geschichte des Internets ist inzwischen vielfältig dokumentiert und wird deswegen an dieser Stelle ausgespart; siehe hierzu u. a. Leiner et al. 2003; Computer Museum History Center 1997 (beide Dokumente online verfügbar).

Netzwerke können durch unterschiedliche Strukturen gekennzeichnet sein; so unterscheidet Baran bereits in den 1960er-Jahren zwischen zentralisierten, dezentralisierten und verteilten Netzwerken.

Schaubild: Netzwerkstrukturen nach Baran (1964)

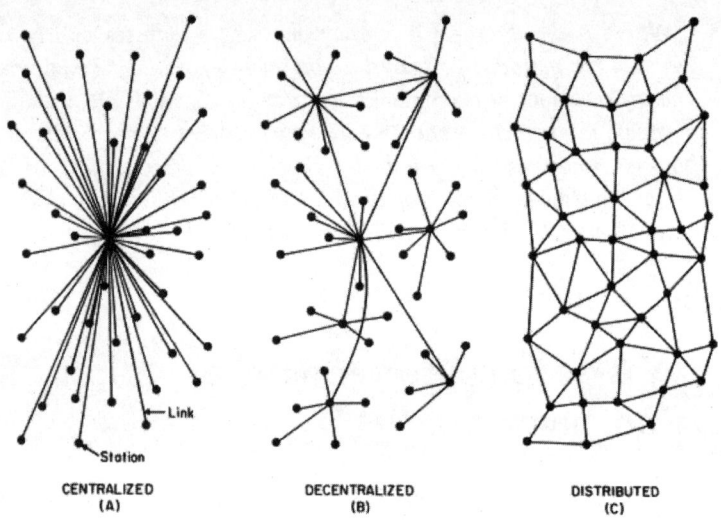

FIG. 1 — Centralized, Decentralized and Distributed Networks

Quelle: http://www.cybergeography.org/atlas/historical.html

Das globale Computernetzwerk Internet – das ein dezentral strukturiertes, nichtproprietäres Netzwerk ist – besteht seinerseits aus verschiedenen Netzwerken, wie z. B. den WANs, MANs und LANs.

- *LAN* = Local Area Network. Dabei handelt es sich um ein räumlich begrenztes Computernetzwerk mit einer Größe von ca. 1 km².
- *MAN* = Metropolitan Area Network. MANs sind meist ringförmig aufgebaute Telekommunikationsnetze und können eine Ausdehnung von bis zu 100 km² haben.
- *WAN* = Wide Area Network. WANs erstrecken sich über Länder oder sogar Kontinente und werden zur Verbindung von LANs genutzt. WANs werden z. T. von Firmen oder Providern eingerichtet, die dadurch Internetverbindungen anbieten können.

Schaubild: Schematische Darstellung des Internets

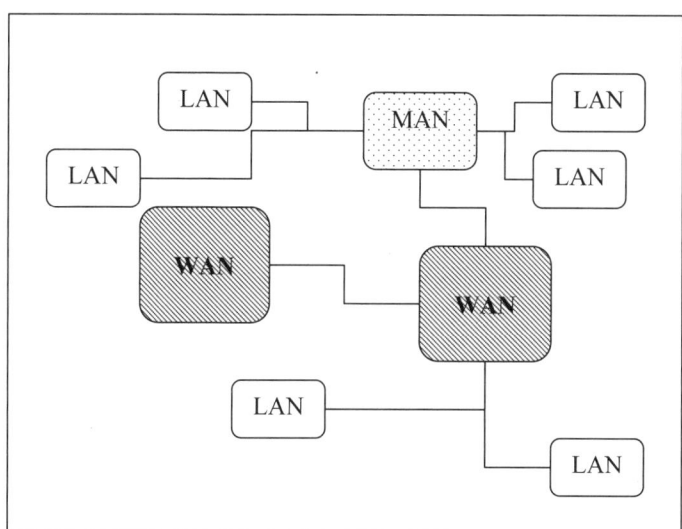

Quelle: Eigene Darstellung

Wenn der einzelne Nutzer zu Hause an seinem PC sitzt, so kann dieser auf das Internet durch eine Verbindung mit einem Provider zugreifen, welcher die Internetverbindung gegen Gebühr zur Verfügung stellt. Die Datenübertragung kann dabei sowohl terrestrisch mittels Kabeltechnologien als auch durch aerische Medien mittels Laser oder Funkwellen erfolgen. Oftmals wird die Datenübertragung teilweise durch Kabel *und* Satelliten vorgenommen, d. h. dass sowohl terrestrische als auch aerische Übertragungsmedien eingesetzt werden.

Tabelle: Übertragungsmedien

Terrestrische Übertragungsmedien	Aerische/drahtlose Übertragungsmedien
Verdrillte Kabelpaare	Radiowellen
Basis-Koaxialkabel	Mikrowellen
Breitband-Koaxialkabel	Infrarot/Millimeterwellen
Lichtwellenleiter/Glasfaserkabel	Lichtwellen/Laser

Quelle: Tanenbaum 1998, 102.

2. Daten zur Internetverbreitung

2.1 Globale Internetverbreitung

Das Internet gehört vor allem in den hochindustrialisierten Staaten zu den weit verbreiteten technischen Medien neben den klassischen Massenmedien wie Radio und Fernsehen. Betrachtet man jedoch die globale Internetverbreitung, so wird deutlich, dass der Zugang zum Internet sehr ungleich verteilt ist, und dass sich ein „digital divide" abzeichnet.[11] Vornehmlich die wohlhabenden Staaten Europas, die USA, Teile Asiens und Australien sind an dieses weltweite Kommunikations- und Informationsnetz angeschlossen.

Tabelle: Weltweite Internetverbreitung *(Stand 31.03.2006)*

Region	Bevölkerung	% der Weltbe- völkerung	Internetnutzer	% der Bevölke- rung	% der Gesamt- nutzung
Afrika	915.210.928	14.1 %	23.649.000	2.6 %	2.3 %
Asien	3.667.774.066	56.4 %	364.270.713	9.9 %	35.6 %
Europa	807.289.020	12.4 %	291.600.898	36.1 %	28.5 %
Mittlerer Osten	190.084.161	2.9 %	18.203.500	9.6 %	1.8 %
Nordamerika	331.473.276	5.1 %	227.303.680	68.6 %	22.2 %
Lateinamerika/ Karibik	553.908.632	8.5 %	79.962.809	14.4 %	7.8 %
Ozeanien/Aust- ralien	33.956.977	0.5 %	17.872.707	52.6 %	1.7 %
Insgesamt	6.499.697.060	100.0 %	1.022.863.307	15.7 %	100.0 %

Daten aus: http://www.internetworldstats.com/stats.htm (jeweils gerundete Werte, deswegen Abweichung von der 100 %-Summe möglich)

---

11 Siehe hierzu u. a. Norris 2001, Wilhelm 2000, Bimber 2000, Bolt/Crawford 2000, Bucy 2000, Kubicek 2002, Lenhart 2000 und 2003, Wresch 1996, Groebel et al. 2003, Chen/ Wellman 2003, Warschauer 2002.

Schaubild: Internetnutzung weltweit (1999)

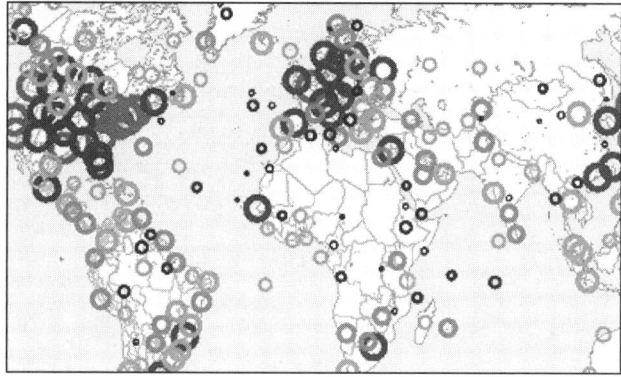

Quelle: Yook et al. 2001, http://arxiv.org/abs/cond-mat/0107417

Auch eine Visualisierung des Datenverkehrs im Rahmen eines speziellen Internet-dienstes kann die globalen Zugangsunterschiede zu diesem Medium verdeutlichen:

Schaubild: Visualisierung des Beitragsflusses (flow) im Usenet[12]

Quelle: http://www.cybergeography.org/atlas/usenet_flow_large.gif („Usenet flow map" von Mai 1993, erstellt von Brian Reid)

---

12 Usenet = Unix User Network. Von den Studenten Tom Truscott und Jim Ellis 1979 pro-grammiertes weltweites Netzwerk, das aus Diskussionsforen besteht (Newsgroups).

Das Internet wächst permanent. Dieser Prozess lässt sich u. a. an der zunehmenden Anzahl der Hosts abzulesen, wobei ein Host-Rechner (Wirtrechner) eine zentrale Datenverarbeitungsanlage innerhalb eines Computernetzwerkes bezeichnet.

Schaubild: Wachstum des Internets von 1994–2006
(weltweit; gemessen an der Anzahl der Hostrechner)

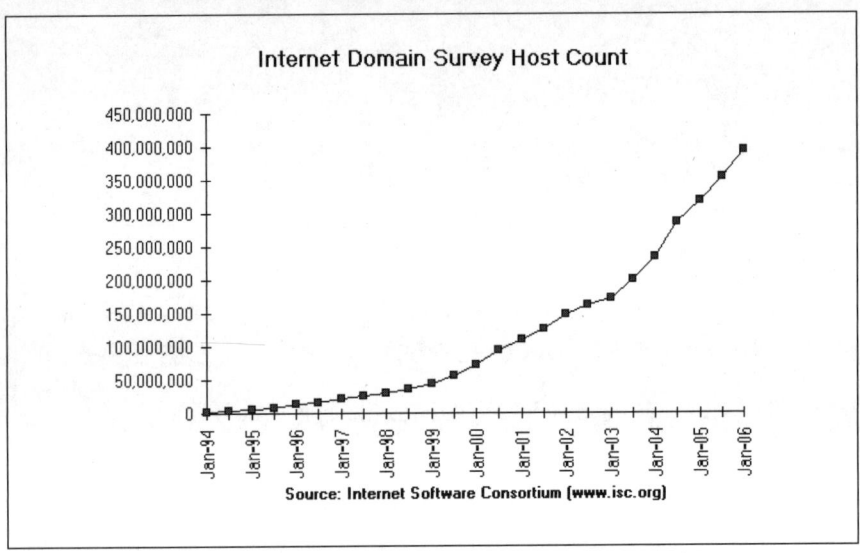

Quelle: http://www.isc.org/index.pl?/ops/ds/hosts.php

Schaubild: Internetnutzer (weltweit; in Millionen)

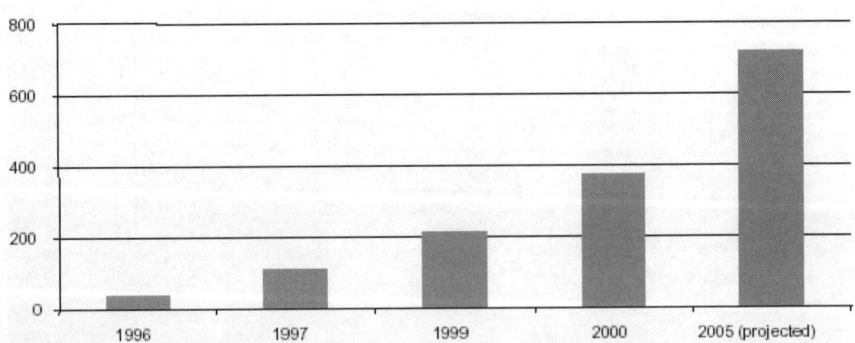

Quelle: Brmy/Lenton 2001

2.2   Nationale Internetverbreitung

Betrachtet man die gesellschaftliche Diffusion des Internets nicht aus globaler, sondern aus nationaler Perspektive, so zeigt sich auch in Deutschland, dass die Verbreitung in den letzten Jahren sukzessive zugenommen hat. Inzwischen wird das Internet von ca. 58 % der Bundesbürger genutzt (ARD/ZDF Online-Studie 2005), wobei die Nutzerzahlen weiterhin permanent ansteigen, so dass langfristig davon auszugehen ist, dass es sich bei dem Internet um ein Medium handelt, das in Zukunft wie Telefon und Fernsehen nahezu 100 % der Bevölkerung erreichen wird.

Schaubild: Internetverbreitung in Deutschland: 1997–2005

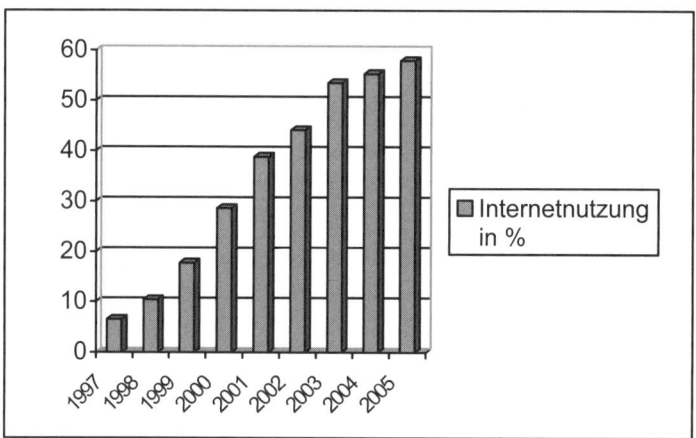

Quelle: Eigene Darstellung; Daten aus ARD/ZDF-Online Studie 2005, 363.

Doch sind auch in nationaler Betrachtung Unterschiede der Internetverbreitung festzustellen: Es kann konstatiert werden, dass sich der „digital divide" in Deutschland zwischen urbanen und ländlichen Gegenden, zwischen den verschiedenen Bildungsschichten (den bildungsnahen und bildungsfernen), zwischen den Geschlechtern und auch zwischen den Altersgruppen abzeichnet. So nutzen bevorzugt qualifizierte, in Städten lebende Menschen (meist Männer), die jünger als 40 Jahre sind, das Internet. Die aktuellen Zuwachsraten sind u. a. darauf zurückzuführen, dass das Internet sich nun in jenen Sozialschichten ausbreitet, die vormals kaum Nutzer dieses Mediums waren.

3. Dienste und Anwendungen des Internets

Um via Computervermittlung im Internet kommunizieren zu können, existieren verschiedene Dienste und Anwendungen.

Dienste haben ein eigenes Datenübertragungsprotokoll; diese beinhalten die für den Datenaustausch zwischen Rechner und Peripheriegeräten (angeschlossene PCs) Regeln und Übereinkünfte (Datenformate, Zeitablauf usw.). Es können u. a. folgende Dienste mit jeweils unterschiedlichen Protokollen unterschieden werden:

- E-Mail,
- FTP,
- WWW,
- Newsgroups/Usenet,
- IRC (Internet Relay Chat),
- MUDs.

Spezifische softwaregestützte Funktionen dieser Dienste werden als *Anwendungen* bezeichnet, und hier wären z. B. als Anwendungen des WWW zu nennen:

- ICQ,
- Web-Chats,
- Web-MUDs,
- Homepages,
- Weblogs,
- Online-Spiele im WWW.

3.1 WWW

Der wohl bekannteste Dienst des Internets ist das WWW (World Wide Web), welches 1989 von Tim Berners Lee am CERN in Genf entwickelt wurde. Ursprünglich nur für den akademischen Austausch innerhalb des CERN-Intranets gedacht, sollte dieses mittels eines Hypertextsystems den wissenschaftlichen Austausch vereinfachen und die Möglichkeit des gemeinsamen Arbeitens an Dokumenten eröffnen. Die Freigabe dieses Dienstes für die Öffentlichkeit leitete den „Siegeszug" des Internets ein, da die Bedienung eines WWW-Browsers auch für Technikunkundige aufgrund der grafischen Oberfläche sehr einfach ist. Der Dienst des WWW vereint die Dienste E-Mail, Telnet und FTP (um nur die Wichtigsten zu nennen) unter seiner einheitlichen grafischen Benutzeroberfläche (Musch 1997, 78).

WWW erlaubt die Übertragung von multimedialen Daten (Hypermedia), und arbeitet (zumeist) auf Basis des Protokolls HTTP (Hypertext Transfer Protocol).

Um diesen Dienst nutzen zu können, muss auf dem PC ein Internet-Browser (z. B. Explorer, Netscape) installiert sein.

3.2 E-Mail

Neben dem WWW wird E-Mail der inzwischen am häufigsten genutzte Internetdienst sein. Es handelt sich hierbei um elektronische Post, die mittels des Protokolls SMTP (Simple Mail Transfer Protocol) übermittelt werden kann. Um die eingegangenen Mails von einem Mailserver auf den eigenen PC zu übertragen, wird ein weiteres Protokoll wie z. B. POP3 benötigt. Zum Schreiben und Versenden der Mails benötigt der Nutzer bestimmte Software-Programme, wie z. B. Outlook oder Eudora.

Eine E-Mailadresse enthält den Namen des Nutzers (oder dessen gewähltes Pseudonym), die Kennzeichnung des Hosts und schließt mit der Länderkennung ab; getrennt werden diese Angaben durch das @-Zeichen. So bedeutet die Adresse „musterfrau@uni-potsdam.de", dass die Nutzerin „Musterfrau" an der Universität Potsdam in Deutschland ihren Mail-Account (Mail-Postfach) besitzt.

Das Versenden von E-Mails ist in den meisten Fällen eine one-to-one-Kommunikation, wobei aber auch eine Nachricht an mehrere Empfänger verschickt werden kann, Kopien versendet oder E-Mails, die man von anderen empfangen hat, weitergeleitet werden können. So hat, zusätzlich zur Transportbeschleunigung gegenüber der traditionellen Post, die elektronische Variante mehr Nutzungsmöglichkeiten.

3.3 Newsgroups

Newsgroups sind asynchrone Diskussionsgruppen im Netz, in denen die Teilnehmer Beiträge (Postings) senden können, die dann auf einem Newsserver gespeichert und für die anderen Nutzer zur Verfügung gestellt werden. Eine Übersicht über Newsgruppen findet man z. B. unter: http://groups.google.com/.

Übertragungsprotokoll ist NNTP (Net News Transfer Protocol), ansonsten kann ein normaler Internetbrowser die Postings lesen als auch versenden. Die Struktur der Newsgruppen ist dabei hierarchisch angelegt, so dass es immer übergeordnete Verzeichnisse gibt, innerhalb derer dann Subthemen diskutiert werden (siehe Schaubild „Thread"). Die thematische Ausrichtung erkennt man an der Endung des Newsgroupnamens, die Länderkennung steht am Anfang: <de.sci.soziologie> ist demnach die deutschsprachige wissenschaftliche Newsgruppe zu soziologischen

Themen (de. = deutschsprachig, sci. = scientific). Andere thematische Schwerpunkte von Newsgroups sind z. B. Hobby und Freizeit (rec.), Computerbezogenes (com.), Soziales (soc.) oder Gemischtes (misc.). Wird ein Beitrag gepostet, so erhält dieser meistens Antworten oder Kommentare von anderen, so dass sich dann zum Teil sehr lange Diskussionsstränge entwickeln, die durch ihre Struktur als threads (engl. Fäden) bezeichnet werden:

Schaubild: Thread in einer Newsgroup

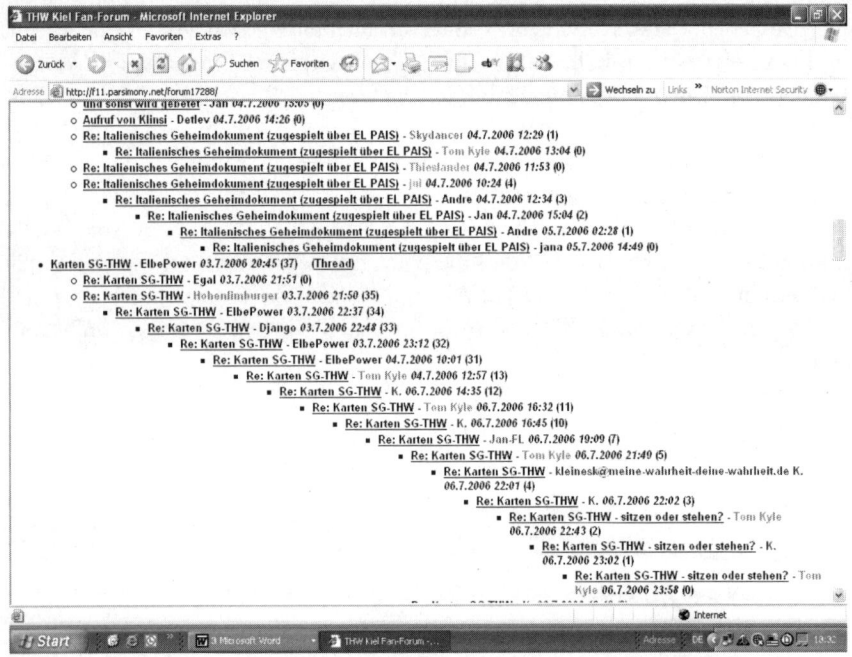

3.4 FTP

FTP bezeichnet ein spezielles Netzwerkprotokoll zur Datenübertragung und basiert auf dem so genannten File Transfer Protocol. Die Übertragung erfolgt mittels Download (bei Datensuche) und als Upload (bei Dateneingabe). Dieses Datenübertragungsverfahren benötigt einen FTP-Client (spezielles Computerprogramm, welches Kontakt zu einem Server aufzubauen vermag und mit diesem Daten austauschen kann).

3.5 IRC/Web-Chat

IRC (Internet Relay Chat) bezeichnet einen Internetdienst, der noch nicht in die üblichen WWW-Browser integriert ist. Im IRC können sich mehrere User via Tastatur synchron miteinander austauschen. Voraussetzung ist die Anmeldung bei einem IRC-Server. Diese Kommunikationsform wurde 1988 von dem finnischen Studenten Jarkko Oikarinen entwickelt und war ursprünglich lediglich für seine lokale Mailbox konzipiert. Inzwischen ist das Chatten zur „wohl populärste[n] Form der Online-Kommunikation" avanciert (Filinski 1998, 23, zit. nach Runkehl et al. 1998, 72). Dies hat vor allem mit der zunehmenden Verbreitung der Web-Chats zu tun, die Anwendungen des WWW sind, und bei denen eine Teilnahme mittels Internet-Browsers möglich ist. Insgesamt lassen sich drei verschiedene Formen der Chats im Internet unterscheiden (Runkehl et al. 1998, 84):

1. der IRC als eigener Dienst und spezielle Client-Software,
2. Web-Chats im WWW (Internetbrowser),
3. Online-Chats, die von Providern mit spezieller Software betrieben werden.

Schaubild: Prinzip der Chat-Kommunikation

1 A schreibt Nachricht an B **2** B liest unmittelbar darauf die Nachricht von A

A: Hallo B
B: Hallo A

Chat-Server

A: Hallo B
B: Hallo A

4 A liest unmittelbar darauf die Nachricht von B **3** B schreibt unmittelbar darauf eine Nachricht an A

© Projekt sprache@web | http://www.mediensprache.net/

Quelle: http://www.mediensprache.net/de/websprache/chat/form/index.asp

Um an einem Chat teilzunehmen, muss man sich mit einem so genannten *Nickname* anmelden, wobei es sich hierbei um einen vom Nutzer selbst gewählten Namen handelt, mittels dessen man dann an einem Chat und den darin stattfindenden many-to-many-Kommunikationen teilnehmen kann. Einzelne Räume innerhalb der Chats, die Channels, sind jeweils mit einer Raute gekennzeichnet, so z. B. #berlin. Neben diesem öffentlichen Bereich kann man dyadische (vertrauliche) Gespräche führen, die die anderen im Channel nicht mitbekommen durch das Nutzen der Flüsterfunktion (dadurch können Textbotschaften an eine/n andere/n nur von dieser/m gelesen werden und sind im öffentlichen Bereich für die anderen nicht sichtbar) oder durch das Verabreden in einem privaten Bereich (Privatchat, Separée, eigener Channel), in welchem man dann zu zweit ist oder mit jenen anderen, denen man einen Zugang hierzu ermöglicht hat. Man kann gleichzeitig in mehreren Chat-Räumen kommunizieren; diese werden dann jeweils durch ein Bildschirmfenster angezeigt.

Schaubild: Beispielseite aus einem Chat

1	BigBrother: 'niceshyBoy' betritt den Chat !!!
5	**Alien_Girl** (Thu 17:22): WELCHER SÜ?E BOY WILL MIT EINEM SÜ?EM GIRL CHATTEN???
8	**niceshyBoy** (Thu 17:22): hi alien girl wie gehts??
9	**Alien_Girl** (Thu 17:22): GUT!!!
10	**Alien_Girl** (Thu 17:22): WIE ALT ???
12	**niceshyBoy** (Thu 17:23): wie alt bist du denn??
13	**Alien_Girl** (Thu 17:23): !&
14	**Alien_Girl** (Thu 17:23): 16
15	**niceshyBoy** (Thu 17:23): ich bin 16
16	**Alien_Girl** (Thu 17:23): UND DU ???
19	**niceshyBoy** (Thu 17:23): woher bist du denn??
22	**Alien_Girl** (Thu 17:24): berlin und du ???
29	**niceshyBoy** (Thu 17:25): ich komme auch aus berlin
32	**niceshyBoy** (Thu 17:25): wogenau aus berlin kommst du denn ?? ich aus hellersdorf
33	**Alien_Girl** (Thu 17:25): welcher bezirk ???
35	**Alien_Girl** (Thu 17:25): Reinikendorf
39	BigBrother: KUSS für niceshyBoy!
41	**Alien_Girl** (Thu 17:26): Hi boy noch da ???
48	**niceshyBoy** (Thu 17:27): ja
50	**niceshyBoy** (Thu 17:27): alien
53	**niceshyBoy** (Thu 17:27): gehen wir in nen anderen raum alien??
56	**Alien_Girl** (Thu 17:27): IN WELCHEN???
58	**niceshyBoy** (Thu 17:27): moment
59	BigBrother: niceshyBoy verlässt den Raum!
61	**Alien_Girl** (Thu 17:28): da kommt immer sie brauchen ein Passwort
64	BigBrother: Alien_Girl verlässt den Raum!
	www.europachat.org, Raum „Entrée", 20.7.00, bereinigt um die nicht zum Dialog gehörigen Turns

Quelle: Orthmann 2004, 111

Im Zusammenhang mit dem Chat ist inzwischen das Softwareprogramm ICQ weit verbreitet. ICQ (I seek you = Ich suche Dich) ist der wohl bekannteste *Instant Messenger*, der von vier isrealischen Studenten entwickelt wurde und seit 1996 vertrieben wird (es gibt weitere Messenger wie z. B. AIM; den Messenger von MSN usw.). Es handelt sich dabei um ein Programm, das den raschen Austausch („Instant Messaging") der Teilnehmer über das Internet ermöglicht, d. h. das Versenden von Nachrichten und Daten, das gemeinsame Spielen oder Chatten. Basis ist die Registrierung des Nutzers, die Zuweisung einer ICQ-Nummer und das Anlegen einer Liste mit bestimmten Suchkriterien (z. B. Freundesliste). Startet der Nutzer das Programm, so wird dann automatisch nach den in der Liste eingegebenen Kriterien gesucht und dem Nutzer mitgeteilt, ob diese gerade online sind. Die Verwendung von Instant Messaging kann ein Mittel sein, um die Online-Kommunikation effizienter zu gestalten,

3.6   MUD

Ein MUD (Multiple User Dungeon) ist ein Online-Rollenspiel, welches auf einem Server zur Verfügung gestellt wird und dessen Protokollbasis das Telnet (Teletype Network) ist. MUDs sind textbasierte Welten, die von mehreren Spielern zugleich synchron online gespielt werden. Will man an einem MUD teilnehmen, so muss man sich eine Spielerfigur aussuchen (Avatar) und diese nach eigenen Vorstellungen kreieren. Mit dieser Figur agiert der Spieler in der virtuellen Umgebung und sie stellt seine „Verkörperung" in der Spielumgebung dar.

Viele MUDs können als Abenteuer- oder Fantasyspiele beschrieben werden, in denen die Spieler gemeinsam Umgebungen erkunden, gestalten und Rätsel lösen, wobei parallel zu der Spielfunktion Kommunikationsfunktionen bestehen und das Mudden (MUD-Spielen) immer gemeinsames Spielen und auch Kommunizieren bedeutet.

Schaubild: verschiedene MUD-Startseiten

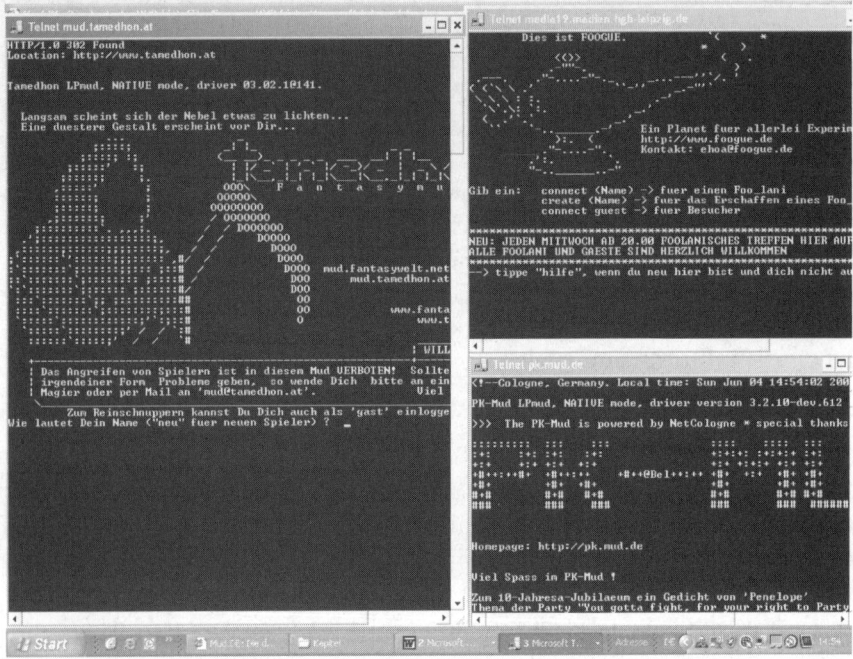

3.7 Homepages

Homepages (engl. home = Heimat, Zuhause; page = Seite) sind Seiten im WWW, bei denen es sich entweder um die Startseite einer Internetpräsenz oder um die gesamte Internetpräsenz handelt. Homepages können kommerziell-gewerblichen Inhalts (Firmen im Netz), institutionell (Universitätsseiten), themen- oder privatpersonenbezogen sein. Letzteres bezeichnet man als private Homepage, wobei sich hier Privatpersonen der Netz-(Teil-)Öffentlichkeit entweder rein textuell oder multimedial präsentieren.

Schaubild: Textuelle Selbstdarstellung aus privater Homepage

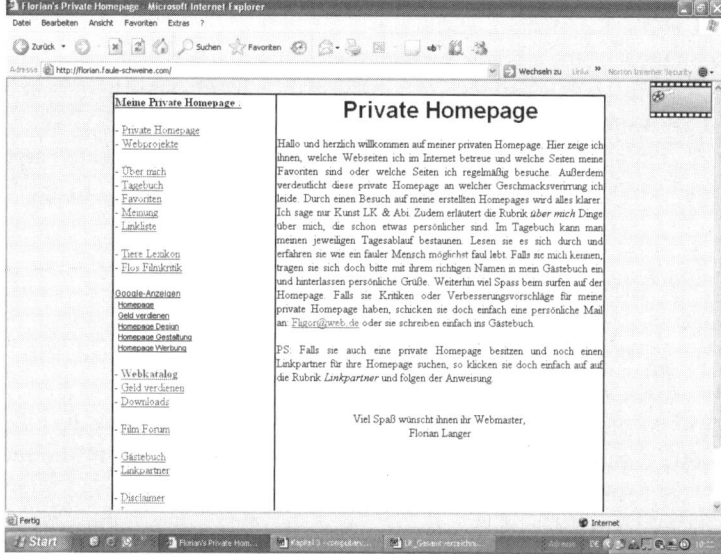

Schaubild: Selbstdarstellung mittels Foto auf privater Homepage

Homepages finden sich nicht nur im WWW mit eigener URL (eigener Internet-adresse), auch in Chats können die Kommunikationsteilnehmer oft ein so genann-tes Profil von sich erstellen, welches dann einer „kleinen privaten Homepage" gleicht. Neuester Trend sind die vor allem seit 2005 sich in den USA verbreitenden „facebooks". Hierbei handelt es sich um Webpages hauptsächlich von Schüler/in-nen und Studenten/innen, die sich auf dieser Seite kurz vorstellen (Bild, Hobbies usw.), wobei diese Seiten untereinander vernetzt sind und dem besseren gegenseiti-gen Kennenlernen dienen sollen; es handelt sich um einen sozialen Netzwerkdienst.

3.8   Web-Logs

Ein Web-Log (Kunstwort aus engl. web = Gewebe und log = Logbuch) ist eine Webseite, auf der regelmäßig neue Einträge erstellt werden, wobei die neuesten Einträge oben erscheinen und somit eine hierarchische Anordnung in chronologi-scher Abfolge gegeben ist. Weblogs (oder auch nur Blogs genannt) können the-menbezogen sein, Tagebuchcharakter haben oder wie eine private Homepage gestaltet sein. Der entscheidende Unterschied zur Homepage ist ihre Dynamik, da permanent neue Inhalte auf die Seite gestellt werden; deswegen sind sie u. a. auch ein Instrument des investigativen Journalismus.

Weblogs können von Einzelpersonen oder auch von Gruppen geführt werden, bei denen alle Teilnehmer/innen Beiträge beisteuern (Blogverzeichnis im Netz z. B. http://blogg.de/). Im Zuge des zunehmenden Internetzuganges per Handy existieren inzwischen auch so genannte Moblogs (mobile logs), welche per Handy mit neuen Inhalten gefüllt werden.

Schaubild: Themenblog: Foto-Blog zum Ostkreuz/Berlin

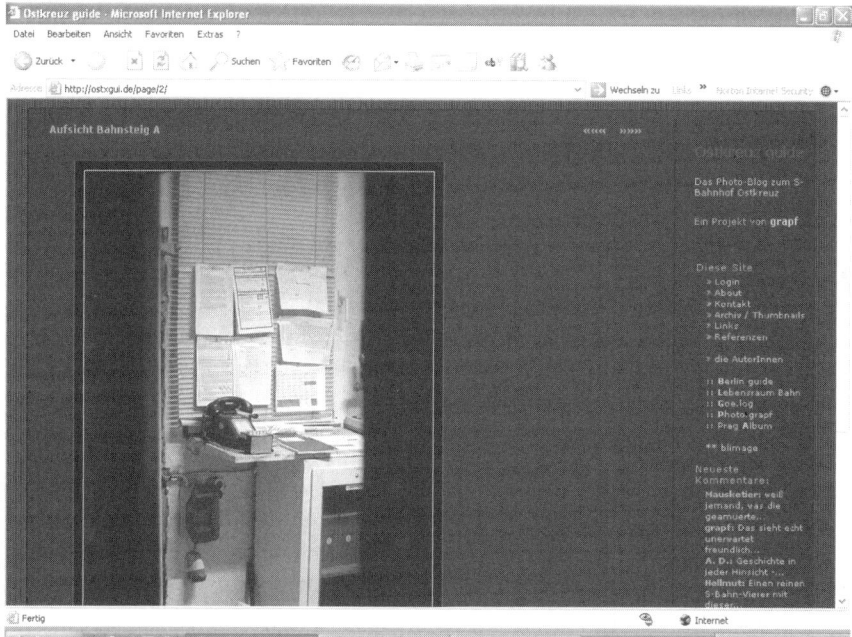

4. Zeitlichkeit & Reichweite

Betrachtet man die verschiedenen Dienste und Anwendungen des Internets, so lassen sich diese hinsichtlich zweier Merkmale grundlegend unterscheiden: zum einen hinsichtlich der Zeitlichkeit der Übertragung der Kommunikation, d. h. deren Synchronizität oder Asynchronizität, sowie hinsichtlich der Reichweite der Kommunikation bzw. des Teilnehmerkreises.

4.1 Synchronizität/Asynchronizität

a) Synchrone Kommunikation

Synchronizität bedeutet, dass ein kommunikativer Austausch zwischen den Beteiligten zeitgleich stattfindet. Um dieses zu erreichen, müssen die Prozesse der Enkodierung, Botschaftsübermittlung, deren Dekodierung und die Versendung einer neuen Botschaft innerhalb eines sehr kurzen Zeitraumes vonstatten gehen, so dass die Kommunikation als zeitgleich empfunden wird. Vertraut ist dieses aus Situationen im realweltlichen Kontext; jedes Face-to-Face-Gespräch unter Anwesenheit der Akteure ist eine synchrone Kommunikationssituation.

Medial vermittelte Kommunikation, die synchron stattfindet, ist z. B. das Telefonieren. Ausschließlich schriftbasierte Austauschsituationen konnten bisher nur zeitversetzt stattfinden (Brief, Telegramm). Dies hat sich durch computervermittelte Kommunikation geändert, denn hier besteht durch die verschiedenen Dienste und Anwendungen die Möglichkeit der synchronen textuellen Kommunikation (Chat, MUD). Durch die Computervermittlung entstehen virtuelle Räume, in denen – trotz der Ferne der realen geografischen Orte – unter Anwesenheit der Kommunikationsteilnehmer zeitgleich kommuniziert werden kann, so dass sich die Interaktionssituation trotz ihrer Textualität einem Gespräch annähert. Je schneller der kommunikative Austausch erfolgt, desto mehr nähert sich dieser dem Face-to-Face-Gespräch an und als desto intensiver wird dieser Austausch von den Teilnehmern empfunden (auch als „flow" bezeichnet).

Synchrone Kommunikation findet im Netz hauptsächlich interpersonal (z. B. privater Chat, ICQ) oder gruppenbezogen (öffentlicher Chat-Channel) statt.

b) Asynchrone Kommunikation

Die Dienste und Anwendungen des Internets unterstützen des Weiteren asynchrone Austauschsituationen. Hier wären als Beispiele E-Mail oder Newsletter zu nennen, die vom Prinzip her offline-Kommunikationsformen ähneln: die E-Mail als elektronische Variante des konventionellen papiernen Briefes und der Newsletter als elektronische Anwandlung einer Abonnenten-Zeitung, da man sich zuvor in ein Verzeichnis eintragen muss, um diesen dann per Mail zugeschickt zu bekommen. Asynchron sind Kommunikationen, „wenn ein Sender/eine Senderin eine Botschaft zu einem anderen Zeitpunkt aufstellt, als sie von den Adressat/inn/en empfangen wird" (Hartmann 2004, S. 675).

Bei asynchroner Kommunikation liegt demnach eine Zeitspanne zwischen dem Versenden der Botschaft und deren Rezeption, so dass kein permanenter Kommunikationsfluss zustande kommt. Der Vorteil asynchroner Kommunikation besteht darin, dass die Nutzer nicht zeitgleich online sein müssen und trotzdem die Botschaften übertragen werden können (aber erst rezipiert werden, wenn der Empfänger wieder online ist); es besteht somit völlige Zeit- und Ortsunabhängigkeit.

Asychrone Online-Kommunikation kann interpersonal (E-Mail), als Gruppenkommunikation (Mailinglisten) oder als Massenkommunikation (Webpage) stattfinden.

Tabelle: Synchrone und asynchrone computervermittelte Kommunikation

Synchrone Kommunikation	Asynchrone Kommunikation
• Chat • MUDs • Online-Spiele • Internet-Konferenzen • ICQ	• E-Mail • Newsgroups • Foren • Mailinglisten • Websites

Quelle: Eigene Darstellung

4.2 Reichweite/Sender-Empfänger-Struktur

Kommunikationssituationen können, unabhängig davon, ob diese online oder offline stattfinden, hinsichtlich ihrer Reichweite bzw. ihrer Sender- und Empfängerstruktur differenziert werden.

1. *One-to-one:* Hierunter werden alle Kommunikationssituationen subsumiert, die einen Austausch zwischen zwei oder mehreren Individuen mit jeweils hauptsächlich dyadischer Kommunikationsstruktur umfassen; dieses Prinzip wird auch als interpersonale Kommunikation bezeichnet.
2. *Many-to-many:* Dieses Prinzip bezeichnet alle Prozesse der Gruppenkommunikation, wenn mehrere Personen gleichzeitig mit mehreren anderen Personen kommunizieren können.
3. *One-to-many:* Hierbei handelt es sich um eine Form der Massenkommunikation, wenn eine Person mit ihrer Botschaft mehrere andere Personen erreichen kann.

Vergleicht man die Dienste und Anwendungen des Internets hinsichtlich dieser Merkmale, so ergibt sich folgendes Bild:

Tabelle: Sender-Empfänger-Strukturen im Vergleich

	One-to-one	One-to-many	Many-to-many
asynchron	E-Mail	WWW Weblog Homepage	Mailinglist Newsgroup Foren Weblog (kollektiv)
synchron	Chat MUD VoIP (Internet-Telefonie)	interaktive WWW-Seiten (z. B. Gästebuch)	Chat MUD

Quelle: Eigene Darstellung

5. Basale Kennzeichen computervermittelter Kommunikation

Will man die Spezifika computervermittelter Kommunikation beschreiben, so ist ein Vergleich mit der unvermittelten Face-to-Face-Kommunikation sinnvoll, da hierdurch die distinktiven Merkmale computervermittelter Kommunikation am besten verdeutlicht und herausgearbeitet werden können.

5.1 Entkörperlichung

Soziale Austauschsituationen unter *Kopräsenz* der Teilnehmer sind, wie bereits in Kapitel I beschrieben, durch eine Reichhaltigkeit der Sinnesbeteiligung gekennzeichnet: Kommunikativ wirksam sind bei Face-to-Face-Kommunikation nicht nur die inhaltlichen, d. h. dezidiert sprachlichen Elemente des Austausches, sondern auch die nonverbalen Zeichen, die gegeben werden, wie Gestik, Mimik, Körperhaltung, Blick usw. Wie Studien zur Beurteilung von Akteuren zeigten, hängt die Eindrucksbildung in Face-to-Face-Situationen weniger von den Kommunikationsinhalten als von den Körperzeichen ab (Kapitel 1, 4.1, Zusammenfassung). Dies verdeutlicht, dass der Körper und die von diesem gesendeten Zeichen (bewusst oder unbewusst) zentrale Bedeutung haben, und jede soziale Interaktion mit personaler Anwesenheit wird demnach durch die Körper der Akteure maßgeblich beeinflusst und vorstrukturiert sein.

Dies ändert sich grundlegend, wenn die Kommunikation per Computervermittlung stattfindet. Hier verschwindet der Körper als Zeichenträger zugunsten der

Sprache: Basales Kennzeichen computervermittelter Kommunikation ist ihre (hauptsächliche) Textualität. Die Botschaften werden per Tatstatur vom Sender eingegeben, als digitaler Code übertragen und vom Rezipienten am Bildschirm dekodiert. Die Körper der Akteure bleiben dabei unsichtbar und am kommunikativen Geschehen unbeteiligt. Körperzeichen müssen, um bei computervermittelter Kommunikation übermittelt zu werden, durch einen anderen Code als den des Körpers ausgedrückt werden. Dies bedeutet, dass Körperzeichen z. B. textualisiert werden müssen, um für die anderen Akteure „sichtbar" – im Sinne von wahrnehmbar – zu werden. Durch die Transformation des Körperlichen in die sprachliche Ebene werden die ursprünglich unmittelbaren Zeichen vermittelt. So können im Virtuellen – im Gegensatz zum real life – keine unbewussten Körperzeichen gegeben werden, da der Nutzer zwar vor seinem Bildschirm schwitzen, rot werden oder lachen kann, diese Zeichen aber nicht direkt übertragen werden.

Durch die Entkörperlichung bei Online-Kommunikation kommt es zu einer basalen Verschiebung der Aufmerksamkeit: Ist diese sonst in Face-to-Face-Kommunikationen entscheidend auf den Körper, die Körperzeichen oder Attribute (Kleidung usw.) der Akteure gerichtet, wendet sich diese, entsprechend dem Fehlen der Körperzeichen, vermehrt dem Inhalt, d. h. der eigentlichen Botschaft, zu. Durch das absolute Fehlen von Körperzeichen werden keine sozialen Daten übertragen, die in Face-to-Face-Situationen die Kommunikation beeinflussen und rahmen: Geschlecht, Alter, Status, Kleidung usw. Computervermittelte Kommunikation kann demnach – theoretisch – egalisierter sein, da dem Inhalt mehr Bedeutung zukommt als bei Face-to-Face-Kommunikationen.

Des Weiteren ist auf Grund der Körperlosigkeit und Nichtangesichtigkeit bei computervermittelter Kommunikation die Möglichkeit der *Anonymität* gegeben: Da keine sozialen Hinweise ungewollt übermittelt werden, können Personen sich maskieren, d. h. ihre Identität nicht preisgeben oder sich eventuell eine Pseudonymität zulegen. Letzteres wurde intensiv als „virtuelle Identität" diskutiert, die ggf. therapeutische Funktionen erfüllen könne (Turkle 1998) und die sich aber, entgegen der aufgestellten Thesen, als eher marginales Phänomen erweist (Misoch 2004a).

5.2 Textualität

Die Speicher- und Übertragungstechnik der Computer basiert auf digitalen Codes, und Informationsübermittlungen innerhalb eines vernetzten Computersystems können nur in digitalisierter Form vonstatten gehen. Da es bisher noch keine Systeme gibt, die gesprochene Sprache (zufrieden stellend) zu digitalisieren vermögen, findet computervermittelte Kommunikation hauptsächlich in verschriftlichter Form statt: Die Botschaften, die in einem Face-to-Face-Gespräch gesagt werden würden, werden verschriftlicht und vom Sender per Tastatur in den Computer eingegeben, danach als digitaler Code versendet und vom Empfänger an dessen Computerbildschirm rezipiert d. h. gelesen. Es können auch Bilder und Töne in digitalisierter Form übermittelt werden, der im engeren Sinne als Sprachkommunikation zu bezeichnende Vorgang findet jedoch bei computervermittelter Kommunikation ausschließlich schriftbasiert statt.

Durch diesen Umstand ist diese Kommunikation kanalreduziert, als Hauptsinnesorgan fungiert das Auge, und es wird die – zumindest rudimentäre – Beherrschung der Kulturtechniken des Lesens und Schreibens vorausgesetzt. Da durch die Körperlosigkeit des Austausches keine direkten Körperzeichen übermittelt werden können, müssen diese – bei textueller Kommunikation – so wie alle anderen Informationen auch – in Schriftsprache transformiert werden. Da Körperzeichen relativ umständlich zu verschriftlichen sind („jetzt lächele ich"), haben sich neue Zeichen-Codes herausgebildet, die sich der zur Verfügung stehenden Tastatur auf kreative Weise bedienen, um Körperzustände, d. h. Mimiken, Gestiken, Lautstärke, Gefühle, Geräusche usw. im textuellen Austausch zum Ausdruck zu bringen.

Um Gefühle und Körperzeichen zu verschriftlichen, wie z. B. ein Lächeln, welches man sonst nur als „jetzt lächele ich" verschriftlichen könnte, wird z. B. die Zeichenfolge :-) verwendet. Diese Zeichenkombinationen werden als *Emoticons* (emotional icons) oder als *Smileys* bezeichnet und stellen nonverbale Kommunikationsebenen wie Gefühle ikonografisch dar.

Des Weiteren hat sich eine Schreibweise herausgebildet, die die Darstellung von Geräuschen im textuellen Austausch ermöglichen soll. Hierzu wird das auditive Ereignis wie folgt verschriftlicht: „tssss", „hmm", „tusch" etc. Diese Verwendungen werden als *Soundwörter* bezeichnet. Soundwörter erinnern an Comicsprache, da sie durch knappe, eher umgangssprachliche Formen Auditives nachahmen (onomatopoietisches (lautmalerisches) Prinzip)

Um Differenzierungen der Lautstärke auszudrücken, werden *Großbuchstaben (Versalien)* verwendet: Das Schreiben in GROSSBUCHSTABEN wird online als Betonung (in Mails) oder Schreien (in Chats) gedeutet.

Um Körpervorgänge wie Mimiken oder Gestiken auszudrücken, werden so genannte *Aktionswörter* verwendet. Diese werden vom Infinitiv der Verbform abgeleitet und zwischen Sternchen (*…*) dargestellt: *zwinker*, *lach*, *staun*, *rotwerd*, …

Da schriftsprachlicher Austausch durch die Notwendigkeit des Eintippens der Botschaft oft lange dauert, haben sich vor allem im Bereich der schnellen synchronen Kommunikation in Chats Sonderformen herausgebildet, die ganze Sätze transformieren, die so genannten *Akronyme*. Diese bestehen lediglich aus den groß geschriebenen Anfangsbuchstaben der zu verwendenden Wörter, wobei das Verstehen hierbei an Konventionen gebunden ist, die die Bedeutung zuweist: LOL = laughing out loud (laut lachen); FYI = for your interest; IMHO = in my humble opinion (aus meiner „bescheidenen" Sicht) usw. Es finden sich auch Akronyme, die nicht auf die reale Schreibweise eines Ausdruckes zurückgeführt werden können, sondern die sich auf die Aussprache beziehen: CU = see you (bis bald) oder 4U = for you (für dich) (siehe hierzu ausführlich Kapitel VII).

5.3   Entzeitlichung – Enträumlichung

Die Face-to-Face-Kommunikation ist sowohl räumlich als auch zeitlich gebunden, denn ein Körper kann nur zu einem bestimmten Zeitpunkt an einem bestimmten Ort anwesend sein. Computervermittelte Kommunikation hingegen ist nicht räumlich gebunden, da sich die Kommunikationsteilnehmer an verschiedenen geografischen Orten befinden und trotzdem im gleichen Raum im Cyberspace „anwesend" sein können. Vernetzte Computer und deren Dienste und Anwendungen generieren virtuelle Räume, die eine Rahmung für die an sich ortslosen Kommunikationsprozesse bieten; sie „lassen einen global organisierten Raum entstehen, welcher grenzenlos, permanent veränderbar und nicht mehr örtlich fixiert ist" (Löw 2001, 103). Der Internetnutzer befindet sich demnach an zwei (oder mehreren) Orten zugleich: zum einen am real-geografischen Ort, an welchem er vor dem Bildschirm an Computer sitzt, und zum anderen an den virtuellen „Orten" im Cyberspace, die sich „hinter" dem Bildschirm eröffnen und in denen er kommuniziert, spielt usw. So kommt es zu einer Vermischung bzw. Überlappung von realem und virtuellem Raum, und der Kommunizierende kann sowohl im realen als auch im virtuellen Raum zugleich kommunizieren und des Weiteren in mehreren virtuellen Räumen gleichzeitig kommunikativ aktiv sein. Hier entsteht eine Pluralisierung der kommunikativen Räume.

Auch die Zeitgebundenheit kann bei computervermittelter Kommunikation aufgehoben werden, da hier Möglichkeiten des zeitversetzten Austausches bestehen (Mail, Newslist usw.). Ist bei gesprochener Sprache der Inhalt vergänglich (und kann nur mnemotechnisch, durch schriftliche Fixierung oder andere Dokumentationstechniken bewahrt werden), so wird bei computervermittelter Kommunikation die Botschaft durch ihre Verschriftlichung automatisch dokumentiert und damit der Zeitlichkeit enthoben. Bei synchronen Kommunikationsanwendungen im Netz, wie z. B. den Chats, ist der Kommunikationsfluss an die zeitgleiche Anwesenheit der Beteiligten angewiesen; der Inhalt der Gespräche selbst kann jedoch zeitunabhängig rückverfolgt werden, da dieser als Text vorliegt.

5.4 Entkontextualisierung

Face-to-Face-Kommunikation ist, da sie unter der Bedingung der Kopräsenz stattfindet, immer in einen bestimmten Kontext d. h. einen umgebenden Zusammenhang eingebunden. Da Online-Kommunikation ortsunabhängig stattfindet, und die Teilnehmer sich an unterschiedlichen geografischen Orten aufhalten können, des Weiteren bei asynchronen Diensten des Internets zeitunabhängig kommuniziert werden kann, sind die Teilnehmer nicht physisch präsent und teilen keinen gemeinsamen Kontext oder Handlungshintergrund. Daraus könnten sich Probleme der Verständigung ergeben: „Das besondere Problem der Online-Kommunikation besteht darin, daß die unmittelbare Situation, in die die Kommunikationspartner jeweils eingebunden sind, weniger stark wahrnehmbar ist, als dies bei der Face-to-Face-Kommunikation der Fall ist. Der Mitteilende muß im Rahmen der Konzipierung einer Mitteilung […] nicht nur die beschränkten Ausdrucksmittel berücksichtigen, sondern genau einschätzen, welche Teile des Kontextes der Kommunikationspartner wahrnehmen bzw. wahrgenommen haben kann und welche Teile daher zu explizieren sind." (Herrmann 2001)

Des Weiteren kommt es im Internet zu einer Entkontextualisierung der Inhalte. Die Informationen werden durch die nicht-lineare Hypertextstruktur aus ihren kontextuellen Zusammenhängen entnommen und in eine neue netzartige Struktur, in ein Gewebe von Inhalten und Bedeutungen, eingefügt. Diese Netzstruktur, die kein Zentrum besitzt und keine lineare Lesart vorschreibt, erschwert z. T. die Orientierung des Nutzers, da die Informationseinheiten für sich stehen und nicht mehr in Zusammenhänge eingebunden sind. So entstehen durch hypertextuelle Strukturen vielfältige neue Lesarten, die „die Lust blitzartiger Zusammenschlüsse, totaler und gleichzeitiger offener Vernetzung" zu erzeugen vermögen (Großklaus 1995, 96) aber genauso zu Orientierungslosigkeit und dem Gefühl des „lost in cyberspace" führen können.

Postman geht davon aus, dass dieser nichtsequenzielle Charakter des Hypermedia eine fundierte Verarbeitung des Wissens unmöglich mache und dass die Neuen Medien dadurch zu einem Vehikel der Oberflächlichkeit würden (ebd. 1992).

5.5   Digitalisierung

Die gesamte Kommunikation im Netz beruht auf digitalisieren Prozessen. Dies hat zur Folge, dass alle Informationen, da diese als digitale Codes vorliegen, einfach dokumentiert und gespeichert werden können (z. B. Gesprächsverläufe im Chat). Des Weiteren können durch das gleiche Datenformat verschiedene Medien miteinander kombiniert werden (Schrift, Ton, Bild usw.) und relativ einfach weiterverarbeitet werden (copy & paste); dies wirft verstärkt das Problem der Authentifizierung von Informationen im Netz auf. Durch die global vernetzten Systeme können digitale Daten innerhalb weniger Millisekunden an die entferntesten Orte versendet werden, was eine erhebliche Kommunikations- oder Informationsbeschleunigung bedeutet und die Möglichkeit eröffnet, textbasiert quasi synchron zu kommunizieren (wie dies in Chats der Fall ist) (ausführlich zur Digitalisierung siehe Kapitel III, 7).

Auf Grund dieser Besonderheiten können folgende zentrale Unterschiede zwischen Kommunikationen im realweltlichen Kontext und mittels Computervermittlung festgehalten werden:

Tabelle: Vergleich Face-to-Face-Kommunikation und Online-Kommunikation

Face-to-Face-Kommunikation	Online-Kommunikation (im Internet)
Kopräsenz aller Kommunikationsteilnehmer	Keine Kopräsenz der Teilnehmer
Visuelle Sichtbarkeit	Visuelle Anonymität
Durch Kopräsenz der Akteure Einbezug psychosozialer Daten, die durch Körper, Kleidung usw. vermittelt werden	Keine Übertragung psychosozialer körpergebundener Daten
Möglicher Einbezug aller Sinnesmodalitäten (optisch, akustisch, olfaktorisch usw.)	Kein Einbezug direkter Sinnesmodalitäten
Austausch erfolgt mittels verbaler (Sprache) und nonverbaler Zeichen (Mimik, Gestik, Haptik usw.)	Austausch hauptsächlich mittels verschriftlichter Sprachzeichen
Kommunikation erfolgt zeitgleich	Zeitgleiche (Chat) und zeitversetzte Kommunikation (E-Mail) möglich
Raumgebundene Kommunikation	Kommunikation ist raumungebunden, es entsteht ein virtueller Kommunikationsraum
Synchrone Kommunikation nur bei gleichzeitiger Kopräsenz möglich	Synchrone Kommunikation bei geografischer Trennung möglich
Kommunikation durch Kopräsenz in einen Kontext einbezogen	Kommunikation entkontextualisiert
Eindrucksbildung aufgrund optischer Merkmale	Eindrucksbildung aufgrund textueller Merkmale (Schreibstil usw.)

Quelle: Eigene Darstellung

III.   Medien-/Kanalbezogene Modelle

Die nachfolgend dargestellten medien- und kanalbezogenen Modelle zur computervermittelten Kommunikation stammen größtenteils aus den 1980/90er-Jahren.
Sie konzentrieren sich auf die Eigenschaften des Mediums, auf die für den interpersonalen Austausch zur Verfügung stehenden Kanäle, und leiten davon ausgehend Folgen für die Kommunikation und die soziale Situation als solche ab.

Zu bedenken ist hierbei, dass zu Beginn der gesellschaftlichen Verbreitung von
Online-Kommunikation diese hauptsächlich im organisationalen Kontext (sach-
bezogen; task-oriented) verwendet wurde und dass sich dies z. T. in den dargestellten Theorien und Modellen widerspiegelt.

1.   Social Presence Theory

Eine der einflussreichsten Theorien zum Phänomen Medienkommunikation ist
die Social Presence Theory von Short/Williams/Christie (1976), die im Rahmen
von Studien zu mediierten Konferenzsituationen (Telefon-, Audio-/Videokon-
ferenzen) entwickelt und erst später auf den Bereich computervermittelter Kommunikation angewandt wurde (z. B. Culnan/Markus 1987; Rice 1984).

Die Social Presence Theory geht davon aus, dass der entscheidende Faktor, durch
welchen sich Medien voneinander unterscheiden, in dem Ausmaß der medial vermittelten sozialen Präsenz gesehen werden kann. Soziale Präsenz wird dabei von
den Autoren definiert als: „the degree of salience of the other person in the interaction and the consequent salience of the interpersonal relationships" (Short et al.
1976, 64) oder wie dies Biocca et al. (2001) später formulierten: „the limited illusion of […] being together with other people". Soziale Präsenz wird von den Autoren mit den Konzepten der Unmittelbarkeit/Unvermitteltheit („immediacy") von
Wiener/Mehrabian (1968) und der Intimität („intimacy") von Argyle/Dean
(1965) verküpft. Unmittelbarkeit wird von Wiener/Mehrabian definiert als „psychological distance" und Faktoren zur Verstärkung der Unmittelbarkeit sind nonverbale Zeichen wie Nicken, Lächeln usw. Nach Argyle/Dean wird der Grad der
Intimität der Akteure durch verbale und nonverbale Zeichen (z. B. Blickkontakt)
zum Ausdruck gebracht und wird von den Akteuren unbewusst in einem Gleich-

gewicht gehalten (so zeigte sich, dass z. B. bei positiver Affinität zueinander die Kommunikanden ähnliche Körperhaltungen annehmen).

Das Verhältnis der Konzepte zueinander wird von Short et al. wie folgt modelliert:

• Soziale Präsenz trägt zur Entstehung von Intimität bei,
• Unmittelbarkeit unterstützt und verstärkt Intimität,
• Unmittelbarkeit verstärkt soziale Präsenz.

Soziale Präsenz wird dabei von den Autoren als objektive *Eigenschaft* des übertragenden *Mediums* und nicht als individuelle Wahrnehmung oder als interpretative Konstruktion betrachtet: „We regard Social Presence as being a quality of the communications medium" (Short et al. 1976, 65). Diese wird als umso höher definiert, je mehr Zeichen übertragen werden und je unmittelbarer, intensiver, kontextsensitiver und persönlicher die Kommunikation von den Kommunikanden empfunden wird. Es wird davon ausgegangen, dass der Grad an sozialer Präsenz einen entscheidenden Faktor medialer Kommunikation darstelle: „We hypothesize that communications media vary in their degree of social presence, and that these variations are important in determining the way individuals interact." (Short et al. 1976, 65)

Um soziale Präsenz messbar zu machen, wurde von Short et al. die *semantic differential technique* (Technik des semantischen Differentials) von Osgood et al. (1957/59) übernommen. Hierunter wird eine Methode zur Einstellungsmessung, d. h. Messung von konnotativen und affektiven Bedeutungen von Objekten oder Begriffen, verstanden. Die Messung erfolgt anhand von Skalen mit bipolaren Adjektivpaaren (heiß – kalt; emotional – sachlich; usw.), wobei alle Adjektivpaare eine mehrstufige Skala bilden, innerhalb derer der Proband seine Bewertung einträgt. So ergeben sich dann anhand der Bewertungen Polaritätenprofile. Zur Messung der Wahrnehmung von Medien wurden bei Short et al. (1976) den Teilnehmern eine Serie von 24 bipolaren (7-Punkt) Skalen vorgelegt, anhand welcher sie die Soziabilität, Sensitivität, Emotionalität und Persönlichkeit der durch verschiedene Medien vermittelten Kommunikationsinhalte einschätzen sollten.

Schaubild: Beispiel-Items zur Messung der sozialen Präsenz

impersonal 1–2–3–4–5–6–7 personal
cold 1–2–3–4–5–6–7 hot
insensitive 1–2–3–4–5–6–7 sensitive

Quelle: Short et al. 1976

Ein Medium mit hoher sozialer Präsenz besitzt demnach hohe Itemwerte und wird von den Nutzern als warm, persönlich, sensitiv usw. eingeschätzt. Es zeigte sich bei den Studien von Short et al., dass die soziale Präsenz eines Kommunikationsmediums analog zu den Hypothesen der Autoren umso höher eingeschätzt wurde, je mehr Kanäle zur Zeichenübertragung zur Verfügung standen und je mehr nonverbale Zeichen übertragen werden konnten: So nahm der Grad der empirisch ermittelten sozialen Präsenz vom Face-to-Face-Austausch, zur Videokonferenz und zum Audiosystem kontinuierlich ab.

In Anlehnung an die Untersuchungen von Westrum (1972) und Champness (1972), die Mediennutzungen im Kontext bestimmter Kommunikationsaufgaben (task) evaluierten, schließen Short et al., dass nicht jedes Medium für jeden Kommunikationsanlass geeiget sei: So seien Medien mit einem niedrigen Grad an sozialer Präsenz geeignet für Kommunikationen, die Prozesse der Informationsübertragung und einfache Problemlösungen beinhalten; für komplexere Aufgaben, in denen die persönlichen Beziehungen und Personenmerkmale entscheidende Faktoren darstellen (Konfliktaushandlung, Beziehungsentwicklung, Kennenlernen, emotionale Inhalte) seien Medien mit einem hohen Grad an sozialer Präsenz notwendig (Short et al. 1976, 158 f.).

Überträgt man diese Ergebnisse auf den Bereich der computervermittelten Kommunikation, dann wird diese als ein Medium geringer sozialer Präsenz angesehen, da nur ein Kanal zu Übertragung zur Verfügung steht (Textkanal) und nonverbale Zeichen, Visuelles oder Akustisches nicht unmittelbar übertragbar sind (wie z. B. in einer Videokonferenz). Deswegen wird dieses Medium als „task-oriented" angesehen und als ungeeignet für komplexe und emotionale Kommunikationsinhalte definiert: „… one would not form coalations with machines, or try to get to know them on a personal basis" (ebd., 158).

Der Zusammenhang zwischen der sozialen Präsenz und den Medieneigenschaften lässt sich wie folgt veranschaulichen:

Schaubild: Soziale Präsenz verschiedener Medien

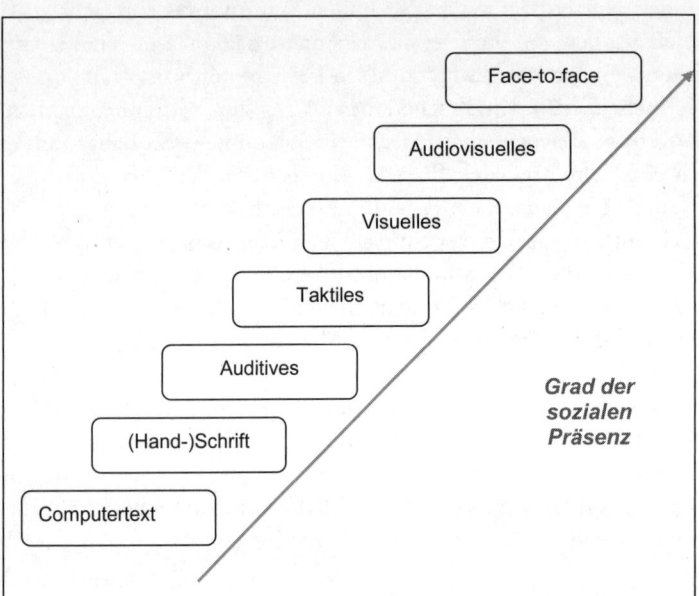

Quelle: Eigene Darstellung

Inzwischen wurde der Ansatz weiterentwickelt, und es liegt eine Vielzahl an Skalen zur Messung der sozialen Präsenz vor – wie z. B. der IPO-SPQ oder der GlobalEd Questionnaire –, eine Übersicht dieser Skalen findet sich unter: http://www.pre-sence-research.org/Questionnaires. html

Problematisch bei diesem Ansatz ist, dass er zwar empirisch von Short et al. belegt werden konnte, die entsprechenden Studien aber meistens mit Nutzern durch-geführt wurden, die zum einen nur über geringe oder gar keine Erfahrungen mit computervermittelter Kommunikation verfügten und die zum anderen sich gegenseitig nicht kannten (siehe hierzu ausführlich Liu 2002, 3 f.). Bei den Ver-suchsanordnungen handelte es sich des Weiteren fast ausnahmslos um kontrol-lierte Laborstudien, deren Dauer durchschnittlich zwischen 20 und 45 Minuten lag. Dies wirft sowohl das Problem der Künstlichkeit der Situation auf, als auch das ihrer knappen zeitlichen Limitierung. Außerdem ist als problematisch anzuse-hen, dass bei diesem Ansatz die Messung der sozialen Präsenz eines Mediums anhand von Skalen erfolgte, die jeweils die subjektiven Bewertungen (rating) ver-schiedener Medien erfassten: „Social Presence, although thought to be an attribute of the media, was generally measured by examining subjective perceptions of media characteristics". (Steinfield 1986, 880)

Neben diesen empirischen Limitationen des Konzepts zeigt sich, dass die Interpretation des Begriffes „social presence" unscharf ist und von verschiedenen Autoren jeweils unterschiedlich interpretiert wird, was dann bei empirischen Studien zu unterschiedlichen Operationalisierungen und nicht vergleichbaren Ergebnissen führt (eine Übersicht der verschiedenen Definitionen findet sich bei Biocca et al. 2001, Tabelle 1).

So scheint das Modell der sozialen Präsenz gerade durch seine monodimensionale Struktur (in die mehrere Faktoren integriert wurden) auf den ersten Blick zu überzeugen; trotzdem ist dieser Ansatz in dem Dilemma gefangen, dass Subjektives (Bewertung der Medien) als Objektives (Medieneigenschaften) interpretiert wird. Zwar haben die Autoren selbst ihr Konzept korrigiert – „… when we said earlier that Social Presence is a quality of the medium we were not being strictly accurate […]. We conceive of Social Presence […] as a subjective quality of the medium" (Short et al. 1976, 65/66) –, doch wird der Ansatz aufgrund seiner definitorischen Unschärfe immer wieder missverstanden. Dies bedeutet, dass weniger die Medieneigenschaften als die *Medienperzeptionen* der Nutzer, d. h. wie diese das Medium wahrnehmen und einschätzen („mental set" bezüglich des entsprechenden Mediums (ebd. 66)), die soziale Präsenz modellieren.

Der logische Widerspruch bei dem Ansatz von Short et al. liegt darin, dass „social presence" zwar in der modifizierten Definition der Autoren als subjektive Medienwahrnehmung interpretiert wird, trotzdem jedoch daran festgehalten wird, dass es überindividuelle „Ranglisten" der Medieneignung für bestimmte Kommunikationsanlässe gibt, was in der Formulierung „subjective quality of the medium" zum Ausdruck gebracht werden soll. Wenn es sich bei sozialer Präsenz um eine wahrnehmungsabhängige Größe handelt, dann kann diese nicht ausschließlich durch das Medium und dessen Kanaleigenschaften determiniert sein – wie dies im Ansatz von Short et al. definiert wird. Wahrnehmungen sind subjektiv und demnach abhängig von individuellen Faktoren.

Der Ansatz wird allgemein anerkannt, obwohl es sich bei kritischer Betrachtung eher um ein unklares Konzept handelt: „at best a vague concept, never clearly defined by its proponents" (Svenning/Ruchinskas 1984, 248). Neuere Studien verdeutlichen, dass das Konstrukt der sozialen Präsenz nur im Zusammenhang mit anderen Faktoren zu analysieren und interpretieren ist, wie z. B. im Kontext der Privatheit der Kommunikationssituation, den Nutzererwartungen und den Möglichkeiten der Aktivität/Interaktivität (Tu 2002, 43). Auch empirisch wurde deutlich, dass das Modell der sozialen Präsenz nicht in der ursprünglichen Konzeption bestehen bleiben kann, da sich entgegen der Annahmen von Short et al. zeigte, dass computervermittelte Kommunikation sehr wohl ein Medium mit hoher sozialer Präsenz sein kann, da die Wahrnehmung der durch das Medium vermittelten sozialen Präsenz von den medienbezogenen Vorerfahrungen der Nutzer abhängt und sich mit der Zeit Enkulturationsprozesse zeigen (z. B. Johansen et al. 1988; Gunawardena 1995). Des Weiteren konnte nachgewiesen werden, dass die soziale Präsenz der Nutzer durch Dritte beeinflusst werden kann, wie z. B. durch einen Moderator in Online-Lernumgebungen, in denen die Nutzer gemeinsam agieren (Gunawardena 1995; Gunawardena/Zittle 1997).

Trotz seiner definitorischen Unschärfe erlebt der Ansatz gegenwärtig eine Renaissance, da im Zusammenhang der Gestaltung virtueller Lernumgebungen deutlich wurde, dass soziale Faktoren hier einen entscheidenden Einfluss auf den Lernerfolg haben (z. B. Feenberg 1989; Hackman/Walker 1990; Sanders/Wiseman 1990). So ist das Ziel virtueller Lernumgebungen, eine möglichst gute Vermittlung der Anwesenheit und Präsenz der Dozenten (teacher presence) als auch der Lernenden zu gewährleisten, um so zur Optimierung des Lernerfolges und der Zufriedenheit der Lernenden beizutragen (Gunawardena 1995; Gunawardena/Zittle 1997).

2. Restriktionsmodell

Das wohl populärste Modell der computervermittelten Kommunikation, welches seinerseits auf der Theorie der Sozialen Präsenz aufbaut, ist das Restriktionsmodell (oftmals in der Literatur auch als Kanalreduktionsmodell bezeichnet).

Dieser Ansatz geht von der Annahme aus, dass Face-to-Face-Kommunikationen durch ihre Reichhaltigkeit an beteiligten Sinneskanälen die Idealform interpersonaler Interaktion darstelle, und dass jede Form der mediierten Kommunikation demgegenüber als defizitär und restriktiv beschrieben werden müsse, da die kanalreduzierte Situation immer auch eine limitierte Zeichenübertragung bedeute.

Bezogen auf Online-Kommunikationen bedeutet dies, dass sich aufgrund der Mediierung die Akteure gegenseitig weder visuell, akustisch, olfaktorisch, gustatorisch noch taktil wahrnehmen können, da der Austausch hauptsächlich mittels getippter Schriftsprache stattfindet, die somit nur eine textuelle, d. h. vermittelte Wahrnehmung des jeweiligen Gegenübers ermöglicht: Alle Kommunikationsinhalte, Verbales als auch Nonverbales, müssen dezidiert verschriftlicht werden, um für den kommunikativen Gegenüber „sichtbar" d. h. wahrnehmbar zu sein. Neben der Begrenzung der Sinneskanäle tritt bei computervermittelter Kommunikation eine räumliche und ggf. ebenfalls zeitliche Distanz als kennzeichnendes Merkmal hinzu. Finden interpersonale Face-to-Face-Interaktionen unter Voraussetzung physischer Anwesenheit (Kopräsenz) statt, die die gleiche geografische Verortung und zeitliche Bindung und somit eine kontextuelle Handlungsrahmung bedeuten, so ist computervermittelte Kommunikation potenziell zeitungebunden, da sie sowohl synchron (z. B. Chat) als auch asynchron (Mail, Foren usw.) verlaufen kann, und raumungebunden, da sie in einem virtuellen Raum stattfindet. Diese Loslösung von Raum und Zeit wird im Restriktionsmodell als Entkontextualisierung interpretiert, die die gemeinsame Orientierung der Akteure am jeweiligen Gegenüber – so wie dies für interpersonale Kommunikation notwendig sei – erheblich erschweren würde (Winterhoff-Spurk/Vitouch 1989). Dadurch komme es zu einer qualitativen Beeinträchtigung der Kommunikation, die eine Versachlichung und Entemotionalisierung nach sich ziehe. Diese These konnte von Hiltz u. a. 1986, Rice/Love 1987 und Jessup/Valacich 1990 anhand experimenteller Studien belegt werden, die zeigten, dass computervermittelte Kommunikation „less friendly, emotional, or personal and more businesslike, or task oriented" (Rice/Love 1987, 88) ist.

Schaubild: Restriktionsmodell computervermittelter Kommunikation

Quelle: Eigene Darstellung

Problematisch bei diesen empirischen Belegen ist jedoch, dass es sich um Daten handelt, die jeweils aus experimentellen Settings gewonnen wurden. Walther (1992, 53) verweist explizit darauf, dass es in Feldstudien nicht gelang, die in den Restriktionsmodellen postulierten versachlichenden und entemotionalisierenden Effekte computervermittelter Kommunikation empirisch nachzuweisen – im Gegenteil, es zeigte sich bei der Analyse z. B. von Online-Communitys, dass hier sehr wohl emotionale Kommunikationen stattfinden (Kerr/Hiltz 1982; Hiltz/Turoff 1987).

Bereits bei Einführung des Telefons hatte man vermutet, dass diese medial restringierte Kommunikation zu erheblichen Qualitätsverlusten des interpersonalen Austausches führe. Doch konnten keine empirischen Belege dafür erbracht werden, dass das Kommunizieren via Medium Telefon die interpersonale Interaktion gravierend verändere oder qualitativ verschlechtere (siehe hierzu u. a. Cook/Lalljee 1972; Dilley et al. 1971) – es zeigte sich im Gegenteil, dass die Störanfälligkeit der Kommunikation bei Face-to-Face höher ist: „Unterbrechungen ergeben sich eher Face-to-Face als bei telefonisch vermittelter Kommunikation." (Höflich 1996, 71).

Dass Laborsituationen andere Messergebnisse hervorrufen als Feldstudien, ist ihrem artifiziellen Charakter zuzuschreiben. Es handelt sich bei Laborexperimenten um kurzzeitig angelegte Versuchsanordnungen, die die Zeitlichkeit eines Effekts nicht zu messen vermögen und die die Erfahrungswerte des Nutzers mit dem entsprechenden Medium nicht in die Analyse mit einbeziehen.

In Bezug auf Online-Kommunikation kann aus den empirischen Daten geschlossen werden, dass diese kurzfristig die im Rahmen des Restriktionsmodells geschilderten Auswirkungen zeigt, dass bei langfristiger Nutzung von computervermittelter Kommunikation jedoch, wie spätere Studien zeigen konnten, von einer Adaption des Nutzers an das Medium auszugehen ist (siehe das Social Information Processing Model nach Walther, Kapitel V, 2.) und die Kommunikation trotz der Kanalreduziertheit eine Reichhaltigkeit des Ausdruckes erhält.

Des Weiteren müsste eine Entemotionalisierung, wenn diese ein durch das Medium entstehender Effekt sein sollte, nicht per se negativ interpretiert werden. So zeigte sich im Rahmen der Kleingruppenforschung, dass bei computervermittelter Kommunikation verstärkt eine inhaltsorientierte Diskussionen stattfindet (Straus 1996; Straus/McGrath 1994); in diesem Kontext könnte eine Entemotionalisierung durch verstärkte Sachorientierung ein positiver Effekt computervermittelter Kommunikation sein.

Zusammenfassend kann geschlossen werden, dass die These des Restriktionsmodells zu stark von einer technikdeterministischen Position geprägt ist. Es wird ausgehend von den Kanaleigenschaften auf Qualitätsverluste der Kommunikation geschlossen, wenn davon ausgegangen wird, dass die Beschränkung des Kommunikationskanals automatisch eine Beschränkung des Inhalts und der ausdrucksbezogenen Reichhaltigkeit mit sich bringe. Diese Position unterschätzt zum einen die individuellen Aneignungs- und Nutzungsweisen von Medien und die Ausdruckskreativität der Nutzer. Des Weiteren wird die Relevanz innerpsychischer (und kognitiver) Prozesse bei Kommunikationsvorgängen unterschätzt: Kommunikation ist weniger der Austausch von bedeutungsvollen Zeichen als das *Konstruieren* von Bedeutungen. Wie Studien der kognitiven Neurobiologie zeigen konnten, ist Wahrnehmung nicht das Verarbeiten äußerer Reize, sondern das Konstruieren einer eigenen, internen Realität (siehe z. B. Roth 1997). Auch spätere empirische Studien zur Mediennutzung konnten zeigen, dass die Nutzer trotz der eingeschränkten Möglichkeiten des Mediums neue, kreative Ausdrucksformen für Emotionen und Nonverbales entwickeln.

Das Restriktionsmodell war vorherrschendes Theorem der 1990er-Jahre, in denen computervermittelte Kommunikation vor allem als sach- und aufgabenorientiert interpretiert wurde und emotionale Inhalte keine Berücksichtigung fanden (Connolly/Jessup/Valacich, 1990; Hiltz/Turoff/Johnson, 1986; Kiesler/Siegel/McGuire, 1984). Dies hat seine Ursache darin, dass die gesellschaftliche Diffusion computervermittelter Kommunikation noch gering war und sie vornehmlich im organisationalen Kontext eingesetzt wurde. Deswegen kann es kaum als verwunderlich angesehen werden, dass diese empirischen Studien eine sachbezogene Wirkung von computervermittelter Kommunikation ermittelten: Man darf den Kontext nicht mit den Wirkungen verwechseln.

Dass computervermittelte Kommunikation kanalreduziert ist, kann nicht bestritten werden. Auch wenn Online-Kommunikation inzwischen durch Webcam oder andere Medien ergänzt wird, um dadurch mehr Sinneskanäle in die Kommunikation einzubinden oder durch die Genese von Emoticons und anderen Zeichen die nonverbale Ebene in die zeichenreduzierte Situation miteinbezogen wird, zeichnet sie sich im Vergleich zu Face-to-Face-Austauschsituationen durch eine geringere Übertragung sinnlich wahrnehmbarer Zeichen aus. Deswegen aber per se, so wie das im Restriktionsmodell geschieht, von einer Versachlichung durch Computermediierung zu sprechen, ist nicht legitim. So ist das Modell der Restriktion in dieser Ausschließlichkeit empirisch nicht haltbar, da neuere empirische Studien belegen konnten, dass Online-Kommunikation sehr wohl als emotional und persönlich erlebt wird (Jacobson 1999; Lea/Spears 1991; Liu 2002; Liu/Ginther/Zelhart 2001; Parks/Floyd 1996; Rice/Love 1987; Walther 1992a, 1992b, 1994, 1995, 1996; Walther/Burgoon 1992).

3. Social Cues Filtered Out Approach

Dieser Ansatz, der von Kiesler et al. (1984) und Kiesler (1986) stammt, und später von Dubrovsky/Kiesler/Sethna (1991) weiterentwickelt wurde, setzt sich in Anlehnung an das Restriktionsmodell mit den sozialen Folgen der kanalreduzierten Kommunikationssituation bei Online-Kommunikationen auseinander.

Nach diesem Ansatz ist die entscheidende Differenz zwischen der face-to-face stattfindenden und der computervermittelten Kommunikation die durch die Kanalreduktion bedingte *Nichtübertragung* von *social context cues*. Hierunter werden soziale (Kontext-)Hinweise verstanden, die in Face-to-Face-Situationen durch die Kopräsenz der Akteure übertragen werden. So sind durch die Anwesenheit des Körpers u. a. das Geschlecht, Alter und Hautfarbe erkennbar und durch Körperhaltung, Kleidung, Gestik usw. weitere Zeichen präsent, die die Kommunikationssituation entscheidend beeinflussen (siehe hierzu ausführlich Kapitel I, 4). Die Filterung dieser Hinweise durch das kanalreduzierte Kommunizieren zieht nach Ansicht der Autoren sowohl positive als auch negative Folgen nach sich.

So komme es dadurch im Positiven zu einer *Egalisierung der Interaktionssituation*, da statusbezogene Zeichen nicht (oder kaum) übertragen werden: „When communication lacks dynamic personal information, people focus their attention on the message rather than on each other" (Kiesler 1986, 48). Dies kann z. B. eine vermehrte Partizipation in computervermittelten Diskussionen nach sich ziehen. Diese egalisierende Wirkung computervermittelter Kommunikation konnte empirisch anhand verschiedener Studien belegt werden (Kiesler 1986; Dubrovski et al. 1991; Warschauer 1995/1996). Studien, die anhand von Selbsteinschätzungen das Maß an Partizipation in Gruppen untersuchten, kamen zu gemischten Ergebnissen: So konnten einige Studien eine verstärkte Partizipation in computervermittelten Gruppen feststellen (u. a. Tyran et al. 1992; Vician et al. 1992), andere Studien hingegen konnten keine signifikanten Unterschiede der Partizipation zwischen computervermittelten und face-to-face stattfindenden Prozessen belegen (u. a. Burke/Chidambaram 1995; Poole et al. 1991). Tendenziell zeigten sich mehr Egalisierungseffekte in kurzzeitig angelegten Settings (Benbasat/Lim 1993), was ein Indikator dafür sein könnte, dass es bei Kommunikationen über einen längeren Zeitraum hinweg doch zu einer Übertragung von Statusdifferenzen kommt (Weisband et al. 1995).

Im Negativen führe die Filterung der sozialen Hinweisreize zu einer *Förderung ungehemmten und antisozialen Verhaltens*. So schreiben Kielser und Sproull: „When social context cues are weak, people feel distant from others and somewhat anonymous. These feelings tend to proceed self-centered and unregulated behavior" (1992, 103). Auch diese These konnte empirisch belegt werden; so fanden

Siegel et al. (1986) heraus, dass die Teilnehmer virtueller Gruppensituationen mehr ungehemmtes verbales Verhalten zeigten, und Kiesler et al. (1984) und Kiesler (1986) konnten in experimentellen Anordnungen zur Untersuchung von Gruppeninteraktion und Prozessen kollaborativer Entscheidungsfindung zeigen, dass in (anonymen) computervermittelten Kommunikationen verbal ungehemmter agiert wurde als dies in Face-to-Face-Interaktionen der Fall war (Siegel et al. 1986; Dubrovsky et al. 1991). Andere Studien widerlegten diese These und ermittelten mehr positive und unterstützende Kommunikation via Computervermittlung (Straus 1997) sowie „higher affection" (Walther 1995).

Das in vielen Studien belegte vermehrte Auftreten antisozialer Verhaltensweisen bei Online-Kommunikation könne mit dem Fehlen der sozialen Hinweisreize zusammenhängen sowie mit der Tatsache, dass der Nutzer während der Kommunikation alleine vor seinem Bildschirm sitzt (physische Isolation) und die anderen Akteure (sowie die geltenden sozialen Normen) imaginiert werden müssen (Kim/Raja 1991; siehe hierzu auch das SIDE-Modell in Kapitel V, 3.).Als Erklärung folgern Kiesler et al. (1984): „A final explanation for our results is that electronic communication involves a process of depersonalization or a redirection of attention away from one's audience." (ebd., 1130).

Schaubild: Folgen der Filterung sozialer Hinweisreize

Quelle: Eigene Darstellung (nach Kiesler et al.)

Schaubild: Erweitertes Modell des Social Cues Filtered Out Approaches

```
                    ┌─────────────────────┐
                    │ Herausfiltern sozialer│
                    │      Hinweise         │
                    └─────────────────────┘
        negative
         Folgen          positive
                          Folgen

  ┌──────────────┐   ┌──────────────┐   ┌──────────────┐
  │ verminderte  │   │ Egalisierung │   │ verstärkte   │
  │ Wahrnehmung  │   │              │   │ Selbstzentrierung│
  │ der anderen; │   └──────────────┘   └──────────────┘
  │ Normlosigkeit│
  └──────────────┘         Sachbezogen-
                           heit von          vermehrte
        Flaming            Diskussionen       Offenheit (self-
                                              disclosure)
```

Quelle: Eigene Darstellung

Angesprochen werden muss an dieser Stelle das onlinespezifische Phänomen *Flaming*. Das englische Adjektiv „flaming" hat zwei Bedeutungsebenen: zum einen bedeutet es flammend bzw. brennend; zum anderen wird es im britischen Slang zur Verstärkung einer Beleidigung eingesetzt, wie z. B. bei „You flaming idiot!" Im Bereich computervermittelter Kommunikation bedeutet Flaming aggressives verbales Verhalten anderen gegenüber in Form von Beleidigungen, Verunglimpfungen und Beschimpfungen etc.: „flaming – hostile and aggressive interactions via text-based computer mediated communication (CMC) channels" (O'Sullivan/ Flanagin 2001).

Die Beförderung ungehemmten und antisozialen Verhaltens bei technisch vermittelter Kommunikation wurde bereits bei der Einführung des Telefons – aufgrund der Absenz nonverbaler Zeichen – befürchtet: „Mit dem Verschwinden der Wahrnehmung von Physiognomik und Mimik am Telefon verschwinden vor allem Hemmungen. Oft stirbt eine haßerfüllte Äußerung auf den Lippen des Sprechenden beim Anblick des funkelnden Zorns im Auge des anderen [...]. Solche paralysierende Wirkung eines tadelnden Blickes, einer heftigen abwehrenden Reaktion in den Bewegungen des Zuhörers fällt beim Telefonieren aus, den Affekten wird freier Lauf gelassen" (Baumgarten 1931, 356). Zwar ist vom Beginn der gesellschaftlichen Etablierung des Telefons von solchen Situationen zu berichten (Höflich 1996, 84 f.), aus heutiger Sicht kann jedoch nicht konstatiert werden, dass das Telefon antisoziales verbales Verhalten befördere, und es ist festzuhalten, dass obszöne Anrufe, Telefonterror usw. eher als marginale Randphänomene zu betrachten sind.

Inzwischen liegt eine große Anzahl an Studien zum Phänomen *Flaming* im Internet vor, die zu recht unterschiedlichen Ergebnissen und Einschätzungen des Flaming innerhalb computervermittelter Kommunikation gelangen. So kommen verschiedene Autoren zwar zu dem Ergebnis, dass Flaming in computervermittelter Kommunikation nachzuweisen sei, interpretieren dieses aber als Phänomen, welches geschlechtstypische Kommunikationsstile im Netz abbilde, da es sich hauptsächlich um ein von Männern gezeigtes Verhalten handelt (McCormick/ McCormick 1992; Herring 1994; Radford 1995). Andere Studien hingegen kommen zu dem Schluss, dass es sich bei Flaming insgesamt um ein eher randständiges Phänomen handelt, und so konnte Mabry (1998) in seinen inhaltsanalytischen Auswertungen von Newsgruppenbeiträgen lediglich ca. 15 % aggressive Postings (Beiträge) ausmachen.

Zusammenfassend lässt sich festhalten, dass Flaming im Bereich computervermittelter Kommunikation nachzuweisen ist, dass das Ausmaß aber stark variiert und dass sich signifikante Korrelationen zum Grad der Anonymität nachweisen ließen: Dies bedeutet, je höher der Anonymitätsgrad der Online-Kommunikation ist, desto größer ist die Wahrscheinlichkeit, mit welcher Flaming innerhalb der Kommunikation auftreten könnte (Bellamy/Hanewicz 1999).

Interessanterweise werden im Zusammenhang des Social Cues Filtered Out Approach und dem durch diesen beschriebenen enthemmendem Effekt hauptsächlich negative Auswirkungen (Flaming) diskutiert und empirisch untersucht. Es ist auf Grund der medialen Situation aber davon auszugehen, dass das Herausfiltern sozialer Hinweisreize weitere positive Effekte als die Egalisierung der Kommunikationssituation nach sich ziehen kann, wie dies bereits Kiesler et al. belegten. Als weiterer positiver Effekt kann z. B. eine *Enthemmung* beschrieben werden, die sich eben nicht in anti-sozialem Verhalten zeigt, sondern sich in Form *vermehrter Offenheit* bis hin zu Prozessen der *Selbstoffenbarung* (self-disclosure) manifestiert. So zeigte sich in einer Online-Befragung, dass ca. 23 % der Befragten angaben, online offener sein zu können als offline (Misoch 2004, 183). Auch private Homepages und deren Inhalte können z. T. als selbstoffenbarend beschrieben werden, wenn auf diesen Seiten Probleme, abweichende Sexualitäten oder Sucht-erkrankungen dargestellt werden und somit sonst tabuisierte und nicht kommuni-zierte Themen einer Teilöffentlichkeit zugänglich gemacht werden (Misoch 2006a). Dieser Effekt kann der speziellen Situation bei Online-Kommunikation zugeschrieben werden, zumal Selbstoffenbarungen in Situationen der Nicht-Ange-sichtigkeit (visuellen Anonymität) leichter fallen – was sich u. a. bereits am katho-lischen Beichtritual innerhalb eines geschlossenen Beichtstuhls mit Sichtblende (ab dem 17. Jh.) aufzeigen lässt.

Der Wegfall sozialer Hinweisreize kann demnach sowohl positive als auch nega-tive Folgen nach sich ziehen. Im Negativen konnten empirisch Phänomene wie Flaming oder andere Formen verbal aggressiven Verhaltens nachgewiesen werden, wobei es sich dabei um eher marginale Phänomene handelt. Im Positiven konnte eine stärkere Sachbezogenheit von Diskussionen und eine Egalisierung der Kom-munikationssituation durch Nichtabbildung von Statusdifferenzen beobachtet werden als auch Phänomene der verstärkten Offenheit und Selbstoffenbarung in Online-Kommunikationen. Gerade durch die Nichtübertragung von Körper- und Statuszeichen bietet computervermittelte Kommunikation die Chance, sich ohne eine Dominanz des Optischen (und dadurch konstruierte Vorurteile) auszutau-schen und dadurch ggf. mit Menschen zu kommunizieren, mit denen man in einer Situation unter Bedingungen der Kopräsenz nicht in Kontakt getreten wäre.

4.   Media Richness Theory

Die Theorie der medialen Reichhaltigkeit (Media Richness Theory, auch z. T. als Information Richness bezeichnet) von Daft/Lengel (1984, 1986), Treviño/Lengel/ Daft (1987) und Treviño/Daft/Lengel (1990) wurde im Rahmen organisationaler Studien entwickelt, in welchen die Medienentscheidungen von Managern bei bestimmten Kommunikationsaufgaben experimentell untersucht wurden.

Diese Theorie basiert auf der Prämisse, dass sich Kommunikationsaufgaben quali-tativ voneinander hinsichtlich zweier Hauptmerkmale unterscheiden lassen und dass diese Merkmale bei den medialen Kommunikationsprozessen berücksichtigt werden müssen:
– Unbestimmtheit (uncertainty)
– Mehrdeutigkeit (equivocality).

Ist die Unbestimmtheit einer Kommunikationsaufgabe gering, so ist Vorausplanung möglich und wenig Koordination erforderlich; ist die Unbestimmtheit der Kommunikationsaufgabe jedoch hoch, so sind direkte Kommunikationsprozesse zur Koordination notwendig. Dies gilt in gleichem Maße für Kommunikationsaufgaben, die mehrdeutig sind, denn bei diesen müssen durch Kommunikationsprozesse gemeinsame Bedeutungskonstruktionen zwischen den Akteuren ausgehandelt werden.

Unter Verwendung dieser Prämissen gehen die Autoren davon aus, dass sich Medien hinsichtlich ihrer Informationsdichte (Verstehen von Botschaften, Diskutieren und Aushandeln verschiedener Interpretationen usw.) unterscheiden, und dass diese Unterschiede entscheidende Faktoren für die Eignung für bestimmte Kommunikationsaufgaben darstellen. Diese distinktiven Merkmale werden als „media richness" bezeichnet und der Reichtum eines Mediums hängt nach Daft/Lengel (1986) in Anlehnung an Daft/Wiginton (1979) von den folgenden vier Faktoren ab:

1. Feed-back: Je unmittelbarer und schneller ein Feed-back erfolgen kann, als desto reichhaltiger wird ein Medium eingeschätzt.
2. Vielfalt der übertragenen Zeichen (symbol variety): Die Kapazität des Mediums, Zeichen zu übertragen: Je höher die zu übermittelnde Zeichenvielfalt ist, als desto reichhaltiger wird ein Medium betrachtet. So werden bei z. B. Face-to-Face-Kommunikation verbale und nonverbale Zeichen übermittelt, bei computervermittelter Kommunikation nur verschriftlichte Zeichen. Die Zeichenvielfalt ist abhängig von den zur Verfügung stehenden Kanälen des Mediums.
3. Sprachliche Natürlichkeit bzw. Sprachvielfalt (language variety): Je „natürlicher" die bei der Mediennutzung zu verwendende Sprache ist, als umso reichhaltiger wird das Medien eingeschätzt. Das heißt, dass ein Medium, das z. B. gesprochene Sprache überträgt, als reiches Medium und ein Medium, das nur textuelle Sprachzeichen übermittelt, als medial armes Medium angesehen wird.
4. Persönlichkeitsausdruck (personal focus): Das Ausmaß, in welchem Persönliches wie z. B. Befindlichkeiten und Gefühle mittels eines Mediums übermittelt werden können, entscheidet über die wahrgenommene mediale Reichhaltigkeit, d. h. je mehr persönliche Zeichen übermittelbar sind, als desto reichhaltiger wird ein Medium eingeschätzt.

Als „reichhaltigstes" Medium wird in diesem Ansatz der Face-to-Face-Austausch angesehen, der viele Sinneskanäle berücksichtigt sowie unmittelbares Feed-back, nonverbale Zeichen und individuelle Sprachvariationen zulässt. Andere Medien, die weniger Kanäle haben, oder bei denen das Feed-back länger dauert, werden als „ärmer" (lean media) angesehen.

Auf Grund der Wahrnehmung dieser Medieneigenschaften würden Individuen eine interne Medienhierarchie entwickeln, in welcher sie einzelne Medien als reichhaltiger und andere als ärmer beurteilen und dadurch diese für bestimmte Kommunikationsanlässe als geeignet oder ungeeignet definieren. Empirisch haben Burgoon/Hale (1987) als auch Lengel/Daft (1988) Skalen entwickelt, die diese internen Medienhierarchien abbilden; interessanterweise zeigte sich, dass die empirischen Ergebnisse zur medialen Reichhaltigkeit die (fast) gleichen Medienhierarchien ergeben wie in den Studien zur sozialen Präsenz, auch wenn die Konzepte von unterschiedlichen theoretischen Annahmen ausgehen Nach einer neueren Studie von Schmitz/Fulk (1991) ergibt sich folgende Medienhierarchie der medialen Reichhaltigkeit:

Tabelle: Medienhierarchie nach Schmitz/Fulk (1991)

Medium	Bewertung (5 = sehr reichhaltig, 1 = überhaupt nicht)
Face-to-Face	4,4
Telefon	3,8
Handschriftlicher Text	3,6
E-Mail	3,5
Maschinengeschriebener Text	3,3
Computerausdruck	2,5

Schaubild: Einflussvariablen der medialen Reichhaltigkeit

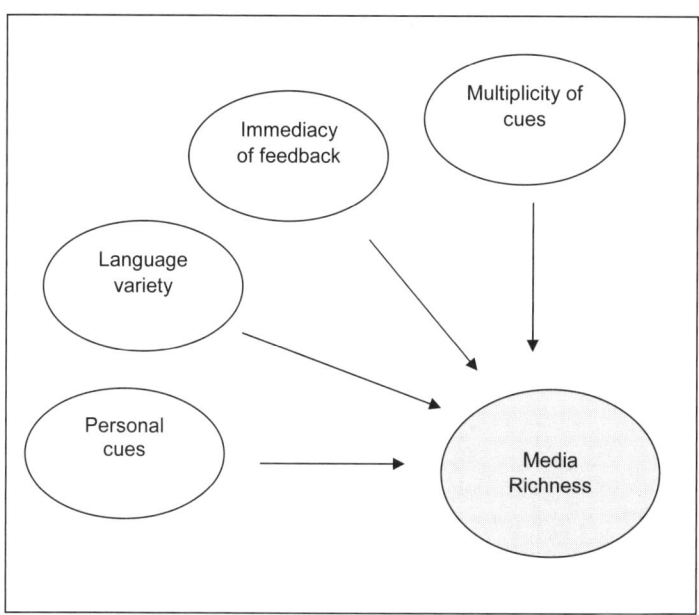

Quelle: Eigene Darstellung

Nach den Autoren der Media Richness eignen sich Medien mit geringer medialer Reichhaltigkeit nicht für Kommunikationsaufgaben mit hoher Unbestimmtheit und Mehrdeutigkeit – hierfür müssten Medien mit hoher Reichhaltigkeit eingesetzt werden. Darauf aufbauend haben Reichwald et al. (1998) ein Medienhierarchiemodell entwickelt, das aufzeigt, welches Medium für welche (kooperative) Kommunikationsaufgabe als geeignet anzusehen ist.

Anhand dieses Modells kann der Zusammenhang der wahrgenommenen medialen Reichhaltigkeit eines Mediums und der Komplexität einer Kommunikationsaufgabe verdeutlicht werden: Für sehr komplexe, mehrdeutige Kommunikationsanlässe sind reichhaltige Medien (wie Face-to-Face) geeigneter als „lean media" wie computervermittelte Kommunikation. Computervermittelte Kommunikation werde nicht als reichhaltig eingeschätzt und eigne sich besonders für sehr einfache, unzweideutige Kommunikationen (Terminabsprache etc.). Sie kann hier eine größere Effektivität entfalten als Face-to-Face-Settings, da „shadow functions and coordinated interaction efforts are unnecessary" (Walther 1992, 57).

Schaubild: Medienreichtum und Kooperationsaufgabenkomplexität

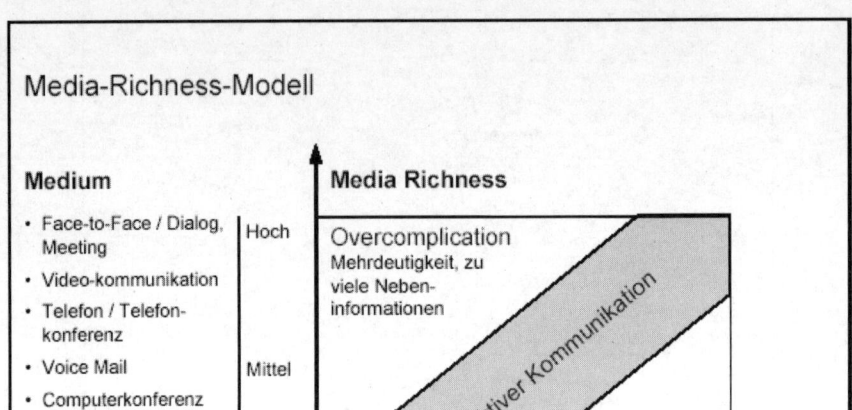

Quelle: Reichwald et al. 1998, 57

Untersucht wurde das Media Richness-Model anhand von Studien zu Medienent-scheidungen von Managern. Diese sollten in der Untersuchungsanordnung ange-ben, für welchen Kommunikationsanlass sie welches Medium bevorzugen würden (z. B. Daft et al. 1987; Treviño et al. 1987, 1990; Hunter/Allen 1992). Es lieferten jedoch nicht alle Studien einen Beleg für die postulierte Medienreichhaltigkeit der Medien. So widersprachen die Ergebnisse einiger Laborstudien den Media Rich-ness-Hypothesen (z. B. Kinney/Watson 1992; Valachich et al. 1994; Dennis/Kin-ney 1998) und Foulger (1990) kam zu dem Schluss, dass bei erfahrenen Nutzern Online-Kommunikation als deutlich reichhaltiger empfunden wird als z. B. das Telefonieren oder bei bestimmten Kommunikationsanlässen auch als Face-to-Face-Kommunikation.

Diese Ergebnisse zeigen, dass der Media Richness-Ansatz nicht als bestätigt angesehen werden kann, zumal in den Kernhypothesen von Daft/Lengel (1984) die mediale Reichhaltigkeit als objektive Eigenschaft der Medien interpretiert wurde. Die abweichenden empirischen Ergebnisse hingegen verdeutlichen, dass die mediale Reichhaltigkeit keine Medieneigenschaft sein kann und dass weitere Einflussfaktoren die Wahrnehmung von Medien und deren Eignung für den Einsatz in einer konkreten Kommunikationssituation zu beeinflussen scheinen. So führen Schmitz und Fulk (1991) die Medienreichhaltigkeit auf Prozesse der subjektiven Wahrnehmung zurück: „... richness is a perceived characteristic that varies across individuals" (ebd., 490). Neben diesem Aspekt spielen auch die Medienerfahrungen des Nutzers oder z. B. das soziale Umfeld eine entscheidende Rolle, als wie reichhaltig ein Medium empfunden wird und welches dann in einer konkreten Kommunikationssituation eingesetzt wird (siehe hierzu ausführlich die verschiedenen Medienwahlmodelle). Auch die zur medialen Reichhaltigkeit in Beziehung gesetzten Kommunikationsaufgaben sind keine objektiven Größen, sondern werden von Nutzern unterschiedlich interpretiert (Salancik/Pfeffer 1978) und sind damit sozial konstruiert.

5. Media Synchronicity Theory

Die Theorie der medialen Synchronizität von Dennis et al. (1998) und Dennis/Valacich (1999) liefert eine Kritik und Erweiterung des Media Richness-Ansatzes. Der Ansatz wurde später u. a. von Schwabe (2001, 2002) aufgegriffen und auf den Bereich des E-Learning angewandt.

Unter Mediensynchronizität definieren Dennis et al. das Ausmaß, in welchem Individuen mittels eines Mediums gemeinsam zusammenarbeiten können und dadurch eine kollaborative Aufgabe lösen können: „the extent to which a communication environment encourages to work together on the same activity, with the same inforation, at the same time; i.e., to have a shared focus." (Dennis et al. 1998).

Zentrale Kritik der Autoren am Media Richness-Ansatz ist, dass dieser auf der Wahrnehmung von Medieneigenschaften und deren potenzieller Eignung für bestimmte Kommunikationsaufgaben beruhe und nicht auf der Messung von realem Medienverhalten und dessen Erfolg. Des Weiteren wird kritisch hervorgehoben, dass Media Richness davon ausgehe, dass die Medienaufgabe bzw. deren Komplexität (und eventuelle Mehrdeutigkeit) ausschlaggebende Kriterien für die Medienwahl seien. In Absetzung dazu postulieren Dennis et al., dass der Kommunikationsprozess an sich und dessen Informationskapazität die ausschlaggebenden Merkmale für die Eignung eines Mediums in einer bestimmten Situation darstellen würden. Sie unterscheiden hierbei zwei zentrale Kommunikationsprozesse:

(1) Prozesse der *Informationsübermittlung* (conveyance). Hier geht es um den vornehmlich zeitökonomischen Transport von Informationen und deren Austausch zwischen den am kollaborativen Prozess beteiligten Gruppenmitgliedern: „the dissemination of a diversity of information from many sources, information not previously known to participants" (Dennis/Valacich 1999, 4).

(2) Prozesse der *Konvergenz* (convergence), die eine Zusammenführung, Verdichtung und Strukturierung von Informationen bedeuten. Dieser Prozess beinhaltet die Zusammenfassung und (individuell subjektive) Interpretation der Daten/Informationen, und es handelt sich demnach um einen deutlich komplexeren Vorgang als den der ausschließlichen Informationsübertragung: „The focus here is on understanding each individual's interpretation of the information …" (ebd., 4).

Neben diesen zwei basalen Anforderungen an den Kommunikationsprozess können nach Dennis/Valacich (1996) fünf Medieneigenschaften (media capability) unterschieden werden:

(1) *Unmittelbarkeit des Feed-backs* (immediacy of feedback): Dies bezeichnet die Fähigkeit des Mediums, den Nutzern unmittelbare Reaktionen/Antworten zu ermöglichen: „is the ability of the medium to support rapid bidirectional communication" (Dennis/Valacich 1999, 2). So kann die Feed-back-Geschwindigkeit bei Online-Kommunikation zwischen Sekunden (Chat), Minuten (Mail) oder auch Tagen variieren. Dieser Faktor sei wichtig für Prozesse des Verstehens und Interpretierens von Informationen.

(2) *Symbolvielfalt* (Symbol variety): Dieser Punkt bezieht sich darauf, wie vielfältig Inhalte ausgedrückt werden können, d. h. wie viele verschiedene Symbole zur Verfügung stehen: „the number of ways in which information can be communicated – the ‚hight' of the medium" (ebd., 2). Die Autoren schließen sich hierbei dem Social Presence Ansatz an und gehen davon aus, dass der Wegfall nonverbaler Symbole zu einem Verlust an sozialer Präsenz führe. Dieser Faktor sei für die Entstehung und Entwicklung neuer Gruppen relevanter als für bereits bestehende.

(3) *Parallelität/Gleichzeitigkeit* (parallelism/concurrency): Dies bezeichnet die Anzahl der durch Medienvermittlung simultan zueinander möglichen Kommunikationen: „the number of simultaneous conversations that can exist effectively – the ‚width' of the medium" (ebd., 2). So ist beim Telefon wenig Parallelität möglich, da jeweils nur eine Konversation mittels dieses Mediums effektiv geführt werden kann. Bei Online-Kommunikation ändert sich dies; hier können mehrere Kommunikationsverläufe parallel stattfinden. Dieser Faktor ist abhängig von der Anzahl der Gruppenmitglieder und damit weni-

ger relevant für kleine Gruppen als für große, in denen die Möglichkeit der Parallelität Voraussetzung für die Teilnahme und deren Gelingen ist.

(4) *Überarbeitbarkeit* (Rehearsability): Hierunter wird die durch das Medium unterstützte Möglichkeit der Überarbeitung der Nachricht vor deren Versenden durch den Sender verstanden: „the extent to which the media enables the sender to rehearse or fine tune the message before sending" (ebd., 2). Diese sind z. B. bei Mails sehr hoch, in Face-to-Face-Situationen dagegen gering. Dieser Faktor ist besonders wichtig für komplexe und sensible Informationen, da diese dann nochmals inhaltlich geprüft werden können, bevor sie versendet werden. Medien, die dieses ermöglichen, würden sich durch meist einen geringen Grad an Feed-back-Möglichkeiten auszeichnen.

(5) *Wiederverwendbarkeit* (Reprocessability): Dies bezeichnet die Möglichkeit, dass der Empfänger eine Nachricht noch einmal versenden kann, ohne dass diese dadurch Informationsverluste erleidet: „the extent to which a message can be reexamined or processed again within the context of the communication event" (ebd., 3). Hier wäre als Beispiel einfacher und genauer Wiederverwendbarkeit die E-Mail zu nennen, Face-to-Face- oder Telefonkommunikation wären Beispiele für die Nichtwiederverwendbarkeit der gesendeten Informationen Dieser Faktor wird wichtig, wenn es sich um zahlenmäßig viele und ggf. komplexe Informationen handelt.

Tabelle: Potenzial verschiedener Medien

	Feedback	Symbol Variety	Parallelism	Rehearsability	Reprocessability
Face-to-face	high	low-high	low	low	low
Video conference	medium-high	low-high	low	low	low
Telephone	medium	low	low	low	low
Written mail	low	low-medium	high	high	high
Voice mail	low	low	low	low-medium	high
Electronic mail	low-medium	low-high	medium	high	high
Electronic phone ("chat")	medium	low-medium	medium	low-medium	low-medium
Asynchronous groupware	low	low-high	high	high	high
Synchronous groupware	low-medium	low-high	high	medium-high	high

Quelle: Dennis/Valacich 1999, 3.

Entscheidend für die Media Synchronicity Theory ist nun, dass die Medieneigenschaften mit den Anforderungen an den Kommunikationsprozess in Verbindung gesetzt werden. Für die Media Synchronicity Theory im engeren Sinne sind vor allem die Faktoren „immediacy of feedback" und „parallelism/concurrency" von entscheidender Bedeutung: Ein Medium wird als hoch an Synchronizität definiert, wenn es über hohe Möglichkeiten des unmittelbaren Feed-backs verfügt und einen geringen Grad an Parallelismus aufweist.

Neben den genannten zwei Merkmalen des Kommunikationsprozesses und den fünf Medieneigenschaften werden als dritte Ebene zusätzlich noch verschiedene Gruppenfunktionen unterschieden. Die Media Synchronicity Theory wird hauptsächlich in kollaborativen Zusammenhängen angewandt, und deswegen haben die Autoren in ihr Modell Elemente der Kleingruppentheorie (TIP, d. h. Time, Interaction and Performance) nach McGrath (1991) integriert. Der Ansatz der TIP geht davon aus, dass Gruppen in ein soziales Umfeld sowie in organisationale Prozesse und Systeme eingebettet sind, und dass das Gruppenverhalten deswegen nur unter Berücksichtigung dieses Kontextes zu verstehen und zu interpretieren sei. Gruppen erfüllen dabei drei Funktionen:

(1) Produktive Funktion (production): Aufgabenlösung. Dieser Faktor zeigt den effektiven Erfolg der Gruppenarbeit.

(2) Gruppenwohlbefinden (group well-being): gemeinsame Arbeit am Gruppenwohl, Ingroup-Gefühl, gemeinsame Normen und Regeln, wodurch sich die Gruppe anderen gegenüber abgrenzt und sich als zusammengehörende Gruppe definiert;

(3) Mitgliederunterstützung (member support): gegenseitige Unterstützung der Mitglieder; hierbei handelt es sich um einen Faktor, der die Zufriedenheit der einzelnen Mitglieder moduliert.

Fasst man die verschiedenen Ebenen und Einflussvariablen der Media Synchronicity Theorie zusammen, so ergibt sich folgendes komplexes Schema:

Schaubild: Einflussfaktoren: Kommunikationsprozess, Medieneigenschaften und Gruppenfaktoren im Media Synchronicity-Ansatz

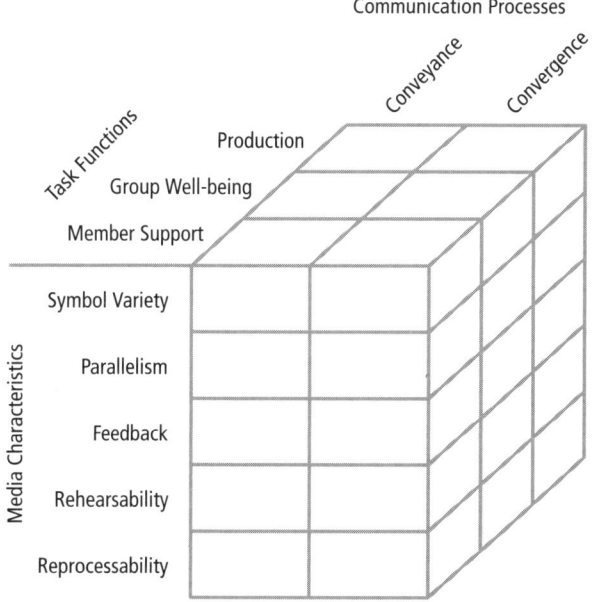

Quelle: Dennis/Valacich 1999, 5.

Der Ansatz der Media Synchronicity entwickelt ausgehend von den drei verschiedenen Einflussebenen (Kommunikationsprozess, Medieneigenschaften, Gruppenfunktionen) nachfolgende neun Thesen (nach Dennis/Valacich 1999, 7/8):

- Für Gruppenkommunikationsprozesse, in denen Informationsübermittlung das Ziel ist, sind Medien mit niedriger Synchronizität geeignet (niedriges Feedback, hohe Parallelität).
- Wenn hingegen in diesen Prozessen Konvergenz das Ziel ist, so eignen sich Medien mit hoher Synchronizität (hohes Feed-back, niedrige Parallelität).
- Die Symbolvielfalt hat nur Einfluss auf die Kommunikation, wenn ein benötigter Kanal nicht zur Verfügung steht.
- Der Einsatz von Medien, die eine hohe Überarbeitbarkeit der Information ermöglichen, führt zu einer Leistungsverbesserung.
- Für Gruppenkommunikationsprozesse, in denen Informationsübermittlung das Ziel ist, führt der Einsatz von Medien, die eine hohe Wiederverwendbarkeit der Information unterstützen, zu einer Leistungsverbesserung.

- Bereits bestehende Gruppen mit ausgearbeiteten und etablierten Gruppennormen sind weniger auf Medien mit hoher Synchronizität angewiesen als sich neu konstituierende Gruppen.
- Im Laufe des Prozesses der Gruppenkonstituierung werden zunehmend weniger Medien hoher Synchronizität gebraucht.
- Neue Gruppen, Gruppen mit neuen Mitgliedern und Gruppen ohne gemeinsame Normen brauchen verstärkt Medien, die einen hohen Grad an Synchronizität unterstützen.
- Neue Gruppen, Gruppen mit neuen Mitgliedern und Gruppen ohne gemeinsame Normen sind stärker in soziale Kommunikationen eingebunden als bereits bestehende Gruppen. Sie benötigen deswegen Medien, die einen großen Symbolreichtum übermitteln vermögen und somit über ein hohes Maß an sozialer Präsenz verfügen.

Das Mediensynchronizitätsmodell wird bisher im deutschsprachigen Raum kaum zur Kenntnis genommen. Es liefert jedoch eine sinnvolle Erweiterung der medienbezogenen Hierarchiemodelle (wie der Media Richness-Ansatz), in dem es den Nutzer (Gruppe), den kollaborativen Arbeitsprozess und dessen Kommunikationsanforderungen stärker in den Mittelpunkt rückt.

Zu folgern ist aus diesem Ansatz, dass man nicht per se von „reichen" oder „armen" Medien sprechen kann, so dass sich keine Medienhierarchie (wie beim Media Richness-Modell) erstellen lässt: „no medium has the highest values on all dimensions" (Dennis et al. 1998). So ist das reichhaltigste Medium im Sinne des „geeigneten" Mediums für Dennis/Valacich jenes, das beim konkreten Kommunikationsanlass, unter Einbezug der Teilnehmer, der konkreten Kommunikationsaufgabe und der rahmenden sozialen Situation sich als das am besten Geeignete erweist: Dies kann in der einen Situation das Telefon, in einer anderen eine E-Mail oder auch das Face-to-Face-Gespräch sein. So kann resümiert werden: „The ‚richest' medium is that which best provides the set of capabilities needed by the situation: the individuals, task, and social context within which they interact. Thus, concluding that face-to-face communication is the ‚richest' media is inappropriate." (Dennis/Valacich 1999, 3).

Kritisch ist anzumerken, dass der Ansatz der Media Synchronicity der Versuch ist, drei verschiedene Ebenen der Kommunikationsanforderungen miteinander zu verknüpfen. Dies ist z. T. nicht immer nachvollziehbar und an manchen Punkten scheint die Komplexität des Modells sich selbst in der Aussagekraft zu behindern. Des Weiteren steht eine empirische Absicherung des Gesamtkonzeptes durch Feldstudien oder weitere Laborexperimente noch aus, da der Ansatz bisher lediglich auf einer Laborstudie (wenn auch mit großer Teilnehmerzahl N = 100) von Dennis et al. (1998) basiert. Es kann festgehalten werden, dass die Theorie der Mediensynchronizität eine wichtige Erweiterung bisheriger Modelle zur computervermittelten Kommunikation darstellt, dass es sich aber um einen sich gerade in der Entstehung befindlichen Ansatz handelt, der bisher im Ganzen noch „unscharf" (Schwabe 2002, 11), und in seiner derzeitigen Form „gleichzeitig unfertig und überkomplex" ist (ebd., 12).

6. Theorie der elektronischen Nähe

Korzenny (1978/2002) postuliert in seiner These der elektronisch vermittelten Nähe, der „electronic propinquity", dass sich Medien ganz entscheidend im Hinblick darauf unterscheiden lassen, in welchem Ausmaß sie es den Beteiligten ermöglichen, physische oder psychische Nähe zu vermitteln, und dass dies bei der zunehmenden Verbreitung von Distanzmedien im organisationalen Bereich von entscheidender Bedeutung sei. „Propinquity refers to this precisely: nearness in place, and as a possible derivation, nearness in time" (Korzenny 2002, 2). Ziel seines Ansatzes ist es, Faktoren zu benennen, welche das durch technische Medien vermittelte Näheempfinden modulieren.

Der Begriff der Nähe beinhaltet zwei zentrale Bedeutungsebenen: (1) Zum einen wird unter Nähe ein messbarer Entfernungsabstand zwischen zwei oder mehreren Objekten oder Subjekten verstanden. Hier ist Nähe an den Körper gebunden und davon abhängig, in welcher Distanz die Objekte/Subjekte zueinander im Raum platziert sind. Dies wird als physische bzw. geografische Nähe bezeichnet; sie kann objektiv gemessen werden. Zum anderen wird (2) unter dem Begriff der Nähe das Phänomen der empfundenen Nähe oder Distanz zu einem anderen Menschen bezeichnet. Psychische Nähe ist nicht an objektiv messbare Nähe gebunden, kann aber eng mit dieser verknüpft sein, insofern Studien zeigt haben, dass physische Nähe oftmals psychische Nähe, räumliche Nähe oftmals persönliche und intime Nähe nach sich zieht. So haben z. B. Beziehungen eine höhere Heiratswahrscheinlichkeit, wenn die beteiligten Personen in räumlicher Nähe zueinander leben (siehe hierzu ausführlich Miller/Steinberg 1976; Marlowe/Gergen 1969). Psychische Nähe wird von Korzenny in Anlehnung an Collins/Raven (1969) als *funktionale Nähe* bezeichnet: „Functional propinquity […] is presence across long distances. Funktional propinquity can exist given the telephone, letters, telegrams, interactive radio or television. These media are what dimish the impact of physical seperation." (Korzenny 2002, 3) Wird dieses Gefühl der Präsenz und Nähe durch elektronische Medien über geografische Distanzen hinweg vermittelt, dann handelt es sich um elektronische Nähe, d. h. electronic propinquity.

Die These Korzennys ist, dass die Qualität von medial vermittelter Kommunikation und die Zufriedenheit des Nutzers entscheidend davon abhängen, wie das Medium funktionale Nähe zu vermitteln vermag: „propinquity is considered to be the organizational trait that accounts for part of the variance in satisfaction and task accomplishment" (Korzenny 2002, 3).

Diese setzt sich sowohl aus Medieneigenschaften als auch aus der Kompetenz und den Vorerfahrungen des Nutzers zusammen. Die relevanten Faktoren für elektronische Nähe bzw. die subjektive Perzeption von Nähe bei Mediennutzung seien:
(1) die übertragene Bandbreite und Reichhaltigkeit der Informationen;
(2) die Komplexität der übertragenen Information;
(3) die Möglichkeit der Interaktivität, d. h. die Wechselseitigkeit der Kommunikation;
(4) die individuellen Kommunikationsfähigkeiten der Akteure;
(5) die zu beachtenden Kommunikationsregeln;
(6) die Anzahl der Kanäle, die für die Kommunikation genutzt werden können.

(1) Die Reichhaltigkeit der übertragenen Informationen, d. h. deren Bandbreite, hängt nach Korzenny von der Vielfalt der durch den Kanal übertragbaren Zeichen ab. Face-to-Face-Kommunikation hat hier die größte Bandbreite, da hier mittels der fünf Sinne kommuniziert werden kann, bei Telefon-/Videokonferenzen oder bei computervermittelter Kommunikation stehen jeweils entsprechend weniger Kanäle zur Verfügung.

(2) Je komplexer die zu übertragene Information, desto mehr Nähe sei notwendig: „Complex information, then, seems to require more psychological propinquity for effective problem-solving" (Korzeny 2002, 9).

(3) Je mehr Interaktivität ein Medium unterstützt, desto höher sei die wahrgenommene Nähe. Die Intensität, mit der wir uns anderen nahe fühlen, hängt nach Korzenny zentral davon ab, wie ähnlich die mediierte Kommunikation der nicht mediierten sei im Hinblick auf die ermöglichten Rückmeldemöglichkeiten (Feed-back).

(4) Je erfahrener die einzelnen Akteure im Umgang mit einem bestimmten Medium sind, als desto reichhaltiger an elektronischer Nähe würden sie dieses Medium empfinden. Je geringer die individuellen Medienkompetenzen sind, desto mehr Kanäle würden als relevant erachtet, um mediale Nähe herzustellen.

(5) Je mehr Regeln während der Kommunikation beachtet werden müssen, umso geringer werde das Gefühl der vermittelten Nähe ausfallen. So werde z. B. ein medial vermitteltes Gespräch zwischen Personen verschiedener organisationaler Hierarchieebenen nicht als nah wahrgenommen werden, da der Akteur mit dem niedrigeren Status während der Kommunikation mehr Regeln befolgen müsse als der Vorgesetzte.

(6) Je kleiner die Anzahl der zur Verfügung stehenden Medienkanäle, als desto geeigneter würden diese empfunden, um Nähe zu übermitteln. Korzenny geht davon aus, dass wenn einem Individuum nur ein Medium zur Verfügung steht, es dieses Medium als ausreichend zur Übermittlung von Nähe empfinden wird. Die Wahl zwischen verschiedenen Kanälen zieht die Notwendigkeit nach sich, zwischen verschiedenen Kanälen, deren angenommener Geeignetheit und deren jeweils wahrgenommener Nähe zu wählen. Wenn ein Individuum ein bestimmtes Medium mit Nähe assoziiert, so wird es dieses Medium wählen, auch wenn andere Kanäle für den Kommunikationsanlass zur Verfügung stehen sollten.

Auf Basis dieser sechs Faktoren erstellt Korzenny die sechs Kernthesen seines Ansatzes (2002, 6)

1. je höher die Bandbreite (Kanalvielfalt), desto mehr elektronische Nähe;
2. je komplexer die Information, umso niedriger ist die elektronische Nähe;
3. je mehr gegenseitige Kommunikation (Feed-back) möglich ist (mutual directionality), umso höher ist die elektronische Nähe;
4. je mehr Kommunikationserfahrungen der Teilnehmer mit dem Medium hat, umso höher ist die elektronische Nähe;
5. je mehr Regeln während der Kommunikation beachtet werden müssen, desto niedriger ist die elektronische Nähe;
6. je kleiner die Auswahl an zur Verfügung stehenden Kanäle, desto höher wird die elektronische Nähe der damit vermittelten Kommunikation eingeschätzt.

Korzenny und Bauer (1981) haben anhand eines Vergleiches von Face-to-Face-Kommunikation und Audio- und Videokonferenzen gezeigt, dass sowohl die Möglichkeit des Feed-backs als auch die Kanalvielfalt entscheidende Faktoren für eine Zufriedenheit der Nutzer und ein Empfinden von elektronischer Nähe darstellen. Eine weitergehende empirische Prüfung der Thesen steht noch aus.

Zusammenfassend kann festgehalten werden, dass Korzennys Ansatz sowohl Medieneigenschaften als auch Nutzererfahrungen und deren Medienbewertungen berücksichtigt. So ist davon auszugehen, dass die Perzeptionen von Nähe von den jeweils individuellen Vorerfahrungen mit dem Medium geprägt sind, da die Wahrnehmung des Menschen im Allgemeinen durch bereits gemachte Erfahrungen vorstrukturiert ist. Auch die Bandbreite der zur Verfügung stehenden Kanäle für den konkreten Kommunikationsanlass und die potenzielle Interaktivität des Mediums sind nach Korzenny Variablen, die die Vermittlung von Nähe entscheidend beeinflussen. So sei mittels Medien sehr wohl funktionale d. h. soziale Nähe möglich, wenn die vom Autor benannten Faktoren Berücksichtigung fänden: „We can be physically far but functionally near" (ebd., 3).

Dieser Ansatz wird bisher im deutschsprachigen Raum kaum thematisiert oder diskutiert, was u. a. daran liegen könnte, dass es sich bisher mehr um einen skizzenhaften und noch unfertigen Entwurf als um eine ausgefertigte Theorie handelt. Trotzdem enthalten die Ausführungen von Korzenny Anregungen z. B. für eine Analyse sozialer medienvermittelter Beziehungen (wie Online-Communitys), da der Autor den Blick sowohl auf die Kanäle des Mediums, die soziale Situation (z. B. Regeln) und die Medienkompetenzen und Vorerfahrungen des Nutzers richtet.

7. Digitalisierungsansatz

Online-Kommunikation basiert auf digitalen Daten und digitalisierten Verarbeitungs- und Vermittlungsprozessen. Dies bedeutet, dass alle Informationen auf einem binären Code basieren, wie z. B. dem ASCII-Code, einem der am weitesten verbreiteten Digitalisierungscodes. Hierbei werden allen Informationen binäre Codes zugewiesen, so z. B. jedem Buchstaben des Alphabets ein siebenstelliger Code – bestehend aus 0 und 1: Der Buchstabe „A" beispielsweise durch den binären Code „1000001" ausgedrückt.

Da der gesamte computervermittelte Austausch auf digitalen Prozessen beruht, handelt es sich bei Online-Kommunikation um digitalisierte Kommunikation. Die Folgen dieser Codierung können zu einem Modell der Digitalisierung zusammengefasst werden (siehe hierzu u. a. Döring 2003, 157 ff.):

(1) Die Digitalisierung zieht eine Vereinfachung und Beschleunigung des Informationstransports nach sich. Liegen Informationen in Form binärer Codes vor, so können diese kostengünstig und zeitsparend durch das Internet oder andere auf Digitalisierung basierende vernetzte Systeme transportiert werden. Traditionelle Druckerzeugnisse (z. B. Bücher) müssen per Kurier oder Post befördert werden.

(2) Durch diese Beschleunigung der Datenübertragung entsteht des Weiteren die Möglichkeit des (quasi) synchronen Austausches (Synchronizität) von textuellen Zeichen bei Online-Kommunikation. Dass Schriftkommunikation, z. B.

in Form von E-Mails, relativ schnell ausgetauscht werden oder in Chats geradezu zeitgleich übermittelt werden kann, ist eine Neuheit, die erst durch digitale Datenübertragung und vernetzte Systeme möglich geworden ist.

(3) Durch die Digitalisierung können Kosten gesenkt werden. So ist die Verbreitung gedruckter Erzeugnisse relativ teuer, und die Kosten nehmen pro Stückzahl zu; dies ist bei digitalen Erzeugnissen nicht der Fall. Diese müssen lediglich einmal erstellt werden und können dann – ohne weitere Kosten – so oft wie gewünscht reproduziert werden.

(4) Höhere Exaktheit der Datenübertragung durch die Umwandlung der Informationen in binäre Codes. Sind traditionelle Erzeugnisse wie z. B. analoge Tonträger und die auf ihnen gespeicherten Inhalte bei Transport relativ beschädigungsanfällig, so ist dies bei Daten in digitalisierter Form in geringerem Ausmaß der Fall und die Übertragung des Gespeicherten hat keine Informationsverluste oder -verfälschungen zur Folge.

(5) Informationen, die in digitalisierter Form vorliegen, sind unkompliziert speicherbar. So ist z. B. jeder Text, der als binärer Code vorliegt, automatisch dokumentierbar und dadurch gespeichert. So können z. B. Kommunikationsverläufe im Chat gespeichert und somit ggf. zeitunabhängig nachverfolgt/ nachgelesen werden. Digitale Daten besitzen demnach die Möglichkeit der automatisierten Dokumentation. Durch die Speichermöglichkeit können z. B. E-Mails nach Themen, Sendern usw. elektronisch sortiert werden oder hier bestimmte Absender oder Betreffzeilen von der Zustellung ausgeschlossen werden (Spam-Filter).

(6) Die Weiterverarbeitung der Daten vereinfacht sich durch Digitalisierung. So kann ein Text in digitaler Form überarbeitet oder weiterverarbeitet werden – ein Prozess, der bei traditionellen Druckerzeugnissen relativ aufwändig ist. Dieser Vorteil birgt aber auch einen Nachteil in sich, und zwar den der Authentifizierung und der Wahrung des Urheberrechts.

(7) Die Authentifizierung digitaler Erzeugnisse ist problematisch, gerade weil deren Kopie und ggf. Modifikation sehr einfach bewerkstelligt werden kann. So entstehen beim Kopieren digitaler Daten keine Qualitätsverluste wie z. B. beim Fotokopieren von Büchern oder bei analogen Tonaufnahmen. Durch das Verwenden von „copy & paste" lassen sich Inhalte z. B. von Internetseiten kopieren und müssen nicht, wie bei traditionellen Druckerzeugnissen, zur Zitation zeitintensiv abgetippt werden. Musik kann digital gespeichert und fast kostenfrei vervielfältigt werden

(8) Digitale Daten haben alle das gleiche Datenformat. So sind Bilder, Text, Sound usw. gleichermaßen speicherbar und verarbeitbar, des Weiteren können alle Daten miteinander verknüpft und kombiniert werden. Dieser

Umstand wird als Hypermedia bezeichnet und ist ein zentraler Erfolgsfaktor des WWW. So kann auf einer Webseite ein Text dargeboten werden, dieser kann mit einem Video verknüpft (verlinkt) werden oder auch mit verschiedenen URLs (Internetadressen), auf denen sich weitere Informationen befinden usw.

(9) Die Verbindungsstruktur digitaler Daten ist, im Vergleich zu „traditionellen" Medien, nicht linear, sondern vernetzt. Dieses Prinzip der Nichtlinearität eröffnet die Möglichkeit für den Rezipienten, verschiedene Lesarten zu entwickeln, da Hypertexte keine intendierte vorgegebene (lineare) Lesart besitzen: „Well, by ‚hypertext' I mean *non-sequential writing* – text that branches and allows choices to the reader, best read at an interactive screen. As popularly conceived, this is a series of text chunks connected by links which offer the reader different pathways" (Nelson 1993). Roland Barthes hatte sich bereits in den 1970er-Jahren hiermit auseinander gesetzt und diese neue Textform empathisch begrüßt: „this text [hypertext] is a galaxy of signifiers, not a structure of signifieds; it has no beginning; it is reversible; we gain access to it by several entrances, none of which can be authoritatively declared to be the main one; the codes it mobilizes extend *as far as the eye can reach*, they are indeterminable …; the systems of meaning can take over this absolutely plural text, but their number is never closed, based as it is on the infinity of language." Doch auch wenn aus literarisch-philosophischer Sicht Hypertext eine herausfordernde Erweiterung bisheriger Textformen darstellt, so erschwert diese vernetzte Lesart oftmals die Orientierung innerhalb des Informationsfeldes: Eine Strukturierung von Inhalten ist anhand eines linear gestalteten Textes deutlich einfacher als die Orientierung im Cyberspace. Bei Hypertexten muss sich der Informationssucher selbst ein Prinzip erarbeiten, anhand dessen er die ihm in multilinearer Lesart dargebotenen Informationen strukturiert.

(10) Digitalisierte Daten, die über das Internet verbreitet werden (z. B. über das WWW), können theoretisch die ganze an das Internet angeschlossene Teilöffentlichkeit[13] erreichen und somit (theoretisch) massenmedialen Status erlangen. Im Bereich der Publikation ist dies revolutionär, denn nun kann jeder mittels Webpage oder Weblog zum Autor werden und z. B. seine literarischen Werke einer breiten Leserschaft zugänglich machen.

(11) Durch die Verwendung digitalisierter Datenformate ist kollaboratives Handeln einfach zu bewerkstelligen. So können z. B. unter Zuhilfenahme von

---

13 Teilöffentlichkeit deswegen, weil nicht die Gesamtpopulation an das Internet angeschlossen ist.

intra- oder internetbasierten Lernsystemen (z. B. Computer-Supported Cooperative Work (CSCW)) Texte von verschiedenen Nutzern, die sich jeweils an anderen geografischen Orten befinden, gemeinsam im virtuellen Raum des Systems erstellt und bearbeitet werden. Kollaborationen können hierdurch entscheidend unterstützt und erleichtert werden.

Die Digitalisierung kann, wie gezeigt wurde, sowohl positive als auch negative Folgen nach sich ziehen. Die wichtigsten Folgen werden in der nachfolgenden Tabelle zusammengefasst:

Tabelle: Folgen der Digitalisierung

positive Folgen der Digitalisierung	negative Folgen der Digitalisierung
Kommunikationsbeschleunigung	Druck, schnell zu reagieren (z. B. auf E-Mails)
Kontrolle über Kommunikation durch Dokumentation	Datenschutzproblematik durch Dokumentation
Hypertext ermöglicht nichtlineare Lesart	Unübersichtlichkeit durch hypertextuelle, nichtlineare Verknüpfung („lost in cyberspace")
Dokumente schnell versendbar	Spam-Mails usw.
Dokumente schnell erstellbar	Urheberrecht schwierig zu wahren
Dokumente digitalisiert und einfach zu verarbeiten und zu speichern	Daten sind grundsätzlich manipulierbar
Multimedialität	keine Authentifizierung der multimedialen Daten (z. B. Fotos); Kopieren und Fälschungen einfach möglich
großer Teilnehmerkreis erreichbar	Spam-Mails usw.

Quelle: Eigene Darstellung

Durch das digitale Datenformat können in Zukunft Kommunikationsfunktionen erweitert und mit anderen Funktionalitäten verknüpft werden. So wird im Pervasive Computing (siehe u. a. Langheinrich/Mattern 2003) durch Miniaturisierung der Hardware und dem Einsatz von Kabellostechnologien versucht, z. B. Kommunikationsfunktionen in Kleidungsstücke, Wohnutensilien oder andere Gegenstände zu integrieren, so dass der PC als klassisches Eingabe- und Ausgabegerät zunehmend verzichtbar wird.

IV. Medienwahlmodelle

Betrachtet man die Vielfalt der heute den Individuen zur Verfügung stehenden Medien, so wird deutlich, dass der Einsatz eines bestimmten Mediums für einen konkreten Kommunikationsanlass meist das Ergebnis eines Prozesses der Medienwahl darstellt.

Vor dem Hintergrund dessen, dass Medien durch unterschiedliche Eigenschaften gekennzeichnet werden können und sich somit objektiv anhand ihrer Merkmale voneinander unterscheiden lassen sowie dass Medien von den Nutzern im Hinblick auf ihre Eigenschaften individuell unterschiedlich wahrgenommen werden, kann geschlossen werden, dass nicht jedes Medium von allen Nutzern als gleich geeignet empfunden wird und dass nicht jedes Medium für jeden Kommunikationsanlass geeignet ist (Caldwell/Uang/Taha 1995).

Die Tatsache, dass diverse Medien für Kommunikationsanlässe zur Verfügung stehen und dass Medienwahlen getroffen werden müssen, verändert die Kommunikation. Diese beinhaltet dadurch „immer ein Kalkül der Kommunikationspartner, welches Medium zur Realisierung welcher bestimmter Kommunikationsabsichten […] benutzt werden soll: Soll ich X zum Zwecke Y schreiben, anrufen, … oder besser persönlich sprechen?" (Höflich 1996, 99). Somit werden Medienwahlen – auf einer Metaebene – bereits zu einem entscheidenden Element der Kommunikation selbst und „die Wahl eines Mediums zugleich [zu einem] Bestandteil der Handlungsplanung" (Höflich 1996, 99). Medienwahl bedeutet, dass sich Individuen bei bestimmten Kommunikationsanlässen für die Verwendung eines bestimmten Mediums entscheiden (media choice): „Media Choice is, quite simply, the issue of how users choose a media to send a message when more than one is available to them." (Rudy 1996, 199).

Die nachfolgend dargestellten verschiedenen Medienwahlmodelle beziehen sich darauf, welche Erwägungen für die Medienwahlen entscheidend sind, d.h. ob eher sachlich-rationale, individuelle, kollektiv-soziale, emotionale oder normative Gründe ausschlaggebend dafür sind, dass bei einem bestimmten Kommunikationsanlass ein bestimmtes Medium präferiert wurde und andere nicht eingesetzt wurden (ausgehend davon, dass andere Medien zur Verfügung standen). Die dargestellten Modelle beziehen sich dabei nicht ausschließlich auf computervermittelte Kommunikation, sondern auf alle zur Verfügung stehenden Kommunikationsmöglichkeiten, bei denen die Online-Kommunikation nur eine Möglichkeit unter vielen darstellt.

1. Modell der rationalen Medienwahl

Das Modell der rationalen Medienwahl geht davon aus, dass die Entscheidung eines Individuums, für einen Kommunikationsanlass ein bestimmtes Medium einzusetzen, auf sachbezogenen, rationalen, quasi objektiven Überlegungen basiert. Als Grundlage für diese Entscheidungen dienen in diesem Ansatz die Medieneigenschaften, die die Nutzer den Medien als (quasi) objektive Eigenschaften zuschreiben. Dieses Modell basiert seinerseits auf drei verschiedenen Theorieansätzen: (1) der sozialen Präsenz, (2) der medialen Reichhaltigkeit und (3) der aufgabenorientierten Medienwahl.

Die ersten zwei Säulen dieses Ansatzes, die Theorien der *sozialen Präsenz* und der *medialen Reichhaltigkeit*, gehen davon aus – wie bereits ausführlich in Kapitel III dargestellt –, dass sich Medien im Hinblick auf die vermittelte Emotionalität, Lebendigkeit und Unmittelbarkeit sowie hinsichtlich der Komplexität und ggf. Ambiguität der zu übertragenden Botschaften voneinander unterscheiden lassen. Diese Merkmale werden anhand der Social Presence Theory und der Media Richness Theory als objektive bzw. „subjektive" Medienmerkmale definiert. Ausgehend von diesen Merkmalen entstehen überindividuelle Medienhierarchien, die sich als ausschlaggebend für die situative Nutzung eines bestimmten Mediums erweisen. Sowohl die Theorie der sozialen Präsenz als auch die der medialen Reichhaltigkeit haben ein Medienhierarchiemodell entwickelt, an deren Spitze, als reichstes Medium oder das der größten sozialen Präsenz, der Face-to-Face-Austausch steht und an deren Schluss, als Medium der geringsten sozialen Präsenz bzw. der geringsten medialen Reichhaltigkeit, sich computervermittelte (rein textuelle) Kommunikation befindet.

Die dritte Säule des Modells der rationalen Medienwahl ist die Theorie der *aufgabenorientierten Medienwahl*. Diese wurde von Picot und Reichwald (1985) im Rahmen einer betrieblichen Studie zu Bürokommunikation entwickelt. In dieser Studie zeigte sich, dass organisationale Kommunikation vier zentrale Erfordernisse erfüllen muss, um von den Kommunikationsteilnehmern als zufrieden stellend und effektiv eingeordnet werden zu können (Klingenberg/Kränzle 1983, 103):

1. *Schnelligkeit/Bequemlichkeit*: Botschaften müssen schnell und einfach ausgetauscht werden können und ein rasches Feed-back ermöglichen.
2. *Komplexität*: Komplexe, sachliche oder personenbezogene Inhalte müssen von allen Kommunikationsteilnehmern eindeutig verstanden werden.
3. *Genauigkeit*: Der exakte Wortlaut muss übertragen werden, so dass dieser dokumentierbar und weiterverarbeitbar ist.
4. *Vertraulichkeit*: Die sichere Übertragung vertraulicher Inhalte muss gewährleistet sein.

Schaubild: Modell der aufgabenorientierten Medienwahl

Komplexität	Vertraulichkeit	Schnelligkeit / Be-quemlichkeit	Genauigkeit / Do-kumentierbarkeit
-Bedürfnis nach eindeutigem Verstehen des Inhaltes -Übermittlung schwieriger Zusammenhänge -Austragung von Konflikten -Lösung komplexer Probleme	-Übertragung vertraulicher Inhalte -Schutz vor Verfälschung der Nachricht -Identifizierbarkeit des Absenders -Interpersonelle Vertrauensbildung	-Kurze Übermittlungszeit -Kurze Erstellungszeit -Schnelle Rückantwort -Einfachheit des Kommunikationsvorgangs -Übertragung kurzer Nachrichten	-Übertragung des genauen Wortlauts -Dokumentiertheit der Information -Einfache Weiterverarbeitung -Überprüfbarkeit der Information

Strukturiertheit der zugrunde liegenden Kooperationsaufgabe:	niedrig	**Grad der Strukturiertheit**		hoch
Gut geeignet	Face-to-Face	Face-to-Face	Telefon / Voice Mail	Briefkommunikation / Telefax
Mittelmässig geeignet	Video / Multimedia / Telefon	Telefon / Bildtelefon	E-Mail / Zettelkommunikation	Datenkommunikation
Nicht geeignet	Telekommunikation	Telefax / Sprechfunk / E-Mail	Brief	Sprachkommunikation

Quelle: Reichwald 1993, 483

Diese vier Kategorien bilden im Modell der aufgabenorientierten Medienwahl den Bezugsrahmen, anhand dessen entschieden wird, welches Medium für welchen Kommunikationsanlass am besten geeignet ist. So wird für komplexe und/ oder vertrauliche Kommunikationsanlässe der Face-to-Face-Austausch als geeignetes Medium angesehen, im Hinblick auf Schnelligkeit der Übertragung, der Genauigkeit und deren Dokumentation erweist sich Schriftkommunikation wie z. B. E-Mail als geeignet.

Synthetisiert man nun diese drei Ansätze zu einem Modell – und erweitert diesen Ansatz um den Faktor der ökonomischen Überlegungen (Döring 2003, 134), die bei Medienwahlen auch mit berücksichtigt werden müssen, zumal oft gravierende Kostenunterschiede zwischen verschiedenen Medien bestehen (so ist z. B. ein Telefonat von Europa in die USA deutlich kostenintensiver als das Senden einer E-Mail) –, so ergibt sich daraus der Ansatz der rationalen Medienwahl:

Schaubild: Schematische Darstellung der erweiterten Theorie der rationalen Medienwahl

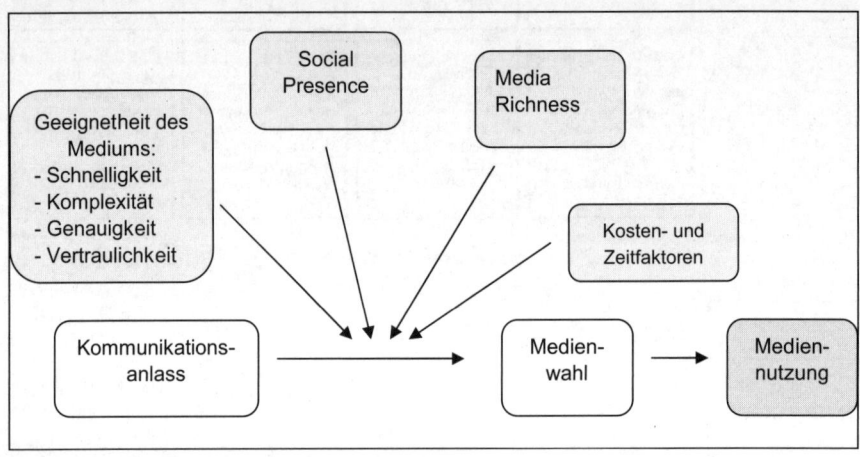

Quelle: Eigene Darstellung

Das Modell der rationalen Medienwahl geht davon aus, dass Medienwahlen auf rationalen Überlegungen basieren. Basis der Entscheidung sei die rationale Abwägung der verschiedenen Merkmale und Eigenschaften vor dem Hintergrund der Kommunikationsaufgabe. Diese Erwägungen würden dann über den Einsatz eines Mediums in einem bestimmten Kommunikationsanlass entscheiden.

Die entscheidenden Fragen des Individuums bei rationaler Medienwahl seien demnach:

- Geeignetheit des Mediums für die anstehende Kommunikationsaufgabe (Modell der aufgabenorientierten Medienwahl);
- ob das Medium den für den Kommunikationsanlass erforderlichen Grad an sozialer Präsenz gewährleisten kann (social presence);
- und ob das Medium der Komplexität der Kommunikationsaufgabe angemessen ist (media richness).
- Dazu kommen weitere rational begründete Überlegungen wie der Einbezug von Kosten- und Zeitfaktoren, denn die Geeignetheit eines Mediums wird nicht nur von dessen Eigenschaften bestimmt, sondern auch entscheidend durch die dadurch entstehenden Kosten und den Zeitaufwand.

Dieser Ansatz beruht auf der Theorie der rationalen Entscheidung (rational choice), einer Handlungstheorie, die vor allem in den Wirtschafts- und Gesellschaftswissenschaften von Bedeutung ist. Der Ansatz geht von der Prämisse aus, dass eine rationale Handlung durch drei Merkmale bestimmt werden kann (siehe u. a. Elster 1989):

– Eine rationale Handlung ist eine Strategie der optimalen Zielerreichung (aus Sicht des handelnden Individuums).
– Die Realitätsannahmen des Individuums entsprechen der Realität.
– Das Individuum ist aufgrund von Vorerfahrungen in der Lage, das Ergebnis seines Handelns einzuschätzen und somit eine rationale Kosten-Nutzung-Kalkulation vorzunehmen.

Die Theorie der rationalen Wahl/Entscheidung ist inzwischen sehr umstritten, da sich zeigte, dass Handlungen von Individuen nicht nur auf ökonomische und rationale Erwägungen zurückzuführen sind. So wird inzwischen auch in den Weiterentwicklungen des Rational Choice-Ansatzes von einem eingeschränkten Modell des Homo-oeconomicus ausgegangen, welches nicht nur materielle Erwägungen, sondern u. a. auch den Einfluss „sozialer Strukturen (Institutionen, sozialer Kontext, Netzwerke, Sozialkapital) mit berücksichtigt" (Diekmann/Voss 2003, 13).

So ist auch ein Medienwahlmodell, welches vornehmlich auf rationalen Entscheidungen basiert, empirisch nicht haltbar und muss durch andere Faktoren erweitert werden, wie dies in den nachstehenden Modellen geschieht.

2. Modell der sozialen Medienwahl

Das Modell der sozialen Medienwahl, das seinerseits aus verschiedenen Einzelansätzen besteht, geht davon aus, dass die Entscheidung eines Individuums für oder gegen ein bestimmtes Medium in einer konkreten Kommunikationssituation nicht als rational beschrieben werden kann, sondern dass Medienwahlen komplexere Prozesse sind, die zwar vordergründig und auf den ersten Blick als Ergebnis rationaler Abwägungen interpretiert werden können, es sich bei genauerer Analyse jedoch zeige, dass soziale Einflussfaktoren bei der Medienwahl von herausragender Bedeutung wären. Entscheidende Faktoren wären zum einen der soziale Zusammenhang, in welchem das Medium eingesetzt werden soll sowie zum anderen die in Bezug auf das Medium geltenden normativen Erwartungen und Verhaltensweisen.

Das Modell der sozialen Medienwahl (*Social Influence Model of Technology Use*) nach Fulk (1993), Fulk et al. (1987, 1990), Schmitz (1987, 1988) sowie Schmitz/

Fulk (1991) geht davon aus, dass Techniknutzungen und -einstellungen durch soziale Zusammenhänge beeinflusst werden. Diese Annahme basiert u. a. auf der vom Soziologen Anthony Giddens (1984) entwickelten Theorie der Strukturation. Diese postuliert, dass eine wechselseitige Beziehung zwischen menschlichem (subjektiven, kontingenten) Handeln und den gegebenen (objektiven) Strukturen bestehe, und dass Strukturen zum einen das Handeln der Akteure beeinflussen (und somit Handlungen diese Strukturen abbilden) als auch das Ergebnis von Handlungsvollzügen der Akteure darstellen (zumal wenn diese nicht anhand der vorgegebenen Struktur verlaufen). So bestünde eine Dualität zwischen Struktur und Handeln, da dieses weder vollständig durch die umgebenden Strukturen als auch durch die Eigenständigkeit des Individuums zu erklären wäre.

Angewandt wurde dieser Ansatz auf den Bereich der Kommunikationsmedien in Unternehmen (z. B. von Poole/DeSanctis (1990)) und wurde von Fulk/Schmitz entsprechend weiterentwickelt. Diese gehen davon aus, dass Medienwahrnehmung entscheidend durch das soziale Umfeld beeinflusst werde, und dass Medienentscheidungen somit nicht auf objektive Medieneigenschaften, sondern auf strukturelle und soziale Zusammenhänge zurückzuführen sind. Medienbewertungen entstehen durch und innerhalb sozialer Situationen – die Medienwahlen würden dann vom Individuum erst nachträglich als ein rationaler Vorgang konstruiert. Davon ausgehend wird Rationalität als konstruktivistisches Konzept definiert: „Rationality is subjective, retrospective, and influenced by information provided by others" (Fulk et al. 1990, 123).

Die zentrale Annahme des Modells ist, dass Medienentscheidungen sozial konstruiert sind und demnach

1. von sozialen Einflüssen abhängen (d. h. durch Medienverhalten und Medieneinstellungen anderer beeinflusst werden und von impliziten Normen abhängen);
2. dass sie subjektive Prozesse sind, die ggf. retrospektiv als rational konstruiert werden und somit Entscheidungen sind, die nicht zwingend von Maßstäben wie Effektivität geleitet sind;
3. dass die Medieneigenschaften, die als objektiv wahrgenommen werden, soziale Konstruktionen sind und deswegen von Individuum zu Individuum variieren.

Des Weiteren wird im Social Influence (SI)-Modell davon ausgegangen, dass ein weiterer beeinflussender Faktor die persönliche Erfahrung mit einem Medium sei. Die Medienentscheidung eines Individuums wird demnach entscheidend beeinflusst durch:

• die Medieneigenschaften (media features);
• die persönliche Medienerfahrung und -kompetenz (media skills);
• die Kennzeichen der zu erledigenden Kommunikationsaufgabe (task features);

- persönliche Aufgabenerfahrung und Fertigkeiten (task skills)
- sowie situationale Faktoren wie z. B. geografische Faktoren, Verfügbarkeit des Mediums (situational factors) usw.

Wobei zu beachten ist, dass nach dem Ansatz von Fulk et al. und Schmitz sowohl die Medieneigenschaften als auch die Kennzeichen der zu erledigenden Kommunikationsaufgabe sozial konstruiert sind: „Thus media and task features are variable, variably salient to individuals, and socially constructed." (Schmitz/Fulk 1991, 490).

Wie stark sich das *Medienverhalten* anderer auf individuelle Medienwahlen auswirkt, konnte Hiltz (1984) in einer Studie zu organisationaler Mediennutzung zeigen. Hier offenbarte sich, dass die individuellen Medieneinstellungen entscheidend mit den Einstellungen der Kollegen/innen korrelieren, und dass jene Medien bevorzugt verwendet werden, die von Vorgesetzten und/oder Mitarbeitern als besonders nützlich bewertet werden. Auch Fulk (1991) konnte (anhand einer Studie zur E-Mail-Kommunikation in Unternehmen) zeigen, dass eine deutliche Korrelation zwischen Medienbewertungen durch Vorgesetzte – hinsichtlich der Nützlichkeit eines Mediums – und der Mediennutzung sowie der Medienbewertung durch die Mitarbeiter besteht.

Schaubild: Modell der sozialen Medienwahl

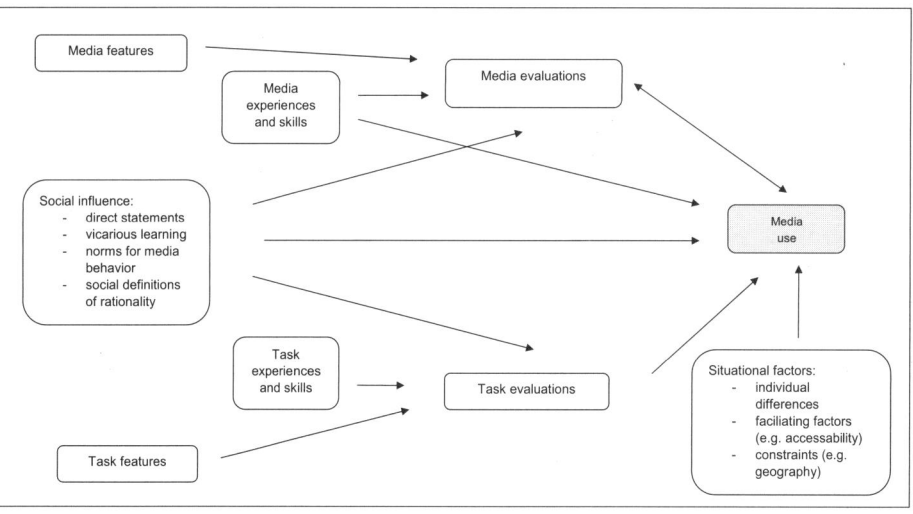

Quelle: Fulk et al. 1990, 128 (Schaubild modifiziert)

Des Weiteren konnte eine Studie zur organisationalen Nutzung von Video-Konferenzsystemen (Kraut et al. 1998) zeigen, dass Medien von den Akteuren dann verwendet werden, wenn diese auch allgemein in der betreffenden Organisation/Institution und im Besonderen im direkten Arbeitsumfeld (Arbeitsgruppe o. Ä.) eingesetzt werden. Diese Studie konnte im Weiteren belegen, dass die „objektiven" Medienmerkmale ihrerseits auch sozial konstruiert sind und durch externes Medienverhalten beeinflusst werden. So wurde deutlich, dass die Mediennutzung der Kollegen/innen der (primären) Arbeitsgruppe dazu führte, die Wahrnehmung der Nützlichkeit des Mediums (welche von den Anwendern als objektive Größe beschrieben wird) zu beeinflussen: Je intensiver das Medium von Kollegen/innen genutzt wurde, desto positiver und nützlicher wurde das Medien bewertet. Es zeigte sich des Weiteren, dass sich mit zunehmendem Medieneinsatz im organisationalen Umfeld medienspezifische Normen herausbildeten.

Normen erweisen sich als entscheidende soziale Faktoren für Medienwahlen. Normen sind sozial gültige Regeln des Handelns und Verhaltens, die sich innerhalb von Gesellschaften im Zeitverlauf herausbilden. Normverletzungen ziehen soziale Sanktionen nach sich, d. h. sie werden negativ bewertet. Je nach Formalisierungs- und Fixierungsgrad kann man zwischen Muss-, Soll- und Kann-Normen differenzieren: Muss-Normen sind Gesetze, deren Missachtung rechtliche Konsequenzen nach sich ziehen; Soll-Normen werden auch als Traditionen oder gesellschaftliche Sitten bezeichnet und Kann-Normen als Gewohnheiten.

Auf den Bereich der Medien bezogen bedeutet dies, dass wenn Medien mit Bedeutungen versehen werden, es sich hierbei um überindividuelle, kulturell variable Zuschreibungen handelt, die bei zeitlicher Konstanz (Kann- oder Soll-)Normencharakter annehmen (können). Implizite Normen sind meistens unausgesprochene Normen, die sich im Laufe der Mediennutzung herausbilden oder dieser vorgelagert sind, wenn diese Wertungen als „Vorurteile" wirksam werden. So kann in unserem Kulturkreis beobachtet werden, dass nicht jedes Kommunikationsmedium als gleichermaßen geeignet für jeden Kommunikationsanlass angesehen wird. So wird z. B. eine per E-Mail versendete Kondolenz an eine/n enge/n Freund/in nicht in jedem Fall positiv bewertet werden, sondern ggf. wird aufgrund der Besonderheit des Kommunikationsanlasses (hohe Emotionalität der zugrunde liegenden Situation) ein Brief oder Anruf als das sozial angemessenere Medium empfunden.

Normen sind jedoch keine fixen Gebilde, sondern verändern sich in dem Maße, wie sich die Gesellschaften selbst wandeln. Dies kann am Beispiel des Telefons verdeutlicht werden: Zu Beginn der Entwicklung des Telefons war dessen Anwendungsbereich noch relativ unklar. Ursprünglich ähnlich der Telegraphie gedacht oder als Verbreitungsmedium konzipiert (was sich durch die Nutzung des Telefons in Frankreich für Opernübertragungen oder anhand der Budapester „Telefon-Zeitung" zeigte) etablierte sich dieses Medium erst nach und nach als interpersonales Kommunikationsmedium (Rammert 1993).

Die herausgebildeten und standardisierten Nutzungsweisen eines Mediums ziehen dann ihrerseits kulturelle Normierungen nach sich, denn jede „fortdauernde Mediennutzung [geht] immer auch mit einer sozialen Normierung von Gebrauchsweisen" einher (Höflich 1996, 98). Bezogen auf Online-Kommunikation ist deswegen davon auszugehen, dass es im Laufe der zunehmenden gesellschaftlichen Diffusion von computervermittelter Kommunikation und deren Veralltäglichung zu Veränderungen der darauf bezogenen Nutzungsweisen und Normen kommt. So könnte die implizite Norm „keine Kondolenz per Mail" mit zunehmender Verwendung dieses Mediums an normativem Einfluss verlieren.

Medieneinstellungen bilden sich nicht anhand objektiver Merkmale heraus, sondern sind auch das *Ergebnis sozialer Konstruktionen*. Unter einer *(sozialen) Einstellung* versteht man die relativ stabile Tendenz eines Individuums, auf ein bestimmtes Objekt mit bestimmten Gefühlen und Verhaltensweisen zu reagieren. Diese Einstellungen sind erfahrungsbezogen und damit sozial eingebunden, wobei die Einstellungsbildung des Individuums zentral von den Erwartungen, Einstellungen und Verhaltensweisen der relevanten Bezugsgruppen beeinflusst wird (siehe hierzu u. a. Stroebe et al. 2002; Benninghaus 1976).

Geht man noch einen Schritt weiter und betrachtet die Wahrnehmung des Menschen, so zeigt sich, dass auch diese nicht als „objektiv" beschrieben werden kann. So geht der Konstruktivismus (z. B. Glasersfeld 1985) davon aus, dass dem Subjekt beim Erkennen der Objekte zentrale Bedeutung zukommt, und dass das „Erkennen" ein an sich konstruktiver Prozess sei. Daraus lässt sich ableiten, dass auch die Wahrnehmung von Medienobjekten (und deren Nützlichkeit usw.) das Ergebnis eines konstruktiven Prozesses ist. Gestützt wird die Kernaussage des Konstruktivismus durch Erkenntnisse der kognitiven Neurobiologie, die verdeutlichen, dass Wahrnehmungen immer interne d. h. kognitive Konstruktion bedeuten. So resümiert der Neurobiologe Roth: „In einem trivialen Sinne sind alle unsere Wahrnehmungen schon deshalb konstruiert, weil die Prozesse und Inhalte der Wahrnehmung ihrer Natur und Beschaffenheit nach nichts mit dem Geschehen zu tun haben, das wahrgenommen wird. Die Wahrnehmung eines Baumes hat von ihrer Beschaffenheit nichts mit dem „realen" Baum gemeinsam. [...] wir haben drei Welten [...]: die Außenwelt, [...], die Welt der neuronalen Ereignisse im Gehirn und die subjektive Erlebniswelt." (Roth 2002, 252).

Dass die wahrgenommenen *Medieneigenschaften* selbst das Ergebnis sozialer Konstruktionen sind, konnten Bijker et al. (1997) anhand ihrer Studien zur Tech-

nikgenese und Technikeinstellung verdeutlichen (u. a. am Beispiel des Luftdruck-
fahrradreifens oder der Verwendung von Bakelit). Sie schlussfolgerten, dass die
Einstellungen zentral durch die relevante soziale Bezugsgruppe („relevant social
groups", Bijker 1995: 45) beeinflusst werden. Das sind jene Gruppen, die sich um
das Artefakt gruppieren, von diesem tangiert werden, es in seiner Bedeutung kon-
stituieren und die sich für das Individuum und seine Meinungs- und Einstellungsbildung als bedeutsam erweisen. Durch diesen konstruktiven Charakter kommt
es, worauf Tolman/Brunswik bereits in den 30er-Jahren verwiesen, zu einer Mehrdeutigkeit (ebd. 1935) der Dinge oder – wie es Bijker et al. formulieren – zu deren
interpretativer Offenheit. Dies bedeutet, dass Artefakte interpretativ variabel sind
und ihnen verschiedene Bedeutungen, Eigenschaften usw. zugeschrieben werden
können.

Überträgt man dies auf den Bereich der Medien, so ist im Hinblick auf die Verwendung von Medien und insbesondere von technischen Medien zu konstatieren,
dass diese keine an sich neutralen Artefakte sind, die lediglich „in soziale Hand-
lungszusammenhänge zur Steigerung ausgewählter Wirkungen eingebaut werden"
(Rammert 1988, 725), sondern dass es sich dabei um Artefakte handelt, die von
den Nutzern – und Nichtnutzern – kognitiv konstruiert und dadurch interpretiert
und mit Deutungen versehen werden, die von Individuum zu Individuum variieren können und auch zeitlichen Veränderungen unterworfen sind.

Um diesen Prozess an einem Beispiel zu verdeutlichen: So kann von einem Nutzer das Medium E-Mail mit den Bedeutungsebenen „Schnelligkeit, Effektivität,
Modernität", also mit insgesamt positiven Einstellungen besetzt werden, von
einem anderen Individuum mit ganz anderen Eigenschaften wie „unpersönlich"
und „distanziert". Die individuelle Mediennutzung wird dabei durch die medienbezogenen Bedeutungskonstruktionen geprägt, wobei diese sowohl subjektive
Konstruktionen sein können als auch soziale Konstruktionen, die sich aus den
Einstellungen und Verhaltensweisen der relevanten Sozialgruppe diesem Medium
gegenüber speisen. So können im Hinblick auf die Medieneinstellung bezüglich
E-Mails die Kollegen oder Vorgesetzten als relevante Sozialgruppe fungieren oder
aber bei Nichtnutzung die anderen Nichtnutzer – die diesen Medien qualitative
Bedeutungen zuschreiben und diese ggf. deswegen nicht nutzen.

Empirisch konnte die *interpretative Variabilität* und damit der konstruktive Charakter von Medienwahrnehmungen und -einstellungen z. B. anhand einer aktuellen Studie belegt werden, in welcher Hochschullehrer u. a. zu ihrer Nutzung des
Präsentationsprogrammes PowerPoint befragt wurden. (Misoch/Köhler 2005).
Diese Studie zeigte, dass ein Medium (in diesem Fall das fokussierte Präsentations-

medium) kaum wirklich „objektive" Eigenschaften besitzt, sondern dass diesem von den Nutzern und Nichtnutzern qualitative Eigenschaften zugeschrieben werden, die inhaltlich äußerst variabel sind. Diese Merkmale werden dann von den Individuen als quasi objektive Eigenschaften des Mediums interpretiert, welche sie ihren Medieneinstellungen zugrunde legen und die deren Nutzungsverhalten nachhaltig bestimmen (Misoch 2006b).

3. Modell der symbolischen Medienwahl

Die Entscheidung, in einer bestimmten Kommunikationssituation ein bestimmtes Medium zu verwenden, muss nicht nur durch rationale, sozial motivierte oder normative Erwägungen der Akteure begründet sein; Medien können darüber hinaus auch symbolisch bedeutsam sein und eine Medienwahl bzw. die Mediennutzung wird dann zum symbolischen Handeln. Symbolische Bedeutungen werden jedoch u. a. sozial ausgehandelt, so dass dieses Modell in engem Zusammenhang mit dem Modell der sozialen Medienwahl stehen kann.

Ein *Symbol* ist ein Zeichen oder Sinnbild, welches an sich abstrakt ist und keine Bedeutung hat und welchem von Individuen eine Sinnhaftigkeit zugewiesen wird. Die Bedeutungszuschreibung vollzieht sich in sozialen Situationen, findet durch soziale Gruppen statt, innerhalb derer das Symbol zum relevanten Zeichenvorrat zählt. Doch nicht nur abstrakte Zeichen, sondern auch materielle Objekte können über ihren eigentlichen Nutzwert hinaus Symbolcharakter erlangen: So ist das Auto weit mehr als nur ein pragmatisches Mittel zur Fortbewegung, wie anhand der Automobilwerbung verdeutlicht werden kann, die sich hauptsächlich emotionaler und statusbezogener Symboliken bedient. Auch Verhaltensweisen können symbolisch gedeutet werden, wie dies Thorstein Veblen (1857–1929) in seiner „Theorie der feinen Leute" (1986) postuliert: So wären z. B. Kaufhandlungen von Luxusgütern nicht in erster Linie auf deren qualitative Hochwertigkeit oder deren herausragendes Design zurückzuführen, sondern durch ein Bedürfnis nach Distinktion motiviert.

Überträgt man symbolhaftes Handeln auf den Bereich der Medien, so kann gefolgert werden, dass Medien nicht nur materiale, sondern auch „soziale Objekte' [sind], deren Bedeutung auf dem Gebrauch gründet. Als Träger von Bedeutung sind sie nicht nur Codes, die auf den Gebrauch hinweisen, sondern Meta-Codes, die die Interpretation medienvermittelter Inhalte bestimmen" (Höflich 1996, 112). So ist das Handeln mittels eines bestimmten Mediums auch unter dem Aspekt der Symbolik zu interpretieren, die der Akteur oder der Rezipient mit diesem Medium verbinden.

Grundlage für diesen Ansatz einer Interpretation der Medienwahl als symbolisch geleitetes Handeln bildet die von dem amerikanischen Soziologen Herbert Blumer (1900–1987) entwickelte Theorie des *symbolischen Interaktionismus* (1937/69). Dieser sozialpsychologische Ansatz – der sich seinerseits zentral auf das Werk seines Lehrers George H. Mead („Mind, self, and society" (1934)) bezieht – geht davon aus, dass soziale Interaktionen im Wesentlichen durch Symbole vermittelt werden, und dass die Handelnden diese Bedeutungen aktiv in und während der stattfindenden Interaktionen konstruieren.

Die drei Grundannahmen des *symbolischen Interaktionismus* sind:

1. Menschen handeln den Dingen (Objekten, Menschen usw.) gegenüber gemäß der Bedeutungen, die diese Dinge für sie haben;
2. diese Bedeutungen bilden sich in und durch soziale Interaktionen heraus, d. h. es handelt sich um Bedeutungszuschreibungen bzw. soziale Konstruktionen;
3. die Bedeutungszuschreibungen sind aufgrund ihres Konstruktionscharakters situativ variabel (kulturelle Unterschiede, kontextuelle Unterschiede usw.).

Auch Ernst Cassirer (1874–1945) betont die Relevanz von *Symbolen* für den Menschen und bestimmt diesen als symbolproduzierendes und sich durch Symbole verständigendes Wesen, als *animal symbolicum*: „Der Begriff der Vernunft ist höchst ungeeignet, die Formen menschlicher Kultur in ihrer Fülle und Mannigfaltigkeit zu erfassen [...]. Alle diese Formen sind symbolische Formen. Deshalb sollten wir den Menschen nicht als *animal rationale,* sondern als *animal symbolicum* definieren" (Cassirer 1944, dt. 1990, 51).

Der symbolische Interaktionismus seinerseits beruht auf dem *interpretativen Paradigma,* welches davon ausgeht, dass alle sozialen Prozesse auf interpretativen Vorgängen beruhen. Demnach sind alle Interaktionen – und somit auch Kommunikation – Prozesse der wechselseitigen Interpretation und Sinnkonstruktion: „In der Perspektive dieses Paradigmas wird der Mensch als kommunikatives Wesen behandelt, das in einer symbolischen Umgebung lebt, die von ihm selbst auch konstruiert wird. [...] Weil soziales Geschehen und soziale Strukturen demnach aus sozialem Handeln der Menschen entstehen, entwirft der Symbolische Interaktionismus damit das Bild einer durch und durch sozialen Welt." (Krotz 1997, 78). Bezieht man dieses Paradigma auf den Bereich der Medienwahl, so kann auch die Verwendung eines bestimmten Mediums in einer sozialen Situation interpretativ erfasst werden und mit Sinnhaftigkeit belegt werden (dies sowohl von der Seite des Senders als auch von der des Rezipienten).

Fasst man diese Ansätze zusammen, so lässt sich in Bezug auf Medienverwendung sagen, dass auch Medienobjekte mit symbolischen Bedeutungszuschreibungen versehen werden, und Medienwahlen demnach auch Elemente symbolischen Handelns sind. Die Verwendung eines bestimmten Kommunikationsmediums kann somit eine metasprachliche Botschaft enthalten: Der handgeschriebene Brief übermittelt in dieser Perspektive nicht nur den expliziten Inhalt, sondern kann zugleich als Symbol der Wertschätzung oder der Intimität des Kontakts fungieren; ein Anruf kann die Dringlichkeit eines Anliegens zum Ausdruck bringen und ein Face-to-Face-Treffen die Intensität oder Komplexität der Kommunikationsaufgabe unterstreichen.

Schaubild: Modell der symbolischen Medienwahl

Quelle: Eigene Darstellung

Treviño et al. (1987, 1990) haben anhand von Studien zur Mediennutzung von Managern empirisch nachweisen können, dass den Medien, neben ihrer Geeignetheit für den jeweiligen Kommunikationsanlass, von den Nutzen symbolische Bedeutungen zugeschrieben werden, die bei der Medienwahl Berücksichtigung finden (wobei dieser Aspekt nur am Rande bei Treviño et al. Erwähnung findet).

So kann beispielsweise von einem Akteur bei einem Kommunikationsanlass die Medienwahl bewusst auf den Postbrief fallen, da dieses Medium vom sendenden Individuum mit den Sinnkonstruktionen Intimität, Wertschätzung und Persönlichkeit besetzt wird. Da diese Sinnkonstruktion jedoch individuell ist, kann es dazu kommen, dass der Empfänger nicht über die gleichen Konstruktionen verfügt und deswegen die „Metabotschaft" der Medienwahl (Postbrief) anders interpretiert und diese z. B. als umständliche oder zu offizielle Kommunikationsform ansieht und somit zu einer völlig anderen (symbolischen) Interpretation gelangt, als dies der Sender intendiert hatte.

Symbolische Medienwahl ist demnach darauf angewiesen, dass die Kommunikationspartner über gleiche oder zumindest ähnliche symbolische medienbezogene Bedeutungskonstruktionen verfügen. Da diese Konstruktionen sich zwar individuell vollziehen, jedoch aber immer in einen sozialen Kontext eingebunden sind, ist davon auszugehen, dass Personen mit ähnlichen Kontexten und soziokulturellem Umfeld zu ähnlichen symbolischen Medieninterpretationen neigen.

4.   Modell der interpersonalen Medienwahl

Das Modell der interpersonalen Medienwahl (abgeleitet von Höflichs Theorie der technisch vermittelten interpersonalen Kommunikation, 1996, 29 ff.) geht davon aus, dass Medienwahlen entscheidend durch die Beziehung der Akteure zueinander zu verstehen seien.

Humankommunikation – sei sie medial vermittelt oder nicht – bezeichnet immer eine Austauschsituation bzw. eine Situation der sozialen Interaktion. Von *sozialer Interaktion* spricht man, wenn das Handeln der Akteure aufeinander bezogen ist und sich das Verhalten an den Erwartungen, Einstellungen, Verhaltensweisen usw. des jeweiligen Gegenübers orientiert. Dieses Begriffsverständnis sozialer Interaktion leitet sich vom Begriff der *sozialen Beziehung* von Max Weber (1864–1920) ab, der diese wie folgt definierte: „Soziale Beziehung soll ein seinem Sinngehalt nach aufeinander gegenseitig eingestelltes und dadurch orientiertes Sichverhalten mehrerer heißen. Die soziale Beziehung besteht also durchaus und ganz ausschließlich in der Chance, dass in einer (sinnhaft) angebbaren Art sozial gehandelt wird, einerlei zunächst worauf diese Chance beruht" (ders.: Wirtschaft und Gesellschaft, Kapitel 1, § 3).

Die wechselseitige Bezugnahme bzw. das aufeinander bezogene soziale Verhalten ist nur möglich, wenn die Handelnden wechselseitig die Erwartungen, Einstellungen und Verhaltensweisen der anderen interpretieren und diese zur Grundlage ihres eigenen Handelns machen. Dieser Vorgang der Interpretation jedoch ist ein konstruktiver Prozess, bei welchem die sprachlichen und nonverbalen Zeichen des Interaktionspartners interpretiert und zur Orientierung des eigenen Verhaltens verwendet werden.

Betrachtet man die zwischen Individuen potenziell zustande kommenden kommunikativen Interaktionen – immer unter der Prämisse deren wechselseitiger Bezogenheit –, so wird deutlich, dass es sich hierbei um sehr divergente Beziehungsmuster handeln kann, denn „[i]nterpersonale Kommunikation umfaßt dabei so heterogene Beziehungen wie zwischen Kollegen, Bekannten, Freunden, Verwandten, Ehepartnern, Geliebten u. a., aber auch zwischen gänzlich Fremden" (Höflich 1996, 29).

Das Modell der interpersonalen Medienwahl geht nun von zwei Grundannahmen aus:
• Individuen stellen ihre Medienwahl in der jeweiligen Kommunikationssituation bewusst auf die/den Kommunikationspartner und dessen eventuelle Medienvorlieben oder dessen Medienverhalten ab;
• das eigene Medienverhalten wird durch das Medienverhalten der Kommunikationspartner beeinflusst.

Dies bedeutet, dass das Medienverhalten von Individuen immer in einem interpersonalen Kontext steht und immer in einem solchen zu interpretieren ist. Höflich betont, dass jede „Verbindung von Medien und Kommunikationssituation auf eine intersubjektive Grundlage gestellt werden" müsse (ebd., 1996, 111), wobei dadurch die Problematik der intersubjektiven Koorientierung in den Vordergrund trete.

So geht das Modell der interpersonalen Medienwahl davon aus, dass die Mediennutzung im jeweiligen Kommunikationsanlass auf die Zielperson eingestellt wird oder dass Kommunikationspartner gegebenenfalls die Mediennutzung dezidiert miteinander absprechen, wie dies eine qualitative Explorationsstudie zur Mediennutzung innerhalb von Paarbeziehungen zeigen konnte (Döring/Dietmar 2003).

Zusammenfassend lässt sich festhalten, dass Medienwahlen – vor allem in dyadischen Situationen – sowohl durch das intersubjektive Verhältnis der Akteure als auch durch das (entweder antizipierte oder aus Vorerfahrungen bekannte) Medienverhalten der Zielperson entscheidend beeinflusst werden. Die erfolgten Medienentscheidungen wiederum beeinflussen ihrerseits die intersubjektive Beziehung (u. a. durch ihren Symbolgehalt) und den medialen Rahmen der Beziehung sowie zukünftiger interpersonaler Kommunikationen.

Schaubild: Modell der interpersonalen Medienwahl

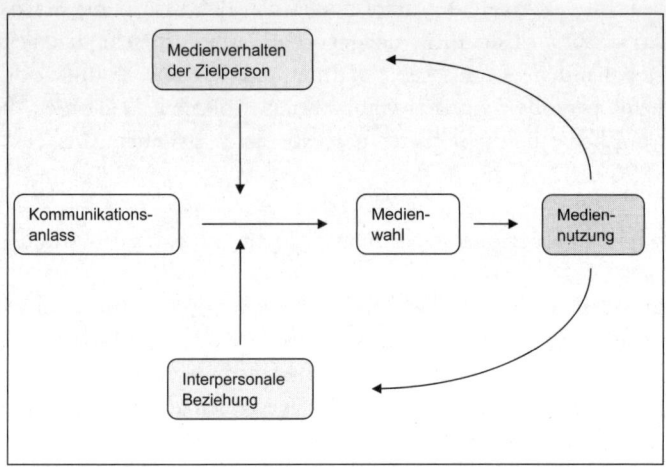

Quelle: Eigene Darstellung

5. Modell der subjektiven Medienwahl/Medienakzeptanz

Es ist davon auszugehen, dass neben den bereits geschilderten Motiven und Beeinflussungsfaktoren auch subjektive Einstellungen den Medien (bzw. Technologien) gegenüber eine Medienwahl entscheidend mit beeinflussen.

Theoretisch lässt sich dies anhand des Technikakzeptanzmodells (*Technology Acceptance Model, TAM*) von Davis et al. (1989) zeigen. Dieser Ansatz basiert auf der von Ajzen und Fishbein (1975, 1980) erarbeiteten Theory of Reasoned Action (Theorie des überlegten Handelns), die allgemeine Einstellungen und Verhaltensweisen auf Intentionen der Individuen zurückzuführen sucht. Grundannahme ist dabei, dass Menschen vor ihrem Handeln die Folgen dieses Handelns bedenken (Rationalität), und dass das Verhalten auf Intentionen (Intentionalität) zurückzuführen ist: „that human beings are usually quite rational and make systematic use of the information available to them" (Ajzen/Fishbein, 1980, 5).

Die Theorie von Davis et al. bezieht sich konkret darauf, warum Menschen Technologien nutzen und geht von der Prämisse aus, dass die Verhaltensabsicht

(Intentionalität) des Individuums, eine bestimmte Technik zu nutzen oder nicht (behavioral intention to use) entscheidend durch zwei Faktoren modelliert wird:

1. von der *subjektiven Einstellung* gegenüber dieser Technik und deren Verwendung (attitude toward using) sowie
2. von der *erwarteten Nützlichkeit* des konkreten Technologieeinsatzes (perceived usefulness).

Die subjektiven Einstellungen (1) ihrerseits werden in diesem Modell (siehe Schaubild zu TAM) durch die vom Individuum wahrgenommene Nützlichkeit der Technik (perceived usefulness) sowie durch die erwartete Einfachheit der Techniknutzung (perceived ease of use) beeinflusst. Externe Variablen (Systemeigenschaften wie z. B. Feed-back-Möglichkeit) wirken sich auf diese beiden Faktoren aus, so dass es sich nicht um ein geschlossenes System handelt. Betrachten wir das Moment der erwarteten Nützlichkeit (2) (usefulness), so wird diese bei Davis et al. durch die externen Variablen als auch die subjektiv wahrgenommene Nützlichkeit beeinflusst. Die Nützlichkeitswahrnehmung ihrerseits kann dann direkt als Verhaltensintention wirksam werden oder sich auf die Einstellung (attitude toward use) auswirken und somit indirekt zur Nutzung der Technologie führen.

Das Modell der subjektiven Medienwahl/Technikakzeptanz besagt, dass Individuen jene Medien bevorzugt nutzen, die sie subjektiv als sinnvoll bewerten und deren Handhabung ihnen geläufig ist oder ihnen einfach zu erlernen erscheint. Diese Bewertungen hingegen würden durch externe Variablen beeinflusst, die im Modell von Davis et al. vor allem als Systemeigenschaften definiert werden.

Schaubild: Technology-Acceptance-Model (TAM)

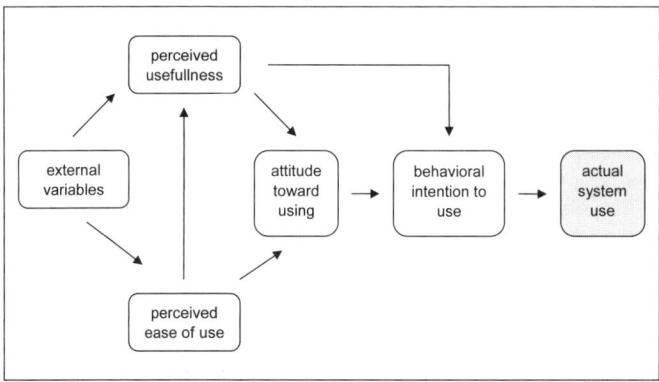

Quelle: Davis et al. (1989, 985)

Es ist jedoch davon auszugehen, dass Medien- bzw. Systemeigenschaften keine an sich objektiven Größen darstellen (wie bei Davis et al. postuliert), sondern dass diese ihrerseits das Ergebnis von sozialen Konstruktionen sind. Es wird deswegen vorgeschlagen, das Modell entsprechend zu erweitern, so dass sich Prozesse der subjektiven Medienwahl/Medienakzeptanz aus vier verschiedenen Faktoren zusammensetzen:

(1) aus den eigenen Vorerfahrungen mit Medien allgemein und mit dem betreffenden Kommunikationsmedium im Besonderen;

(2) aus den subjektiven Zuschreibungen bestimmter Medieneigenschaften und -wirkweisen;

(3) aus biografischen Hintergründen wie z. B. die Freude am Umgang mit Technik/Medien oder die Ablehnung von Technik und technischen Medien (oftmals bereits im Elternhaus gelernte Einstellungsmuster)

(4) und aus den Medieneinstellungen der relevanten Sozialgruppe. Als relevante Sozialgruppe werden hierbei jene Individuen definiert, die gleiche Meinungen und Einstellungen hinsichtlich eines bestimmten Phänomens (Mediums) teilen: „… all members of a certain social group [which] share the same set of meanings, attached to a specific artifact" (Pinch/Bijker 1997, 30).

Schaubild: Erweitertes Modell der subjektiven Medienwahl (nach Misoch)

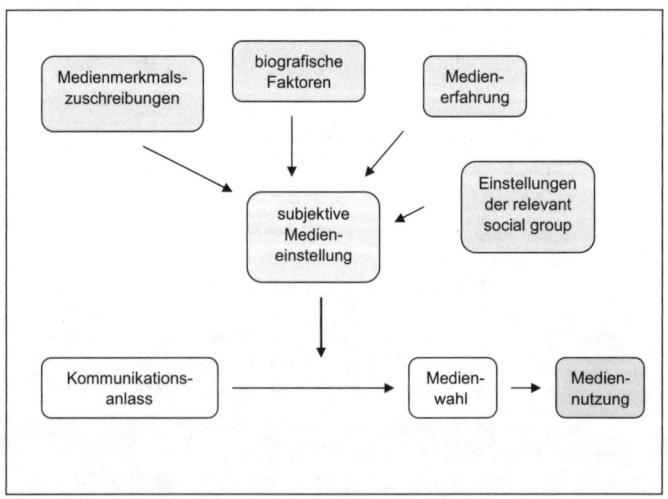

Quelle: Eigene Darstellung

Mediennutzung steht demnach im Zusammenhang mit den medienbezogenen Vorerfahrungen des Nutzers, mit den in frühen Sozialisationsphasen erlernten Einstellungen zu Technik bzw. Medien, mit den Einstellungen der relevanten Sozialgruppe und mit den Konstruktionen bezüglich der Nützlichkeit oder Angemessenheit des entsprechenden Mediums. Diese Faktoren führen dann zu einer subjektiven Medieneinstellung, die dann über die Verwendung oder Nichtverwendung eines Mediums entscheidet.

Empirisch konnte dies z. B. anhand einer Studie zur Nutzung Neuer Medien durch Hochschullehrer belegt werden, welche zeigte, dass primär die subjektiven Einstellungen den Medien gegenüber und die im Zuge dessen zugeschriebenen Funktionen und Wirkungen die relevanten Faktoren für den Einsatz eines Mediums darstellen (Misoch/Köhler 2005; Misoch 2006b).

V. Individuumsbezogene Ansätze

In diesem Kapitel wird der Frage nachgegangen, welche Auswirkungen Online-Kommunikation aufgrund ihrer besonderen Merkmale auf das Verhalten, die Kommunikation, die Identitäten und Selbstdarstellungen der Individuen haben kann. Es werden dazu die wichtigsten individuumsbezogenen Thesen und Modelle dargestellt und unter Bezugnahme auf aktuelle Forschungsdaten kritisch diskutiert.

1. Virtuelle Identitäten – Simulation

Das Modell der virtuellen Identität, das in Anlehnung an Turkle (1995/1998) erstellt werden kann, postuliert die Erstellung virtueller Identitäten im Cyberspace und basiert seinerseits auf dem Kanalreduktionsmodell/Restriktionsmodell (siehe Kapitel II.2) und dem Social Cues Filtered Out Appraoch (siehe Kapitel II.3). Diese Ansätze stellen fest, dass es sich bei computervermittelter Kommunikation um eine kanalreduzierte Situation handelt (hauptsächliche Textualität), die durch die restringierte Zeichenübertragung zu einer Nichtübertragung bzw. einem Herausfiltern sozialer Hinweisreize führt. Diese Reduktion der Kanäle führt aber nicht nur zu einer Absenz sozialer Hinweise und körpergebundener Zeichen, sondern gleichzeitig dazu, dass alle Zeichen vom Sender bewusst gegeben und versendet werden müssen, um für den anderen „sichtbar" zu sein und kommunikativ und sozial wirksam zu werden. So gibt es, um mit Goffman zu sprechen, im Virtuellen nur „cues given" und keine „cues given off" (Misoch 2004a, 132). So sind das Aussehen der Person, deren Stimme, deren Gestik oder Mimik, deren Betonung oder Akzent für den anderen bei Online-Kommunikation nicht wahrnehmbar; diese Zeichen müssen, wie alle anderen Kommunikationsinhalte auch, dezidiert verschriftlicht werden, um von dem kommunikativen Gegenüber wahrgenommen werden zu können.

Durch diese Darstellungsnotwendigkeit im Virtuellen eröffnen sich für die Akteure neue Möglichkeiten der Selbstdarstellung, da sie sich aufgrund der Vermittlungssituation im Virtuellen ggf. neu und anders entwerfen können. Dieser Zuwachs an Freiheitsgraden kann als *Simulationspotenzial* bezeichnet werden (siehe hierzu u. a. Misoch 2004a, 2006a) und ist allen Darstellungsprozessen im Virtuellen inhärent. Von diesem Simulationspotenzial ausgehend wird von verschiedenen Autoren (theoretisch) abgeleitet, dass sich Individuen im Netz nicht so darstellen, wie sie „wirklich" sind, sondern dass *virtuelle Identitäten* entworfen würden, die nicht dem realen Selbst entsprächen. Das Netz könne somit als Raum fungieren, in welchem jede/r nach Gutdünken ein virtuelles Selbst entwerfen und sich somit neu erfinden könne (z. B. Rheingold 1996; Becker 1997; Opaschowski 1999; Wallace 1999). Auch das Entwerfen virtueller personae im Dienste psychischer Entwicklungsprozesse und quasi-therapeutischer Funktion (identity workshop, Bruckman 1992, Turkle 1998) und adoleszenter Identitätsarbeit (Fink/ Kammerl 2001; Misoch 2004b) werden in diesem Zusammenhang diskutiert sowie das Ausleben postmoderner multipler Identitätsentwürfe im Virtuellen (Turkle 1998).

Betrachten wir die Darstellungsnotwendigkeit bei Online-Kommunikationen, so fällt auf, dass diese Situation an sich ambivalent ist: Ermöglicht sie zum einen eine Erweiterung der Optionen für Selbstdarstellungen (Simulationsmöglichkeit) und führt dadurch zu einem *Kontrollgewinn* für den Darsteller, der frei von Körperzeichen oder anderen nicht disponiblen Größen sich im Netz ggf. neu und anders erfinden kann, so führt diese Situation zum anderen beim Rezipienten zu einer *kommunikativen Verunsicherung.* Denn der Rezipient ist im gleichen Maße diesem Prozess ausgeliefert und hat kaum Möglichkeiten, den Inhalt des Präsentierten sowie dessen Wahrheitsgehalt zu überprüfen. Fungieren in Face-to-Face-Settings der Körper und die von diesem bewusst und unbewusst gesendeten Zeichen als eventuelle Authentizitätsgaranten für das Kommunizierte, so entfallen diese Zeichen bei computervermittelter Kommunikation und führen dazu, dass für die Rezipienten bei ausschließlich computervermittelter Kommunikation unklar bleibt, ob die dargestellten Identitäten und Kommunikationsinhalte der Realität entsprechen oder nicht.

Durch die Immaterialität der Online-Kommunikation agieren nicht körperliche Personen miteinander, sondern „Personae, Chiffrenexistenzen" (Hofmann 1997, 105). Da alle Kommunikation im Netz immateriell verläuft, müssen auch die Identitäten der anderen Akteure aufgrund der verfügbaren Informationen konstruiert und imaginiert werden: „The virtual world is different. It is composed of information rather than matter." (Donath 1996, 26). Hierbei spielen Prozesse der Imagination und der Projektion eine wesentliche Rolle.

I.I   Virtuelle Identitäten

Als prominente Beispiele für das Entwickeln und Darstellen *virtueller Identitäten* im Netz können zwei Fallbeispiele angeführt werden, die inzwischen Eingang in die Sekundärliteratur gefunden haben. Dies ist (a) zum einen der Fall „Joan Greene" und zum anderen (b) der Fall „Kaycee Nicole Swenson", wobei es sich bei Erstem um eine Identitätssimulation in einem Chat, d. h. um einen rein textuellen Identitätsentwurf, bei Zweitem um das Erstellen einer virtuellen Person mittels privater Homepage, d. h. um einen multimedialen Identitätsentwurf handelt. Im Internetjargon wird das Darstellen von etwas, das nicht real ist, als „fake" bezeichnet (engl. fake bedeutet so viel wie fälschen, erfinden, Fälschung); das Darstellen einer nicht authentischen Identität im Netz kann demnach als fake-identity bezeichnet werden.

(a) Der erste Fall ereignete sich in den 90er-Jahren, als der amerikanische Psychiater Stanford Lewin sich in einem Chat als „Joan Sue Greene" darstellte. Dabei handelte es sich angeblich um eine junge Frau, die durch einen Autounfall gelähmt (und entstellt)[14] war und die im Chat versuchte, einen Weg zu einem neuen Leben nach diesem Unfall zu finden. Sie war durch ihre empathische und verständnisvolle Art im Chat sehr beliebt, erfuhr von den virtuellen Freunden/innen viel Unterstützung und führte vor allem mit ihren Online-Freundinnen sehr vertrauliche und intime Gespräche. Durch ihren Optimismus und ihre durch den Unfall ungehemmte Lebensfreude wurde sie von anderen körperbehinderten Chattern/innen als Vorbild genommen.

Als dann aufgedeckt wurde, dass die Person Joan Sue Greene gar nicht existiert, sondern es sich dabei um eine vollständige Identitätssimulation handelt, führte dies im Chat zu einer Welle der Entrüstung, da sich die Online-Freunde (zu Recht) getäuscht fühlten. Höflich resümiert, dass es zu „gravierenden kommunikativen Verletzungen [führe], wenn sich herausstellt, dass ein engagierter Beziehungsaufbau auf falschen Annahmen über die präsentierte Identität beruht" (ebd. 2003, 57). Erschwerend kam in diesem Fall sicherlich hinzu, dass sich ein Mann als Frau ausgegeben hatte und es sich dabei um einen Psychiater handelte, so dass sich die Online-Freunde der virtuellen Joan nicht nur in ihrem Vertrauen verletzt, sondern auch durch einen professionellen Psychiater benutzt fühlten (siehe hierzu u. a. Gelder 1991; Rheingold 1994; Stone 1993, Höflich 2003, 57).

---

14   Hinsichtlich dieses Punktes sind die Berichte dieses Falles leider nicht eindeutig (Gelder 1991; Rheingold 1994; Stone 1993, Höflich 2003).

(b) Eine andere Fallgeschichte ist die der 19-jährigen Studentin „Kaycee Nicole Swenson", die von 1998–2001 ein Online-Tagebuch auf ihrer Homepage führte (siehe Screenshot). Hierbei handelte es sich um ein angeblich an Leukämie erkranktes Mädchen, welches in ihrem Online-Tagebuch ihren Mädchenalltag sowie ihren Kampf gegen die Krankheit darstellte, welcher sie dann (angeblich) 2001 erlag. In Wirklichkeit existierte Kaycee nie; diese Person war die Erfindung einer „Hausfrau aus Kansas mit einer Zentralmeise, die stundenlang mit KCs [Kaycees] Freunden gesprochen hatte, mal als Mutter, mal als KC selbst." (Simon 2001). Diese Identitätssimulation wurde erst aufgedeckt, als die angebliche Kaycee verstorben war und Online-Freunde zur Beerdigung kommen wollten. Es folgte eine große Entrüstung nach der Aufdeckung der Nichtexistenz Kaycees, da die Online-Freunde emotional (und zum Teil auch finanziell durch lange Telefonate mit der virtuellen Kaycee usw.) stark engagiert waren.

Schaubild: Homepage von Kaycee Nicole Swenson

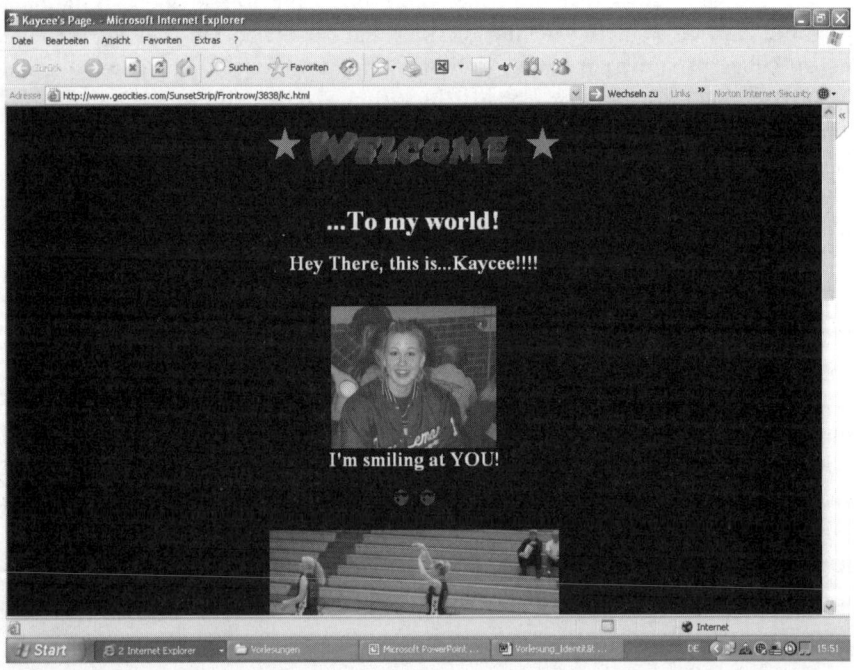

Einer der Getäuschten schreibt darüber im Netz: „In order to develop relationships, whether online or in person, one must be willing to trust. My sense of trust has been violated. Because I care about people, I was taken in. Call me a fool, call me gullible. In opened my heart, and for a year, I gave of my time, money, energy, emotional and spiritual resources, and in the end, I was burned for it." (Woning 2001).

Diese zwei Fallbeispiele zeigen, dass es im Internet zu Identitätssimulationen kommen kann, wobei virtuelle Identitäten sowohl rein textuell als auch multimedial entworfen und präsentiert werden können. Bei ausschließlichem Online-Kontakt ist eine solche Simulation für die Rezipienten kaum aufzudecken, und es ist davon auszugehen, dass die wenigsten Fakes, wie in diesen zwei populären Fällen, je aufgedeckt werden.

Es ist des Weiteren davon auszugehen, dass viele keine vollständigen virtuellen Personae im Netz entwickeln, sondern die kanalreduzierte und anonyme Situation dazu nutzen, um sich teilweise neu zu erfinden und hinsichtlich mancher Identitätsmerkmale großzügig mit der Wahrheit umzugehen. In diesen Fällen kann das Netz als Raum fungieren, in dem Individuen eine idealisierte Vorstellung ihres Selbst darstellen und ausleben können.

1.2 Genderswapping/Genderswitching

Eine andere Spielart der Simulation ist das bewusste Darstellen einer zum eigenen Geschlecht gegengeschlechtlichen Person im Netz (*Genderswitching, Genderswapping*), wobei der (in 1.1) geschilderte Fall des amerikanischen Psychiaters hierzu gehört. Funktionen dieses Verhaltensmodus' können sein, dass ein Geschlechtertausch im Netz den Akteuren einen neuen Blick auf das andere als auch das eigene Geschlecht ermöglicht, und dass sie somit einen „möglicherweise schärferen Blick für geschlechtsspezifisches Verhalten" erhalten (Dekker et al. 1998). Durch die Körperlosigkeit der computervermittelten Kommunikation könnte dieser Raum des Weiteren zu einer Dekonstruktion des in unserer Kultur vorherrschenden Geschlechterdualismus und der vorherrschenden Geschlechterrollen genutzt werden, wobei Studien zeigen konnten, dass dies kaum der Fall ist. Im Gegenteil, es scheint so zu sein, dass „übliche geschlechtsspezifische Zuschreibungen im Netz reproduziert, zum Teil sogar verstärkt werden" (Dekker et al. 1998; Funken 2000, 2002). Die Kanalreduktion scheint eine verstärkt stereotypisierten Wahrnehmung des Gegenübers zu befördern (Jacobson 1999, 9).

So wirkt das Internet – trotz seines Potenzials dazu – nicht als geschlechtsloser oder die duale Geschlechtlichkeit dekonstruierender Raum. Auch das Phänomen Genderswapping an sich scheint überbewertet zu werden. So zeigte u. a. eine Studie von Cooper et al. (1999), dass lediglich 5 % der Nutzer angeben, sich im Netz gegengeschlechtlich zu inszenieren: „gender bending' is a pervasive activity, it was found to be a fairly unusual event".

1.3 Virtuelle Identitäten als Ausdruck postmoderner Identitätsarbeit

Folgen wir der These von Turkle (1998), so werden *virtuelle Identitäten* im Netz dafür genutzt, um die durch die gesellschaftlichen Transformationen der Postmoderne notwendig gewordenen verschiedenen Identitätsentwürfe in einem geschützten Rahmen auszuprobieren: „Das Internet ist zu einem wichtigen Soziallabor für Experimente mit jenen Ich-Konstruktionen und -Rekonstruktionen geworden, die für das postmoderne Leben charakteristisch sind" (ebd., 289). Die Autorin geht in ihrem Ansatz davon aus, dass sich Identitäten analog zu den gesellschaftlichen Transformationen (siehe hierzu u. a. Misoch 2004a, 67 ff.) entwickeln, und dass Identitäten in der Postmoderne deswegen durch Multiplizität und strukturelle Flexibilität gekennzeichnet seien; die Menschen müssten über ein immer größeres Rollenset verfügen und Identitäten müssten zunehmend situativ angepasst und aktualisiert werden.

Hier bezieht sich Turkle zum einen auf Kenneth Gergen (1990), der eine Auflösung des monotheitischen zugunsten eines „multiphrenen" Subjekts, das durch strukturelle Vielfalt gekennzeichnet sei, postuliert und zum anderen auf Emily Martin (1994), die das Prinzip der Flexibilität von der Immunologie auf die Anthropologie überträgt (siehe hierzu u. a. Misoch 2004a, 103 f.). Dritter Bezugspunkt ihrer These ist Jacques Lacan, der – anhand von Ergebnissen seiner Schizophreniestudien – das „Ich" zu einer Illusion erklärt und von einer Dezentralisierung des Subjektes in der Postmoderne ausgeht (Turkle 1998, 221).

Selbstdarstellungen im Netz entsprechen nach dieser These nicht der realen Identität, sondern der Cyberspace fungiert als „eine Art Experimentierlabor" (Turkle 1998, 328), denn im Virtuellen können ohne Folgen für das realweltliche Leben, wie z. B. sozialen Sanktionen, neue und experimentelle Selbstentwürfe erstellt und ausgelebt werden. Empirisch stützt Turkle ihre These auf die Identitätsentwürfe von MUD-Spielern, die in ihren Figuren multiple Selbstentwürfe darstellen und ausleben würden. Anhand qualitativer Interviews hat die Autorin die Identitätsentwürfe von MUD-Spielern untersucht und überträgt die in diesem Raum gewonnene These auf das gesamte Internet.

Diese These scheint auf den ersten Blick zu überzeugen, weil sie einerseits davon ausgeht, dass das der Online-Kommunikation inhärente Simulationspotenzial von den Individuen genutzt werde, um andere Identitäten als ihre Wahre zu präsentieren, und andererseits weil diese These die kommunikative Verunsicherung der Online-Kommunikation anspricht, zumal Studien zeigen konnten, dass die Mehrzahl der Internetnutzer davon ausgeht, dass die Inhalte, die andere im Netz präsentieren, nicht der Wahrheit entsprechen (siehe hierzu u. a. Misoch 2004a, 166 ff.).

Trotz der augenscheinlichen Evidenz dieser These – und deren Präsenz in feuilletonistischen Berichten über Identitäten im Internet – zeigte sich, dass dieser Ansatz einer empirischen Prüfung nicht standhält. Leider liegen bisher wenige empirische Studien vor, die den Authentizitätsgehalt der kommunizierten Identitätsdarstellungen im Netz untersucht haben, doch zeigen bereits die wenigen bisher hierzu vorliegenden Daten, dass es sich bei dem Simulationsansatz um eine überschätzte These handelt.

So konnten unterschiedliche Studien zur Analyse der Selbstdarstellungen auf *privaten Homepages* und deren Wahrheitsgehalt zeigen, dass die Identitätsdarstellungen auf privaten Webseiten hauptsächlich (80–90 %) wahrheitsgetreu/authentisch erfolgen (Buten 1996; Schütz 2003; Misoch 2004a).

Auch in anderen Räumen des Internets, wie z. B. den *Chats*, kann man nicht per se davon ausgehen, dass virtuelle Identitäten erstellt werden. Zwar muss hier ein Nickname angenommen werden, um am Chat teilnehmen zu können – wobei es sich meistens um einen Fantasienamen handelt, der oftmals nichts mit dem realen Namen der Person gemeinsam hat (Bechar-Isreali 1996, 15/16) und häufig aus den Bereichen Flora, Fauna, Fantasy usw. entnommen ist –, doch kann man von der Virtualität des Namens nicht auf eine Virtualität im Sinne einer Nicht-Authentizität der Kommunikationsinhalte und Identitäten schließen. Denn auch wenn Simulationen von Identitäten im Chat unkompliziert realisiert werden können, so zeigten Studien, dass anscheinend relativ selten davon Gebrauch gemacht wird (z. B. 10 %, Fix 2001; Misoch 2006c). Es werden relativ selten virtuelle personae entworfen, sondern stattdessen virtuelle Stellvertreter des realen Selbst (und häufiger Altersangaben oder andere Identitätsmerkmale nicht ganz authentisch dargestellt). Ein Grund hierfür kann sein, dass der Chat nicht als vom realen Leben abgekoppelter „Experimentierraum" angesehen wird, sondern dass Chatkontakte – und dies v. a. bei Jugendlichen, die die „chat-aktivste" Altersgruppe darstellen (u. a. Eimeren 2003) – häufig eine Vorstufe eines Treffens im realweltlichen Kontext bildet. So können kleinere Abweichungen von der im Chat dargestellten Identität noch erklärt werden, das Erstellen ganz anderer virtueller Identitäten hingegen wäre sehr erklärungsbedürftig. Dieser Effekt zeigt sich auch innerhalb virtueller Gemeinschaften im Netz. So schreibt ein Mitglied von „The WELL"[15]: „Dieses bewusste Kreieren von Personae hält meist nicht lange vor. Nach ein paar Monaten geschehen Dinge, die dazu führen, dass sich diese Personae zusehends deiner ‚echten' Persönlichkeit angleichen. Dies hängt zum einen damit zusammen, dass die Aufrechterhaltung dieser Masken viel psychische Energie kostet. Und zum anderen damit, dass dir, wie die meisten Menschen, die Gemeinschaft mit der Zeit ans Herz wächst, so dass du dich authentisch zeigen möchtest." (Belserene, P.; zitiert nach Turkle 1998, 505).

Betrachtet man den Bereich der *MUDs*, so zeigt sich hier ein anderes Bild. In diesen Online-Rollenspielen muss jeder Teilnehmer eine Spielfigur, d. h. einen Avatar, kreieren, mittels dessen er dann in der virtuellen Spielumgebung agieren und kommunizieren kann. Dies bedeutet, dass das Teilnehmen an einem MUD-Spiel im Grund gar nicht mit der realen Offline-Identität möglich ist, und dass das Darstellen einer virtuellen „Identität" Teil des Rollenspiels ist. So können MUDs oder Online-Fantasy-Spiele den Wunsch erfüllen, eine begrenzte Zeit und in einem bestimmten Rahmen jemand anders zu sein: „Fantasy-Rollenspiele, wo man seinen Charakter erstellt ... richtig so von Grund auf ... also, in den meisten wählt man so richtig das Aussehen aus, kann die Haare auswählen und so was alles einstellen, also ... ist wirklich so wie man *gerne* aussehen würde, kann man da auswählen ... das ist vor allem das, warum so Rollenspiele, denk' ich mal, so beliebt sind" (Misoch 2006c; zu Selbstdarstellungen in MUDs siehe u. a. Bruckman 1992, Reid 1994, Bühler-Ilieva1997, Jacobson 1999). Trotzdem scheint es so zu sein, dass zwar äußerlich andere Rollen angenommen und in Spiel inszeniert werden, innerhalb des Spiels zum größten Teil jedoch authentisch agiert wird bzw. das Handeln im MUD bei fast 80 % der Spieler dem eigenen Selbstbild zu entsprechen scheint (dies ergab eine Untersuchung von 52 MUD-Spielern; siehe hierzu Renner 2003, 267).

Betrachtet man diese empirischen Ergebnisse, so kann festgehalten werden, dass man *nicht* generalisierend von *Identitäten im Internet* sprechen kann, sondern dass zwischen den verschiedenen Räumen und Diensten des Internets differenziert werden muss, da diese verschiedenen Rahmungsbedingungen unterliegen, somit

---

15 Im Jahre 1985 wurde in Sausalito in San Francisco/Nordkalifornien eine der ersten und einflussreichsten Online-Communities gegründet, als Stewart Brand und Larry Brilliant den netzbasierten Debattierclub „The Well" (the Whole Earth 'Lectronic Link) ins Leben riefen. Hierbei handelt es sich um einen sozialen Raum, der auf dem Prinzip der Nichtanonymität der Mitglieder basiert und der u. a. durch den Sozialwissenschaftler Howard Rheingold bekannt wurde, der seit dem Gründungsjahr Mitglied ist.

unterschiedliche Kommunikationen unterstützen und dadurch verschiedene Identitätsdarstellungsmodi evozieren.

Obwohl die Erstellung einer virtuellen Identität im Netz sehr einfach zu realisieren ist, zeigen die bisherigen Forschungsergebnisse, dass die Individuen relativ wenig Gebrauch von diesem Simulationspotenzial machen.

Erklärungsmuster hierfür könnten sein, dass es sich um einen kurzfristigen Medieneffekt handelt, der mit Dauer der Mediennutzung verschwindet bzw. seinen Reiz einbüßt (Misoch 2006b). Des Weiteren darf nicht unterschätzt werden, mit welchen Kommunikationszielen sich Individuen in soziale Situationen im Netz begeben, und es sollten Identitätsdarstellungen immer vor dem Hintergrund der individuellen Motivationen und Zielsetzungen betrachtet werden (Uses-and-Gratifications-Ansatz). Es zeigte sich, dass Individuen das basale Bedürfnis nach sozialem Kontakt (u. a. Argyle/Dean 1965) haben und dass auch im Hinblick auf Online-Kommunikationen dieses Bedürfnis ein wichtiger Faktor ist (u. a. Fix 2001, Misoch 2004a, c). So dass der Kontakt im virtuellen Raum für viele Nutzer die Vorstufe eines Kennenlernens im realweltlichen Kontext darstellt. Interpretiert man die Selbstdarstellungen vor diesem Hintergrund, dann wird deutlich, warum Online-Kommunikationen weniger dazu genutzt werden, um neue Identitäten zu entwerfen, und dass sich die Mehrzahl der Internet-Nutzer so präsentieren, wie sie „wirklich" sind, d. h. wie sie sich auch offline darstellen.

Die These der Virtualisierung von Identitäten im Netz kann somit im Großen und Ganzen verworfen werden. Es handelt sich um eine überschätzte These, die ihren Diskurswert weniger ihrer empirischen Relevanz als ihrer Plakativität und polarisierenden Wirkung zu verdanken hat. Der zeichenreduzierte Raum des Internets wird nicht für das Verschleiern von Identitäten oder deren Andersdarstellung genutzt (Identitätssimulationen), sondern scheint eher als Raum der Selbstoffenbarungen (self-disclosure) zu fungieren (siehe ausführlich Kapitel V, 4.).

2. Social Information Processing Perspective

Der Ansatz der sozialen Informationsverarbeitung (Sozial Information Processing Perspective) stammt von Walther aus dem Jahr 1992a und von Walther et al. 1994. Dieser Ansatz setzt sich mit der Frage auseinander, wie computervermittelte Kommunikation von den Nutzern verarbeitet wird und die Qualität der Kommunikation beeinflusst. Walther geht davon aus, dass Online-Kommunikation nicht per se als defizitär zu beschreiben sei, wie dies z. B. in den kanalbezogenen Modellen geschehe, und es sei auch nicht generell davon auszugehen, dass die dadurch beförderte Kommunikation als emotionslos, distanziert oder gar aggressiv (Flaming) zu beschreiben sei. Sein Ausgangspunkt ist, dass diese Wirkungen nur von experimentellen Settings und Kurzzeitstudien berichtet wurden, und dass Feldstudien und längerfristig angelegte Studien andere Ergebnisse erzielten.

Walther geht davon aus, dass Individuen sich Medien aktiv aneignen, und dass somit nicht nur die quasi „objektiven" Eigenschaften eines Mediums ausschlaggebend für die Kommunikationsqualität sind, sondern dass die Nutzermotive und der kreative Umgang der Individuen mit dem Medium die Qualität und Intensität der damit realisierten Interaktionen bestimmen. Computervermittelte Kommunikation wäre aufgrund dessen sehr wohl geeignet, um Emotionales zu transportieren und somit den Aufbau von persönlichen Beziehungen zu unterstützen. Mediale Restriktionen seien kompensierbar, indem die Individuen sich das Medium aneignen und kreative Wege zur Übermittlung nonverbaler Inhalte entwickeln: „… that users adapt their remaining communicative cues – language and textual display – to the processes of relational management" (Walther 1992a, 67). Mit zunehmender Erfahrung und Versiertheit im Umgang mit dem Medium würden so Ausdrucksmöglichkeiten für Nonverbales und Sozioemotionales mittels der bei dem entsprechenden Medium zur Verfügung stehenden Kanäle und Zeichen erlernt.

Bereits in Bezug auf die restriktive Kommunikation via Telefon zeigte sich, dass Individuen hier durch aktive Aneignung der Medieneigenschaften (durch einen Prozess der Akkulturation) soziale Präsenz herzustellen vermögen (Johansen et al. 1988, 141), wobei es sich hierbei um einen zeitlichen Lerneffekt handelt: Neigen kleine Kinder beim Telefonieren noch dazu, gestellte Fragen mit einem Nicken zu bestätigen, statt verbal zu reagieren, so tritt der Lerneffekt rasch ein, wenn der Gesprächspartner nachfragt und ihnen klar wird, dass dieser sie nicht sehen kann und sie alles verbalisieren müssen.

Dies gilt in gleichem Maße für computervermittelte Kommunikation. Auch hier muss der Faktor Zeit bei der Analyse der Wirkungen beachtet werden: Kurzfristig scheint computervermittelte Kommunikation restriktiv und versachlichend zu wirken (zumal wenn die Nutzer unerfahren im Umgang mit diesem Medium sind), aber bei längerer Nutzung kann Online-Kommunikation genauso oder gegebenenfalls sogar reicher an sozialer Präsenz und Emotionen sein als Face-to-Face-Kommunikation.

Basis des Ansatzes ist, dass Menschen – bei längerem Gebrauch eines Mediums – ihr kommunikatives Verhalten auf die Eigenschaften des betreffenden Mediums abstimmen und die von ihnen erwünschten Inhalte entsprechend der Kanalmöglichkeiten transferieren: „If linguistic cues can function as a channel of immediacy (or of other relational messages), then they, too, may function as intimacy-enhancing or intimacy-reducing signals, especially where other, nonverbal cues are constrained" (Walther 1992a, 76).

Walther geht in seinem Ansatz von vier Prämissen aus: (1) beziehungsorientierte Motivationsfaktoren bringen die Kommunikanden dazu, (2) Eindrücke der anderen durch das Decodieren der textbasierten Kommunikation zu entwickeln, um daraus (3) psychosoziale Hintergrundinformationen über diese zu erlangen. Wenn dies stattfindet, dann (4) können Beziehungsveränderungen bewältigt und selbst Beziehungen mittels computervermittelter Kommunikation gestaltet werden (Walther 1992a, 67).

(1) Als Beziehungsmotivatoren (relational motivators) bezeichnet Walther den Umstand, dass Menschen soziale Bedürfnisse haben (z. B. Argyle/Dean 1965), deswegen mit anderen in Kontakt treten und von diesen verstanden (Bell/ Daly 1984) werden wollen: „It is an axiomatic principle that humans are driven to interact with one another. [...] We also seek social reward from others" (Walther 1992a, 68). Dies sei bei computervermittelter Kommunikation nicht anders, auch hier sei das kommunikative Verhalten davon beeinflusst, dass Menschen miteinander in Kontakt treten und sich verbunden fühlen wollen: „Humans affiliate: They use communication to affect the ways they affiliate, and these messages constitute relational communication." (Walther 1992a, 69). Dies sei auch in organisationalen Zusammenhängen der Fall, in welchen es nicht nur um den Austausch reiner Sachinformationen ginge – wie dies z. B. Daft/Lengel (1986) darstellen –, sondern in denen immer auch soziale Ziele verfolgt würden, wie die Suche nach sozialer Akzeptanz oder dem Aufbau sozialer Beziehungen (Murray/Bevan 1985; Clark 1984; Clark/Delia 1979; Graham et al. 1980).

(2) Obwohl z. B. der Cues-filtered-out-approach davon ausgeht, dass soziale Hintergrundinformationen bei computervermittelter Kommunikation herausgefiltert werden, postuliert Walther, dass auch bei rein textueller Interaktion die Kommunikanden Eigenschaften der anderen wahrnehmen und es zu einer Eindrucksbildung kommt (decoding). Empirische Studien zeigten, dass allein aufgrund des verbalen Ausdrucks einer Person Rückschlüsse auf deren Bildungsgrad, deren sozialen Status, Charakter, Kompetenz usw. möglich sind (Burgoon/Miller 1987; Bradac et al. 1979). Bereits 1966 konnten Byrne/ Clore anhand eines Experiments, in welchem Personen audiovisuell, rein auditiv oder ausschließlich textuell Selbstinformationen lieferten, zeigen, dass Eindrucksbildung auch unter Bedingungen ausschließlicher Textualität stattfindet. Diese Ergebnisse überträgt Walther auf das computermediierte Setting, wobei er darauf verweist, dass diese Eindrucksbildung bei computerver-

mittelter Kommunikation mehr Zeit beanspruche, da die einzelne Botschaft weniger soziale Informationen beinhalte als in einem Face-to-Face-Setting: „it may take longer to observe and decode impressions from verbal and textual cues alone than from multichannel cues" (Walther 1992a, 71). Vermehrter Austausch über Medien führe aber langfristig zur gleichen Reichhaltigkeit der Informationen.

(3) Ergebnis des vorher geschilderten Prozesses der Decodierung ist das Erlangen von psychosozialem Hintergrundwissen über den Anderen („developing psychological-level knowledge"). Wie Berger et al. (1976) zeigten, nutzen Kommunikanden Strategien des Wissenserwerbs, um einen Eindruck vom Gegenüber zu erlangen: Diese Strategien sind u. a. gezieltes Nachfragen, Selbstenthüllungen, das Aufdecken von Täuschungen usw. Dadurch werden Informationen über den anderen „gesammelt", die dann bei längerer Interaktion zum Aufbau eines Bildes des jeweiligen Gegenüber führen. Diese Strategien werden sowohl in Face-to-Face-Kommunikationen als auch in computervermittelten Settings angewandt und mit zunehmendem Wissenserwerb (und somit kommunikativer Gewissheit) über den anderen steigt auch die Wahrscheinlichkeit, dass die Kommunikation nicht nur sachbezogene, sondern auch emotionale Inhalte beinhaltet.

(4) Mit zunehmender Erfahrung wird der Nutzer computervermittelter Kommunikation befähigt, nicht nur bei anderen Psychosoziales anhand der vermittelten Kommunikation zu decodieren, sondern auch selbst persönliche, emotionale Botschaften zu versenden (encoding). Durch die Akkulturation der bestehenden Zeichen und deren kreativer Nutzung können nonverbale Inhalte übermittelt werden und auch rein textuell nahe/intime Beziehungen aufgebaut werden. Diese Annahme stützt sich auf die Gleichgewichtstheorie (equilibrium theory) von Argyle und Dean (1965), die besagt, dass Kommunikanden bestimmte Verhaltensweisen des Gegenübers zum Ausdruck des Intimitätsgrades der Beziehung annehmen: „ … communicators adopt levels of gaze, physical proximity, and other behaviors" (Walther 1992a, 76). Walther geht davon aus, dass diese Verhaltensweisen bei kanalreduzierter Kommunikation auf eine andere Ebene transformiert werden, indem z. B. Körperzeichen durch andere Zeichen (z. B. Sprache) ersetzt werden. Voraussetzung für diese Kompensationsfunktion ist jedoch die Vertrautheit des Kommunizierenden mit den Möglichkeiten des Mediums sowie die Dauer der sozialen Beziehung.

Schaubild: Modellierung der prozessualen Struktur der Social Information Processing Theory

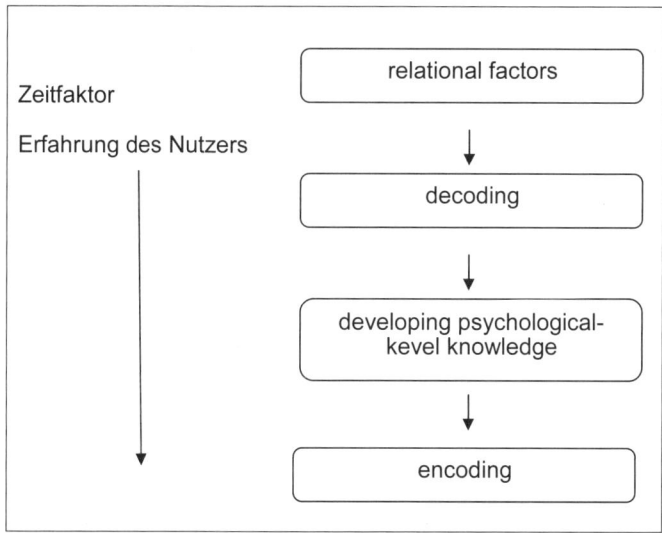

Quelle: nach Walther 1992a.

Aufgrund dieser vierstufigen Entwicklung, die der Kommunikand mit computer-vermittelter Kommunikation durchlebe, komme es bei langfristiger Nutzung zur aktiven Aneignung der speziellen Medieneigenschaften und dadurch auch bei computervermittelter Kommunikation zu einem emotionalen und intensiven Austausch: „over time, computer mediation should have very limited effects on relational communication, as users process the social information exchanges via CMC" (Walther 1992a, 80). Dies bedeutet nicht, dass computervermittelte Kommunikation dem Face-to-Face-Austausch gleichzusetzen sei, doch sei sie bei weitem nicht so defizitär wie verschiedene Restriktionsansätze behaupten: „Although CMC may not be as efficient [as face-to-face, S.M.], however, there is less reason to think it may not be as effective when time is not of the essence" (ebd).

Empirisch wurde Walthers Modell überwiegend in asynchronen Kommunikationssituationen und bei virtuellen Arbeitsgruppen überprüft und konnte dort bestätigt werden. So kamen verschiedene Studien zu dem Ergebnis, dass in computervermittelten Settings sehr wohl emotionale Kommunikation und Beziehungsentwicklung stattfinden: Dies zeigten u. a. Tsui/Ki (1996) anhand einer 16-monatigen Studie in Schulen, Rice (1982) anhand einer 2 Jahre dauernden Untersuchung im organisationalen Kontext sowie weitere Studien (Burge 1994;

Freeman 1980, 1984; Halbert 1999; Liu 2002; Rice/Aydin 1991; Rice/Love 1987; Walther 1995, 1996 u. a.). In einer Untersuchung von Walther (1992b) zeigte sich außerdem, dass die gruppenbezogene Online-Kommunikation im Laufe der Zeit sogar emotionaler, intimer und sozial orientierter verlief als in den Offline-Vergleichsgruppen.

Andere Studien erzielten hingegen Ergebnisse, die die These Walthers widerlegen: So zeigte die Untersuchung von Jettmar und Rapp (1996), die bereits bestehende dauerhafte (mind. 18 Monate) Face-to-Face-Kontakte mit reinen Online-Freundschaften verglich, dass die Face-to-Face-Beziehungen im Vergleich zu den computervermittelten qualitativ als signifikant wertvoller eingeschätzt wurden (höhere Intimität, befriedigender usw.).

Nach dem Social Information Processing-Ansatz von Walther entwickeln sich Beziehungen und Kommunikationen bei Computervermittlung über den Status der Sachbezogenheit hinaus zu emotionalen und intimen Bindungen, wenn die Nutzer gelernt haben, Nonverbales mittels der zur Verfügung stehenden Zeichen zu codieren und wenn der Austausch über einen längeren Zeitraum hinweg besteht. Dann kann gefolgert werden, dass die Unterschiede zwischen Face-to-Face- und computervermittelten Kommunikationen nicht bestehen müssen: „The critical difference between FtF and CMC [...] is a question of *rate*, not capability." (Walther et al. 1994, 465). Der Ansatz von Walther liefert einen wichtigen Baustein für die Analyse von Freundschaften und Beziehungen sowie für die Genese virtueller Gemeinschaften im Netz, da er die ersten empirischen Belege für die Möglichkeit von emotionaler, intimer, verbindlicher und beziehungsmotivierter Kommunikation im Internet liefert.

3. SIDE-Ansatz

Das Modell der „Social Identity and De-individuation (effects)" (SIDE) lässt sich von den sozialpsychologischen Studien von Spears et al. (1990), Spears/Lea (1992, 1994) und Reicher et al. (1995) ableiten. Es wurde im Rahmen organisationaler Experimente entwickelt, die sich mit den Wirkungen von Online-Kommunikation auf gruppenbezogenes und normatives Verhalten auseinander setzten, und die u. a. ermitteln konnten, dass bei computervermittelten Kommunikationen Diskussionen und Entscheidungen in Gruppen polarisierter ausfallen als dies in Face-to-Face-Settings der Fall ist (Kiesler/Sproull 1992). Der SIDE-Ansatz liefert ein Erklärungsmodell für dieses Verhalten, indem er auf die klassische Theorie der

Deindividuation und der sozialen Identität aufbaut und diese für den Anwendungsbereich im Virtuellen erweitert.

Im Zentrum des Ansatzes stehen demnach die Verhaltensweisen von Individuen, wenn diese in Gruppenprozesse involviert sind. Das SIDE-Modell geht davon aus, dass deindividuierende Situationen nicht zu antisozialem Verhalten führen – so wie dies in den klassischen Ansätzen der Deindividuationsforschung postuliert wird –, sondern dass Situationen der Deindividuation zu einer verstärkten Orientierung der Individuen an den jeweiligen Gruppennormen führen. Dies gelte verstärkt für Online-Kommunikationen, weil hier der deindividuierende Effekt durch die Anonymität und physische Isolation des Nutzers größer als in Face-to-Face-Settings sei und sich somit die Orientierung an der Gruppennorm noch weiter verstärke.

Der SIDE-Ansatz stützt sich/basiert seinerseits auf folgenden Theorien:
(1) Deindividualisierungstheorie (u. a. Le Bon 1895; Festinger 1952; Zimbardo 1969; Reicher et al. 1984, 1987; Diener 1980).
(2) Theorie der sozialen Identität die Social Identity Theory (SIT) nach Tajfel/Turner (1986).
(3) Theorie der Selbstkategorisierug (Self-Categorization Theory; SCT) nach Turner et al. (1987)
(4) sowie Elemente der Theorie der objektiven Selbstaufmerksamkeit (Duval/Wicklund 1972).

(1) Unter *Deindividuation* wird ein Zustand des Individuums verstanden, der zu einem Verlust der personalen Identität und der Selbstaufmerksamkeit führt: „People who are deindividuated have lost self-awareness and their personal identity in a group situation" (Diener 1979, 210). Deindividuation kann demnach definiert werden als „a state of a lowered (private) self-awareness and self-regulation in a group. The result of this state is antinormative behavior: acts that violate established norms of appropriateness" (Postmes/Spears 1998, 242).

Die klassische *Deindividuationstheorie* geht auf die Werke von Le Bon zur Massenpsychologie zurück (1895), welcher davon ausging, dass das Individuum in einer Masse entindividualisiert werde (da es nicht mehr als einzelnes Individuum identifiziert werden kann), und dass dieser Umstand vermehrt zu normlosem und ungehemmtem Verhalten führe. Festinger et al. (1953) verwendeten den Begriff der Deindividuierung, um die Tatsache verstärkten aggressiven Verhaltens bei Nichtidentifizierbarkeit der Aggressoren (welche anhand empirischer Studien ermittelt werden konnten) zu benennen, wobei Deindividuierung dabei als ein Zustand der verminderten Verhaltenskontrolle definiert wurde. Zimbardo (1969) hat dieses Konzept anhand experimenteller Studien weiterentwickelt. Hier zeigte sich in Studien, dass Anonymität (die Probanden wurden durch übergroße Laborkleidung und Mützen in den Zustand der Anonymität versetzt) aggressives Verhalten begünstigen kann. Als Faktoren hierfür arbeitete Zimbardo Anonymität, sensorische Über- oder Unterstimulierung, neue oder unstrukturierte Situationen usw. heraus.

Diener hat (1980) die Thesen Zimbardos mit der Theorie der Selbstaufmerksamkeit (siehe Punkt (4)) kombiniert (Duval/Wicklund 1972), und resümiert: „The deindividuated person, being quite reactive to immediate stimuli and effect, is similar to stimulus-response organism of early behaviorismus, with reduced conscious mediation" (Diener 1980, 230).

(2) Die *Social Identity Theory* (*SIT*) fußt auf der Tatsache, dass sich die Identität eines Individuus sowohl aus sozialen als auch aus personalen Anteilen zusammensetzt (z. B. Mead 2000): „people have different identities, both as unique individuals or ‚personalities' on the one hand, and as members of social groups on the other" (Lea/Spears 1991, 288). Identität kann auf einem Kontinuum zwischen den Polen sozialer und personaler Identität verortet werden und je nach situativem Kontext sind mehr Anteile der personalen oder der sozialen Identität salient, d. h. dass diese das Denken, Fühlen und Handeln des Individuums in der aktuellen Situation bestimmen. Die SIT setzt sich damit auseinander, welchen Einfluss die Gruppe auf das soziale Verhalten des Individuums hat (Hogg/Abrams 1988).

Die *SIT* geht davon aus, dass sich Individuen – im Hinblick auf ihre soziale Identität – mit von ihnen positiv bewerteten Gruppen identifizieren (Gruppe, mit der man sich selbst identifiziert, Eigengruppe = ingroup) und gegenüber den negativ bewerteten abgrenzen (Fremdgruppe = outgroup). Durch diese Identifikationsprozesse entstehen soziale Identitäten, bei welchen sich die Individuen als Teil einer Gruppe (Sport, Beruf, Geschlecht usw.) fühlen. Mit der Zeit identifiziert sich das Individuum mit der Gruppe und in einer aktuellen ingroup-Situation, d. h. einer Situation mit salienter (aktualisierter) sozialer Identität, werden die Verhaltensweisen an den Standards, Einstellungen und Werten der ingroup ausgerichtet (Entstehen eines gruppenbezogenen „Wir"-Gefühls). Entsprechend Tajfel (1981, 41) kann man zwischen dem Verhalten, das der personalen Identität, dem so genannten „acting in terms of self", und dem Verhalten, das der sozialen Identität entspricht (und somit von den Normen der relevanten Sozialgruppe bestimmt wird, dem „acting in terms of group") unterscheiden.

(3) Die *Self Categorization Theory* (*SCT*) ist eine Weiterentwicklung der SIT und geht davon aus, dass Individuen ihre soziale Umwelt kognitiv kategorisieren und sich selbst anhand dieser kognitiven Schemata bestimmten Kategorien zuordnen. Wenn sich Individuen einer Gruppe zuordnen, so handelt es sich nach SCT um einen aktiven Vorgang der Selbstkategorisierung, welche dann zu einer Verhaltensorientierung an den Gruppennormen führt.

Der Prozess der Selbstkategorisierung seinerseits geht mit Prozessen der „Selbst-Stereotypisierung und Depersonalisation" einher (Zick 2002, 413) – was bedeutet, dass sich das Individuum durch die Selbstkategorisierung Merkmale der Gruppe zuschreibt (Selbst-Stereotypisierung) und durch die Depersonalisation dazu neigt, sich verstärkt mit der Gruppe und deren Inhalten, Werten usw. zu identifizieren und dadurch etwaige Differenzen innerhalb der Gruppe oder zur Gruppe zu übersehen und diese verstärkt als einheitlich wahrzunehmen. Dass bereits eine kognitive Selbstkategorisierung ausreicht, um Gruppenorientierung hervorzurufen, konnten Tajfel/Turner bereits 1970 anhand ihrer minimal-group-Untersuchungen empirisch belegen; auch die empirischen Studien von Johnson/Downing (1979) können in diesem Sinne interpretiert werden. Diese zeigten in experimentellen Settings, dass bereits durch Kleidung hervorgerufene Gruppenzugehörigkeiten das Verhalten der Probanden nachhaltig beeinflusste: So konnten höhere Aggressionswerte verzeichnet werden, wenn die Versuchsteilnehmer wie Angehörige des Ku-Klux-Klans gekleidet waren (und dadurch verstärkt anonymisiert waren) als wenn diese z. B. wie Krankenschwestern/-pfleger gekleidet waren.

(4) Die *Theorie der objektiven Selbstaufmerksamkeit (Objective Self Awareness*; Duval/Wicklund 1972) geht davon aus, dass „die Aufmerksamkeit eines Menschen in einem bestimmten Augenblick entweder überwiegend auf das Selbst oder überwiegend auf externe Ereignisse gerichtet ist. Unter Selbstaufmerksamkeit wird deswegen ein Zustand verstanden, in dem die Person sich selbst als Objekt sieht, d. h., in dem das Selbst im Mittelpunkt der Aufmerksamkeit bzw. des Bewusstseins steht" (Wicklund/Frey 1993, 155). Dass zwischen der Selbstaufmerksamkeit einer Person und den von ihr gezeigten Verhaltensweisen ein Zusammenhang besteht, konnte u. a. Diener (1979) empirisch belegen: So zeigte sich, dass bei hoher Selbstaufmerksamkeit die Probanden ein verstärkt an gesellschaftlichen Normen orientiertes Verhalten an den Tag legten, bei niedriger Selbstaufmerksamkeit konnte hingegen ein deindividuiertes und ungehemmtes, weniger normorientiertes Verhalten verzeichnet werden.

Der SIDE-Ansatz überträgt diese Befunde und Ansätze auf den Bereich computervermittelter Kommunikation. Die Autoren gehen davon aus, dass die Bedingungen von Online-Kommunikation verstärkten deindividuierenden Effekt nach sich ziehen, wobei sich dieser nicht, wie von den klassischen Deindividualisierungstheorien postuliert, durch Normlosigkeit auszeichnet, sondern durch eine verstärkte Orientierung an der Norm, welche mit der salienten Identität verbunden ist: „This model [SIDE] predicts that anonymity can increase social influence if a common group identity is salient" (Postmes et al. 2001, 1243).

Schaubild: SIDE-Modell nach Spears/Lea

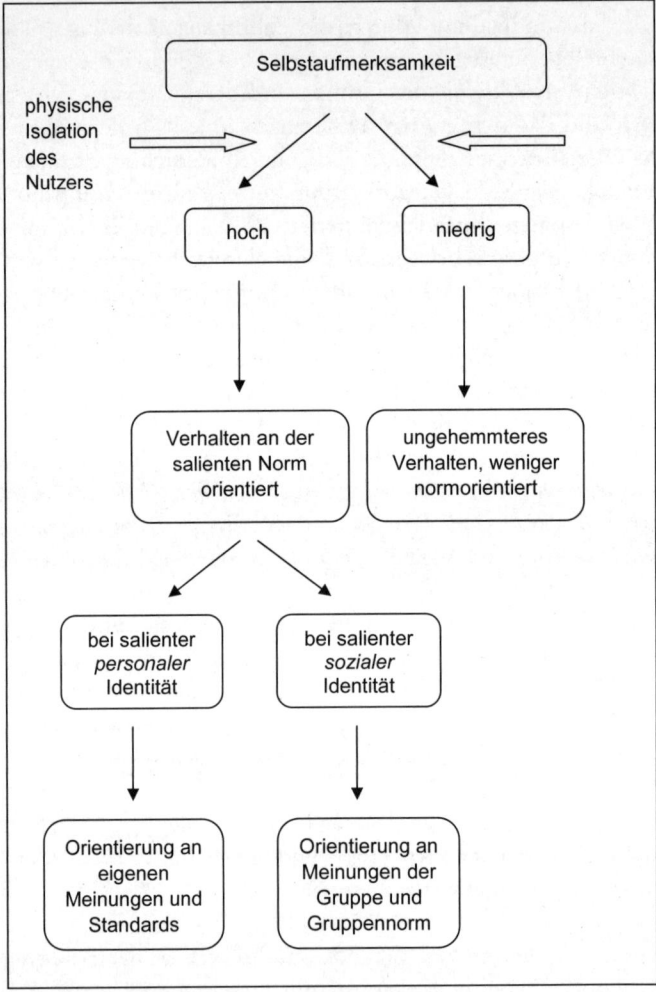

Quelle: Eigene Darstellung (angelehnt an Spears/Lea 1992)

Dies habe seine Ursache darin, dass

(1) nur wenig identifizierbare Informationen über einen selbst vorliegen (Anonymität); d. h. die Situation durch visuelle Anonymität gekennzeichnet sei (und bei anonymen Gruppen auch keine Informationen über die anderen vorliegen);

(2) physische Isolation des Nutzers durch das Setting am Bildschirm, was zu einer Verstärkung der jeweils salienten Identität führe.

Dieses Setting führe dazu, dass es zu einer Verstärkung der jeweils salienten (d. h. situativ aktualisierten) Identitätsanteile des Nutzers komme: entweder der *personalen Identität*, die eine Orientierung an eigenen Wert- und Normvorstellungen bedeutet und mit einer hohen Selbstaufmerksamkeit einhergeht, oder der *sozialen Identität*, d. h. eine Identifikation mit den Gruppenzielen und -normen.

Das SIDE-Modell geht davon aus, dass die jeweils saliente Identität des Nutzers bei computervermittelter Kommunikation durch deren Bedingungen weiter stabilisiert und damit verstärkt wird. Dies bedeutet, dass bei salienter personaler Identität durch die Merkmale der Anonymität und der physischen Isolation des Nutzers es zu einer erhöhten Selbstaufmerksamkeit kommt, d. h. der Nutzer intensiv auf sich selbst bezogen ist. Die Situation der Deindividuation führt zu einer Reduzierung der empfundenen sozialen Identität, was wiederum eine verstärkte Orientierung an eigenen Norm- und Wertvorstellungen nach sich zieht. Das Verhalten des Nutzers wird, gerade unter den Bedingungen der Nichtidentifizierbarkeit der Anderen, verstärkt selbstbezogen.

Befindet sich der Nutzer computervermittelter Kommunikation jedoch in einer Gruppensituation, so wirken sich die Nichtidentifizierbarkeit (Anonymität) und die physische Isolation dahingehend aus, dass die Wahrnehmung interpersoneller Unterschiede zwischen verschiedenen Gruppenmitgliedern verdeckt wird und es dadurch zu einer verstärkten Gruppenidentifikation kommt (siehe hierzu u. a. Sassenberg 1999). Das individuelle Verhalten wird in diesem Fall am Normensystem der Ingroup ausgerichtet (sei diese online oder offline). Deswegen kann resümiert werden: „the SIDE model predicts conformity to norms associated with the specific social identity or group rather than conformity to any general norms" (Potsmes/Spears 1998, 241).

Verstärkt wird der Effekt der Gruppennormorientierung noch, wenn eine Identifizierbarkeit des Einzelnen gegenüber der In- oder Outgroup hinzukommt, d. h. die Anonymität wegfällt:

- Bei Identifizierbarkeit für eine Outgroup nimmt soziales Verhalten bezogen auf deren Gruppennormen zu[16]: „To be more explicit, we would propose that group members will express those behaviours that are consonant with their social identity but which are disapproved of by the outgroup, only to the extent that they have the power to overcome any anticipated or actual resistance and/or retaliation by that outgroup" (Reicher et al. 1995, 186).

---

16 Dies ist hingegen unter Bedingungen der Deindiviuation nicht der Fall.

- Bei Identifizierbarkeit gegenüber der Ingroup findet eine verstärkte Orientierung an den Gruppennormen der Ingroup statt.

Damit rücken nicht nur die situativen Gruppennormen in den Mittelpunkt, sondern auch die von der Ingroup oder Outgroup zu erwartenden oder zumindest befürchteten Sanktionen und der Prozess der Eigenidentifikation. Aufgrund dessen wird eine Modifikation des SIDE-Modells vorgeschlagen:

Schaubild: Modifiziertes SIDE-Modell bei salienter sozialer Identität und Bedingung der Identifizierbarkeit gegenüber der Ingroup

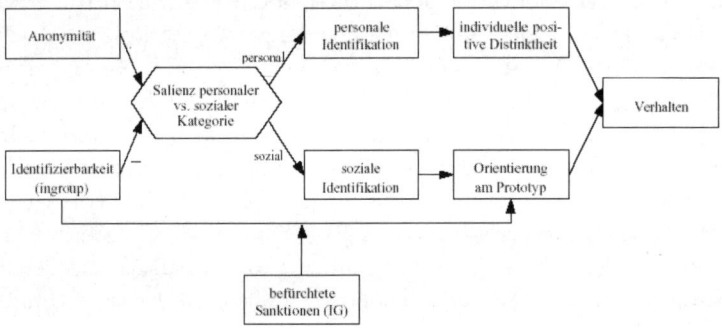

Quelle: Sassenberg 1999, 159.

Schaubild: Modifiziertes SIDE-Modell bei salienter sozialer Identität und Bedingung der Identifizierbarkeit gegenüber der Outgroup

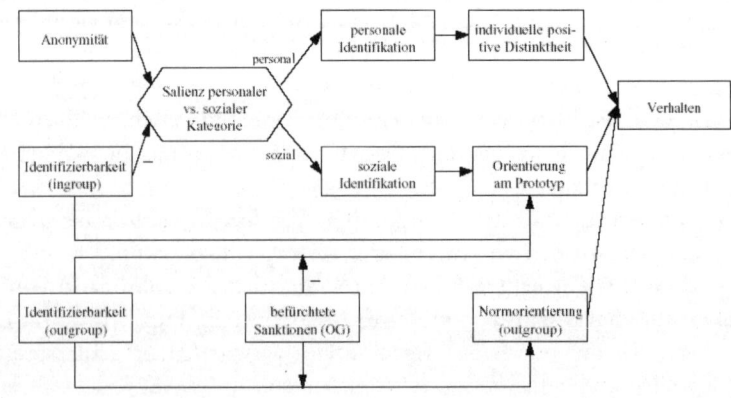

Quelle: Sassenberg 1999, 159.

Metaanalysen zur Deindividuationsforschung von Postmes und Spears (1998) konnten zeigen, dass der SIDE-Ansatz eine geeignete Weiterentwicklung traditioneller Deindividuationstheorien darstellt, da er das Verhalten der Individuen genauer klassifiziert: Wurde das Verhalten von Menschen in Gruppensituationen zu Beginn von Le Bon als anomisch bezeichnet, so konnten die Autoren des SIDE belegen, dass es sich nicht um Anomie, sondern um die Orientierung an situativ geltenden Gruppennormen handelt (auch wenn diese nach außen hin anomisch sein/wirken können).

Experimentell wurde der Ansatz von Spears/Lea/Lee (1990) untersucht, in welchem die saliente Identität bzw. deren Deindividuation oder Individuation die veränderbaren Variablen darstellten. Es zeigte sich, dass sich die Probanden mit salienter sozialer Identität in deindividuierenden Situationen besonders intensiv an der Gruppennorm orientierten – wohingegen jene mit salienter personaler Identität ihr Verhalten in besonders geringem Ausmaß an diesen Normen ausrichteten. Das Phänomen der Gruppenpolarisation bei Online-Gruppen, das ursprünglich Ausgangspunkt der Theorie des SIDE-Ansatzes bildete, konnte jedoch empirisch nicht eindeutig belegt werden: So konnten einige Studien diesen Effekt belegen (Kiesler et al. 1984; Siegel et al. 1986), bei anderen Studien hingegen zeigte sich kein entsprechender Effekt (McGuire et al. 1987).

Als gesichert kann jedoch angesehen werden, dass die Orientierung an den Normen der Ingroup unter Bedingungen der Anonymität sowie mit zunehmender Gruppenidentifikation steigt (Spears 1995; Waldzus et al. 1997). Des Weiteren konnte der SIDE-Ansatz und dessen empirische Studien belegen, dass extremes Verhalten (wie z. B. Flaming) im Netz nicht durch Theorien der Deindividuation hinreichend erklärt werden kann, so wie dies von Kiesler et al. (1984) und Kiesler/Sproull (1992) im Rahmen des Social Cues FIltered Out Approach postuliert wurde. Es zeigte sich in neueren Untersuchungen, dass sehr wohl unter Bedingungen der Anonymität Normorientierung stattfindet: Je deutlicher im Untersuchungssetting eine Norm angelegt wurde, desto deutlicher wurde, dass sich das Verhalten der Probanden an dieser Norm (und eben nicht anomisch) vollzieht (Postmes/Spears 1998). „Insgesamt geht aus diesen Befunden klar hervor, daß unter Anonymität im Vergleich zu Nicht-Anonymität eine stärkere Orientierung an der Norm der situationsbedingt salienten sozialen Kategorie erfolgt" (Sassenberg 1999, 76). Somit ist der SIDE-Ansatz ein gut fundiertes Erklärungsmodell für das Verhalten von Individuen in Gruppen unter Bedingungen der Anonymität und der Nichtidentifizierbarkeit.

Der SIDE-Ansatz gehört zu einem der komplexesten und am intensivsten erforschten und angewandten Ansätze zur Erklärung sozialer Verhaltensweisen im Bereich computervermittelter Kommunikation. Gerade durch zunehmende Virtualisierung von gruppenbezogenen Prozessen wie Lehren, Lernen, Kollaboration und Teamarbeit kann dieser Ansatz einen entscheidenden Beitrag zur Erklärung von in diesen Kontexten potenziell auftretenden Verhaltensweisen liefern.

4. Selbstoffenbarungen im Netz

„The tendency to disclosure more to a computer [...] is an important ingredient of what seems to be happening on the internet."

(Wallace 1999, 151)

Betrachtet man die durch Online-Kommunikation stattfindenden Selbstdarstellungen und Kommunikationen, so kann eine Theorie der „Selbstoffenbarungen im Netz" erstellt werden.

Unter *Selbstoffenbarungen* (self-disclosure) werden Prozesse verstanden, in denen Individuen anderen gegenüber Informationen von sich preisgeben, die z. T. intimen und sehr vertraulichen Charakter haben: self-disclosure ist the „act of revealing personal information to others" (Archer 1980, 183; siehe auch z. B. Cozby 1973; Wheeless 1978; Wheeless/Grotz 1977). Selbstoffenbarungen gehen mit einer Qualität (Tiefe) und Quantität (Bandbreite) der offenbarten Informationen einher (Jourard 1971). Es zeigte sich, dass Selbstoffenbarungen im Rahmen der Herausbildung enger Beziehungen einen zentralen Stellenwert einnehmen (z. B. Laurenceau et al. 1998), und dass diese geringer ausfallen oder ganz entfallen, wenn ein Kontakt nicht weiter vertieft oder abgebrochen werden soll (Baxter 1979). Des Weiteren besteht eine enge Korrelation zwischen Vertrauen und Selbstoffenbarungen (z. B. Wheeless/Grotz 1977), da das Preisgeben vertraulicher Informationen den Akteur verwundbar macht und Vertrauen Voraussetzung für diese Prozesse darstellt (Pistole 1993, 1975). Doch nicht nur in vertraulichen (und vornehmlich dyadischen Situationen) kommt es zu Selbstoffenbarungen, auch Alkohol oder andere enthemmenden Drogen können Selbstoffenbarungen begünstigen.

Es liegt bisher keine Theorie vor, die als Theorie der „Online-Selbstoffenbarungen" interpretiert werden kann. Deswegen wird an dieser Stelle vorgeschlagen, anhand der bisher vorliegenden empirischen Daten eine entsprechende Theorie zu entwerfen und den Theoriekanon zur computervermittelten Kommunikation um diesen Ansatz zu erweitern.

Bereits zu Beginn der informationellen Revolution und des Einsatzes des Computers für Kommunikationsaufgaben vermutete man, dass es Menschen gegebenenfalls leichter fallen könnte, persönliche und gegebenenfalls bloßstellende Informationen einem Artefakt (Computer) mitzuteilen als einem anderen Menschen (Smith 1963). Betrachtet man die empirische Datenlage zum Phänomen „Selbstoffenbarung und Online-Kommunikation", so kann diese Vermutung als bestätigt angesehen werden, da verschiedene Studien belegten (siehe hierzu die Metaanalyse von Weisband/Kiesler 1996), dass das Kommunizieren mittels Computervermittlung zu einem höheren Grad an Selbstoffenbarung führt als z. B. unter Face-to-Face-Bedingungen: „[…] studies have found out that self-disclosure is higher in CMC than FtF […]" (Joinson 2001, 24).

Dieser Effekt hängt – nach dem aktuellen Forschungsstand – entscheidend mit folgenden Faktoren zusammen:

(1) der persönlichen/öffentlichen Selbstaufmerksamkeit (private/public self-awareness);

(2) den social context cues, social presence;

(3) der physischen Isolation bei computervermittelter Kommunikation, sense of privacy;

(4) der (visuellen) Anonymität.

(1) Das Individuum kann seine Aufmerksamkeit nach außen richten, auf die Umgebung, Arbeitsausgaben, andere Menschen, den sozialen Kontext usw. oder auf sich selbst sowie auf die verschiedenen Aspekte des eigenen Selbst (Duval/Wicklund 1972). Die Theorie der *objektiven Selbstaufmerksamkeit* von Duval/Wicklund geht davon aus, dass die Aufmerksamkeit des Individuums *entweder* nach außen *oder* auf das eigene Selbst gerichtet ist und definiert die auf das Selbst bezogene Aufmerksamkeit wie folgt: „as a state of consciousness in which an individual's attention is focused on the self, such as contemplation of one's own feelings, personal history, or body." (Yao/Flanagin 2004, 521).

Das Selbst kann wiederum in zwei verschiedene Anteile differenziert werden: (1) das private Selbst (*private self*), das die persönlichen und eher vertraulichen Selbstaspekte wie Gedanken, Gefühle usw. enthält und (2) das öffentliche Selbst (*public self*), das die sozialen Selbstaspekte repräsentiert und anderen gegenüber offen gezeigt wird (Fenigstein et al. 1975; Buss 2001). Ist die private Selbstaufmerksamkeit verstärkt, so ist sich das Individuum seiner eigenen Gefühle, Meinungen und Überzeugungen bewusst, und seine Verhaltensweisen sind mit diesen konform. Ist jedoch die öffentliche Selbstaufmerksamkeit erhöht, so ist das Handeln der Individuen eher von den sozialen Erwartungen der anderen geleitet als von den eigenen Wertmaßstäben (Carver/Scheier 1998, 1999).

Es zeigte sich in empirischen Studien, dass Individuen bei computervermittelter Kommunikation eine erhöhte private Selbstaufmerksamkeit und eine verringerte öffentliche Selbstaufmerksamkeit zeigen als dies in Face-to-Face-Settings der Fall ist (Matheson/Zanna 1988, 1989). Dies kann seine Ursache in der Isolation des Nutzers haben, der im Normalfall alleine vor dem Bildschirm sitzt, wenn er computervermittelt kommuniziert. Dass eine erhöhte Selbstaufmerksamkeit zu Selbstoffenbarungen führen kann, konnten bereits zahlreiche Studien belegen (z. B. Franzoi/Davis1985; Scheier 1976; Joinson 2001).

(2) Bei computervermittelter Kommunikation kommt es, analog zum Social Cues Filtered Out Approach, zu einer nur marginalen Übertragung von sozialen und kontextuellen Hinweisen, da diese explizit textuell dargestellt und übermittelt werden müssen. Weisband und Kiesler (1996) gehen davon aus, dass die Abwesenheit dieser Hinweise ein entscheidender Faktor für das Auftreten von Selbstoffenbarungen, d. h. dem Preisgeben sensibler Informationen im Netz, darstellen: „The presence or absence of social context cues will matter […] when the information being elicted from respondents is sensitive".

Auch die soziale Präsenz zeigte sich als moderierender Faktor für Selbstoffenbarung: Ist sie niedrig, dann kommt es eher zu Prozessen des self-disclosure als wenn die soziale Präsenz hoch ist (Joinson et al. 2004). So konnte Joinson (2001) u. a. in einem Experiment zeigen, dass die Erhöhung der sozialen Präsenz des computervermittelten Gegenübers (durch eine Videobildpräsentation während der Kommunikation) einen signifikant niedrigeren Level an Selbstoffenbarungen zur Folge hatte (ebd., 13).

(3) Es zeigte sich, dass Probanden, die in Versuchsanordnungen alleine vor dem Bildschirm saßen, einen höheren Grad an Selbstoffenbarung zeigten als jene Probanden, die nicht alleine waren (Weisband/Kiesler 1996). Dieses Ergebnis macht deutlich, dass ein Zusammenhang zwischen der physischen Isolation und dem Grad der auf das eigene Selbst gerichteten Aufmerksamkeit besteht, die dann wiederum als Auslöser von Selbstoffenbarungen wirksam wird.

(4) Anonymität bzw. visuelle Anonymität ist eines der zentralen Merkmale von Online-Kommunikation und wird als Ursache sowohl für pro- als auch für antisoziale Verhaltensweisen im Netz angesehen (Kiesler et al. 1984; Spears/Lea 1994; Walther 1996). In Bezug auf den Bereich des self-disclosure zeigte sich in empirischen Untersuchungen, dass ein deutlicher Zusammenhang zwischen der Bereitschaft zur spontanen Selbstoffenbarung und der Anonymität bzw. Identifizierbarkeit der Respondenten besteht: „Visually anonymous participants disclosed significally more information about themselves than non-visually anonymous participants" (Joinson 2001, 2). Wenn Personen bei computervermittelter Kommunikation nicht identifizierbar sind, so scheint sich dies positiv im Hinblick auf

die Offenheit bezüglich persönlicher und vertraulicher Inhalte auszuwirken, da durch diesen Umstand ihre private Selbstaufmerksamkeit verstärkt wird (Identifizierbarkeit führt demgegenüber zu einer Erhöhung der öffentlichen Selbstaufmerksamkeit; Carver/Scheier 1981): „under the protective cloak of anonymity users can express the way they truly feel and think" (McKenna/Bargh 1998, 62).

Betrachtet man die Forschungslage, so zeigt sich, dass Online-Kommunikationen durch ihre Bedingungen zu einer vermehrten Offenheit der Nutzer beitragen kann. Dies hat sich u. a. auch in einer Studie zur Analyse von Selbstdarstellungen im Netz gezeigt, in denen 22 % der Befragten angeben, online offener sein zu können als offline (Misoch 2004a, 182); 4,6 % gaben an, dass sie auf ihrer privaten Homepage Seiten von sich zeigen könnten, die sie im realweltlichen Kontext verbergen würden (ebd., 177) – wobei hier die Bedingung der Anonymität nicht erfüllt ist, da private Webseiten personalisiert sind und meistens Informationen zum Betreiber enthalten, die diesen anderen gegenüber identifizierbar macht.

So kann das Internet unter den Bedingungen der Zeichenreduzierung und der visuellen Anonymität als ein Raum der Selbstoffenbarung wirksam werden. Diese kann für die Nutzer mehrere positive Effekte nach sich ziehen: zum einen eine Beziehungsentwicklung im Netz, die durch Prozesse der Selbstoffenbarung beschleunigt und intensiviert wird, des Weiteren können therapeutische Prozesse durch das selbstoffenbarende Verhalten unterstützt und befördert werden, und das Netz kann zu einem Sozialraum werden, in welchem die Individuen ohne ihre gesellschaftlichen Masken miteinander in Kontakt treten können.

5. Hyperpersonale Kommunikation

Der Ansatz der hyperpersonalen Kommunikation geht auf Walther (1995, 1996, 1997) zurück und postuliert, dass Online-Kommunikation zu einer Form der Kommunikation führe die als hyperpersonal bezeichnet werden könnte. Hierunter versteht der Autor einen sozialen Austausch, der die Qualitäten einer Face-to-Face-Kommunikation überschreitet: „hyper-personal, that is, to exceed FtF interpersonal communication" (Walther 1995, 1) und der dadurch gekennzeichnet sei, dass er herzlicher, sozialer und intimer verlaufe als Face-to-Face-Kommunikationen.

Entscheidende Faktoren, dass es zur hyperpersonalen Kommunikation käme, seien:
(1) Idealisierungsprozesse (auf Seiten des Empfängers, „idealization");

(2) selektive Selbstdarstellung (auf Seiten des Senders, „selective self-presenta-tion");

(3) Wechselseitigkeit der Kommunikation („reciprocation").

Der Ansatz geht davon aus, dass die Situation der visuellen Anonymität bei kanal-reduzierter Kommunikation dazu führt, dass (1) der kommunikative Gegenüber vermehrt idealisiert wahrgenommen wird. Hier stützt sich der Ansatz auf das SIDE-Modell, das u. a. davon ausgeht, dass es bei kanalreduziertem Austausch im Netz zu Überbewertungen bei der Wahrnehmung anderer komme („over-attribu-tion"), indem die Zeichen, die ausgetauscht werden, zu einer stereotypisierten Wahrnehmung des anderen führen und die bestehenden Informationslücken ent-sprechend der vorgenommenen Stereotypisierung gefüllt werden. Walther postu-liert, dass diese Informationslücken bei hyperpersonaler Kommunikation durch positive und idealisierte Inhalte ausgefüllt würden. Dies habe seine Ursache wie-derum darin, dass die Akteure sich selbst selektiv darstellen würden (2) und somit eine Basis für überwiegend positive Projektionen liefern würden. Hier bezieht sich Walther auf Goffman der jeden Prozess der Selbstdarstellung als Akt der „perfor-mance" beschreibt, die bestimmte Merkmale hervorheben und andere hingegen verheimlichen oder verbergen soll: „the performance of an individual accentuates certain matters and conceals others" (Goffman 1959, 67). Eine Strategie zur Erlangung sozialer Anerkennung besteht in der Darstellung sozial erwünschter Eigenschaften (Bell/Daly 1984), ein Verhalten, dass sich bei Online-Kommunika-tion verstärken könnte (Walther 1995, 10). Hierzu würden die Situation der zei-chen- und kanalreduzierten Kommunikation als auch deren potenzieller asynchro-ner Verlauf beitragen. Ersteres bietet dem Individuum die Möglichkeit, selbst zu bestimmen, welche Inhalte es von sich darstellt und welche nicht. Zweiteres erlaubt den Teilnehmern größere Kontrolle über die Kommunikation und damit auch über ihre Selbstdarstellung (Treviño/Webster 1992) – durch die zeitversetzte Kommunikation haben die Akteure zudem mehr Zeit zur Entwicklung kognitiver Imaginationen und Projektionen der anderen (Walther 1995, 11). Des Weiteren haben die Sender mehr Zeit, ihre Botschaft zu erstellen und sind intensiv auf sich selbst konzentriert (erhöhte Selbstaufmerksamkeit), ein Faktor, der die Wahr-scheinlichkeit für selbstenthüllendes Verhalten erhöht.

Der Ansatz von Walther stellt ein Gegengewicht zu den pessimistischen Vorher-sagen der Wirkungen von computervermittelter Kommunikation wie u. a. durch das Kanalreduktionsmodell oder den Social Cues Filtered Out Approach dar (der zwar positive Folgen theoretisch für möglich hält, empirische Belege jedoch nur für anomische Verhaltensweisen (flaming) erbringt).

Empirisch stützt sich der Ansatz auf Messungen der relativen Intimität des Kontakts, die zeigten, dass der Grad an relativer Intimität bei (länger andauernden) Online-Kontakten höher ist als bei Face-to-Face-Kontakten und somit als eine Bestätigung dieses Modells angesehen werden können (Walther 1995, 1997; Walther/Burgoon 1992; Walther/Slovacek/Tidwell 2001). Auch die Ergebnisse einer Vergleichsstudie zwischen Voice-Mail und E-Mail (Duthler 2006) konnten zeigen, dass E-Mail-Kommunikation signifikant freundlicher („politeness") verläuft als die Kommunikation via Voice-Mail.

Dass die bei Online-Kommunikation bestehenden Lücken bezüglich privater Informationen von den Beteiligten durch vermehrt positive und idealisierte Projektionen ersetzt werden, konnten Yao/Flanagin (2004) belegen. Gibbs et al. (2006) verdeutlichten anhand einer empirischen Untersuchung, dass bei langfristiger Online-Kommunikation und einem Interesse am Weiterbestehen dieser Kommunikation Individuen dazu tendieren, online mehr persönliche Informationen über sich preiszugeben und freundlicher zu sein als offline: „that individuals with long-term goals of establishing FtF relationships engage in higher levels of self-disclosure in that they are honest, disclosure more personal information, and make more conscious and intentional disclosures to others online" (ebd., 169). Hian et al. (2004) konnten diesen Effekt in einer Laborstudie nachgewiesen „… that relational intimacy does increase at a faster rate in CMC than in FTF interactions". Eine experimentelle Langzeitstudie (11 Monate) mit psychiatrisch behandelten Jugendlichen (Zimmerman 1987) kam zu dem Schluss, dass computervermittelte Kommunikation das Potenzial habe, Individuen eine emotional reichhaltige und beziehungsorientierte Kommunikation zu ermöglichen (dies gelte in besonderem Maße für emotional belastete und psychisch kranke Jugendliche).

Betrachtet man diese empirischen Daten vor der These Walthers, so kann konstatiert werden, dass Online-Kommunikation zu einer intimeren und vertraulicheren Kommunikation führen kann als dies in Face-to-Face-Settings der Fall ist. Nach Walther ist hierfür der Zeitfaktor entscheidend, da die positiven Effekte erst bei längerer Nutzung des Mediums und bei einer gewissen Vertrautheit mit dem Medium und einer Verwendungssicherheit eintreten.

Als kritisch wäre anzumerken, dass der Autor davon ausgeht, dass die Informationslücken von den Alteri durch positive Assoziationen (Idealisierungen) gefüllt werden. Dies scheint eine zu optimistische Perspektive zu sein, zumal die psychoanalytische Verwendung des Begriffes der Projektion zeigt, dass diese mit den jeweils eigenen Gefühlen des Individuums zusammenhängen und aufgrund dessen keineswegs nur zu Idealisierungen führen (ausführlich hierzu siehe VI, 1.1). Es ist deswegen davon auszugehen, dass – je nach emotionaler Lage des Individuums und dessen Wünschen – positive als auch negative Projektionen bei computervermittelter Kommunikation stattfinden und diese die Kommunikation nachhaltig beeinflussen. Idealisierungen würden demnach nur stattfinden, wenn das Individuum positive Emotionen/Wünsche bezüglich des Austausches und der Alteri hat.

So liefert Walthers Ansatz wichtige Erkenntnisse zu Online-Kommunikation und zeigt anhand verschiedener Studien, dass diese emotional und intim verlaufen kann und nicht per se als sachorientiert zu betrachten ist. Damit wird ein wichtiger Baustein für die theoretische Ableitung sozialer Prozesse im Netz (wie z. B. das Entstehen virtueller Gemeinschaften) geliefert, der Faktoren und Voraussetzungen für einen so genannten „hyperpersonalen" Austausch im Netz benennt. Kritisch bleibt anzumerken, dass der Ansatz der hyperpersonalen Kommunikation (noch) kein in sich geschlossenes Theoriegebilde ist und dass es weiterer empirischer Studien bedarf, um z. B. den behaupteten Effekt der vornehmlich positiven Projektionen (Idealisierungen) zu belegen.

VI. Soziabilität im Netz

Ob das Internet als soziales Medium betrachtet werden kann oder nicht, ist einer der aktuellen Diskurse der Gesellschaftswissenschaften. Betrachtet man die hierzu kursierenden Hypothesen, so wird deutlich, dass in den 1980er-Jahren und frühen 1990er-Jahren vor allem pessimistische Positionen vorzufinden waren. So wurde in metasoziologischen Ansätzen angenommen, dass die Verbreitung computervermittelter Kommunikation zu einer *Entmenschlichung* des Lebens (z. B. Eurich 1983) und durch die versachlichenden und entemotionalisierenden Eigenschaften dieser Medien zu einer zunehmenden Rationalisierung des Lebens (Bleuel 1984) und Verarmung der Kommunikation kommen könne.

Diese Tendenzen könnten ihrerseits eine *Vereinsamung* der Individuen nach sich ziehen: „... die Anwendung des Computers hat kommunikationszerstörerische Tendenzen. Die massenhafte Anwendung der Informations- und Kommunikationstechniken könnte geeignet sein, Chancen und Möglichkeiten zwischenmenschlicher Kommunikation so grundlegend zu beeinträchtigen, daß daraus massive individuelle und kollektive Schädigungen entstehen." (Mettler-Meibom 1990, 66). Des Weiteren wurde angenommen, dass der Mensch unmittelbare Kommunikation brauche, um seine basalen Bedürfnisse nach Nähe, Geborgenheit, emotionaler Sicherheit usw. zu befriedigen, und dass Online-Kommunikation dies nicht leisten könne: „There is bound to be a decline in the satisfaction of certain individual needs, for much of our humanity is acquired by direct experiences with other persons and with our environments as a whole" (Miller/Steinberg 1976, 6).

Neben dem Aspekt der befürchteten Vereinsamung der Menschen durch computervermittelte Kommunikation wurde des Weiteren postuliert, dass die Beschäftigung mit dem Computer zu einer „beschädigten Psyche [führe] ... bei den zwanghaften Programmierern (den Hackern), den bildschirmsüchtigen Video-Spielern und schließlich bei den Technik-Zentrierten, jenen maschinenverliebten, einseitig leistungsorientierten Einzelgängern." (Volpert 1985,146). Das Kommunizieren mittels Computer sei inhuman, da nicht mit anderen Menschen, sondern mit einer Maschine kommuniziert werde. So würden menschliche Kontakte durch Mensch-Maschine-Interaktionen ersetzt. Eine solche Konstellation führe auf Dauer zu einer Rationalisierung und zu einer *Maschinisierung des menschlichen Lebens*, zu einer „Technisierung" der menschlichen Persönlichkeit (Sinhart-Pallin 1990, Volpert 1985) oder gar zu technizistisch und effektivitätsgeleiteten Kognitionen, dem „digitalen Denken" (Kubicek/Rolf 1986, 262). Durch die Kontrollierbarkeit und Vorhersehbarkeit bei der Interaktion mit einer Maschine (in diesem Fall dem Computer) würde der derart technisierte Mensch lieber mit dieser interagieren als mit realen Menschen (Pflüger/Schurz 1989, 27). Die dem Netzmedium zugrunde liegende technische Infrastruktur werde im Zuge der gesellschaftlichen Etablierung der computervermittelten Kommunikation immer dominanter und fordere im Zuge dessen eine zunehmende Anpassung des Menschen ein – was Postman (1991) mit dem Begriff des Technopol erfasst.

I. Online-Freundschaften/-Liebesbeziehungen

Computervermittelte Kommunikation wird gegenwärtig vermehrt im Hinblick auf ihr Potenzial der Soziabilität diskutiert. Führt Online-Kommunikation zur Vereinsamung der Nutzer, wie in den 1980ern zum Teil postuliert, zu einer Entmenschlichung der Kommunikation? Haben die Skeptiker Recht, die davon ausgehen, dass computervermittelte Kommunikation nicht geeignet ist, um emotionale Beziehungen wie Freundschaften aufzubauen und positive Kommunikation zu unterstützen (u. a. Siegel et al. 1984, 1986; Berry 1993; Heim 1992; Stoll 1995) oder ist den Optimisten zuzustimmen, die davon ausgehen, dass das Internet durch seine vielfältigen Räume und Nutzungsweisen den Individuen neue Möglichkeiten für soziale Beziehungen eröffne (u. a. Pool 1983; Rheingold 1993), dass Online-Kommunikation auch für emotionalen Austausch geeignet sei und sich im Virtuellen, unter der Bedingung visueller Anonymität, sehr wohl positive und affektive Beziehungen herausbilden könnten. Diese optimistische Position stützt sich u. a. auf die Social Information Processing Perspective (SIP) von Walther, die beschreibt, dass der Austausch emotional gefärbter Zeichen via Online-Kommunikation mehr eine Frage der subjektiven Kommunikationserfahrung und Versiertheit im Umgang mit dem Medium (und somit einem zeitlichen Effekt zuzuschreiben ist) und weniger der medialen Restriktionen ist (Walther 1992, 1993; Walther et al. 1994; Walther/Burgoon 1992). Verschiedene empirische (Feld-)Studien konnten belegen, dass computervermittelte Kommunikation sehr wohl Sozio-Emotionales zu befördern vermag (z. B. Rice/Love 1987, Jacobson, 1999; Lea/Spears 1991; Liu et al. 2001; Parks/Floyd 1996; Walther, 1992a, 1992b, 1994, 1995, 1996; Walther/Burgoon 1992).

Unter einer *sozialen Beziehung* wird im Allgemeinen die wechselseitige Einwirkung zwischen Personen, Organisationen, Institutionen oder Gesellschaften verstanden (Hillmann 1994, 99). Es sollen im Folgenden soziale Beziehungen zwischen Personen näher untersucht werden, wobei zwischen Freundschaften und Liebesbeziehungen differenziert wird. Der Begriff der *Freundschaft* bezeichnet eine persönlich gefärbte, freiwillig eingegangene, affektive[17] und auf Dauer gestellte soziale Beziehung zwischen zwei oder mehreren Personen, die durch gegenseitiges Vertrauen, Unterstützung und Wechselseitigkeit gekennzeichnet ist: „Friendship is like a fishhook; the further it goes in the harder it is to pull out." (Suttles 1970). Eine *Liebesbeziehung* ist eine enge soziale Beziehung die darüber hinausgeht und durch das Dreieck („triangle of love") von Leidenschaft (passion), Intimität (intimicy) und Verbindlichkeit (commitment) gekennzeichnet ist (Sternberg 1988).

Einer sozialen Beziehung geht immer der Prozess des Kennenlernens voraus. Dieser verläuft im virtuellen Raum völlig anders als im realweltlichen Kontext, in welchem sich äußere Faktoren bei der Beziehungsbildung als von entscheidender Bedeutung erwiesen haben (z. B. Levinger/Snoek, 1972, Duck/Miell 1984, Morton/Douglas 1981). Auch geografische (örtliche Nähe) und soziodemografische Faktoren wie Geschlecht, Alter, Status, Ethnie usw. sind Faktoren, die einen Einfluss darauf haben, ob – bei Situationen der Angesichtigkeit – überhaupt ein Kontakt zustande kommt oder nicht (Cate/Lloyd 1988). Diese knappe Darstellung verdeutlicht, dass soziale Prozesse im realweltlichen Kontext durch die Korpäsenz der Akteure und deren körperbezogene Daten sowie die rahmenden Bedingungen entscheidend beeinflusst werden.

Wendet man den Blick auf den Bereich der Online-Kommunikation, so wird deutlich, dass Soziales hier ganz anderen Rahmungsbedingungen unterliegt. Durch das Zurücktreten optischer und körpergebundener Merkmale sind Aussehen, physische Attraktivität oder auch der Klang der Stimme nicht für das Entstehen eines Kontaktes ausschlaggebend. Indem Merkmale wie diese zurücktreten, werden andere relevant: Faktoren, wie die Wahl des Nicknames, der durch seinen Symbolgehalt die Kommunikation vorstrukturiert, oder der Schreibstil werden zu Kriterien, die darüber entscheiden, ob ein engerer Kontakt zustande kommt oder nicht. So schreibt eine Frau, die ihren Partner im Netz kennen gelernt hatte, über ihren Ersteindruck: „He was so smart, a talented writer, and very sincere" (http://www.cyberlove101.com/story40.htm). Statt Körperzeichen werden sprachliche Ausdrucksfähigkeiten, Humor, Eloquenz sowie andere Eigenschaften zu den entscheidenden Parametern der Attraktivität.

Leider liegen bisher noch relativ wenige wissenschaftliche Studien vor, die sich mit dem Themenfeld Freundschaften/Beziehungen im Netz auseinander setzen; vorherrschend sind Erfahrungsberichte (u. a. Bruckman 1992; Roberts et al. 1996; Wilkins 1991). Die Ergebnisse der wenigen empirischen Studien sind ihrerseits

---

17 Affektiv = von starken Emotionen begleitet.

heterogen: So wurde in einer Studie festgestellt, dass 60 % der untersuchten Chat-teilnehmer neue Freunde durch das Chatten gefunden haben (Dekker 2002, 7); bei MOO[18]s zeigte sich, dass 93,7 % durch das gemeinsame Spielen eine/n Online-Freund/in gefunden haben (Parks/Roberts 1997), bei Muddern waren dies 77 % (Utz 2000) und durch Newsgroups haben 60,3 % einen neuen Kontakt hergestellt (Parks/Floyd 1996). Wetzstein et al. (1995) berichten, dass sich bei 66 % der von ihnen Befragten der Bekanntenkreis durch Aktivitäten im Internet vergrößert habe. Eine US-amerikanische (Alter 10–17; N = 1501) Untersuchung von Jugendlichen zeigte hingegen, dass lediglich 39 % der Befragten angaben, über Internetkom-munikation eine neue Freundschaft oder Romanze gefunden zu haben (davon 14 % eine enge Freundschaft, 2 % Romanzen; siehe Wolak et al. 2003, 105).

Im Hinblick auf die Qualität, d. h. die Tiefe und Intensität von Online-Bezie-hungen, vermitteln die empirischen Daten kein eindeutiges Bild: So sagten die Befragten in einer Studie zu IRC[19] und Freundschaften (n = 40) aus, dass sie durch den Chat neue Freunde gefunden hätten, die sich qualitativ nicht von den Offline-Freunden unterscheiden würden, doch wurden gleichzeitig „die Offline-freunde als wertvoller und die Kontakte zu ihnen als wichtiger und persönlicher beschrieben." (Grandt 2002, 89). Des Weiteren gaben die Befragten dieser Unter-suchung an, dass sie sich signifikant wohler fühlen, wenn sie mit ihren Offline-Freunden zusammen sind als mit ihren Online-Freunden (ebd., 89). Andere Stu-dien ergaben, dass Online-Beziehungen z. T. als enger und intensiver erlebt werden als Offline-Kontakte. So schrieb ein MUD-Spieler: „... the friendships are much deeper and have better quality than the ones I [have] made in RL" (Bruck-man 1992, 23). Als Ursachen hierfür werden angesehen, dass man sich im Netz unverkrampfter treffen und leichter Beziehungen knüpfen kann, zumal sich das Internet als geeignetes Medium für schüchterne und sozial ängstliche Menschen erwiesen hat: „individuals who self-identified as shy reported that they were less inhibited and less conservative in on-line environments" (Roberts et al. 1997, 2; siehe hierzu auch Myers 1987; Livinghood 1995; Parks/Roberts 1997). Auch das durch die medialen Restriktionen hervorgerufene Potenzial für vermehrte Offenheit trägt entscheidend zur Beziehungsentwicklung im virtuellen Raum bei

---

18 MOO = Multi Object Orientated (Online-Spiel; ähnlich einem MUD). Diese Spiele wer-den intensiv von Jugendlichen gespielt, was auch den hohen Prozentsatz an durch MOOs entstandenen Kontakten erklären kann: „In fact, adolescents maybe especially drawn to online relationships because of their intense interest in forming relationships, and because the expansiveness of cyberspace frees them from some of the constraints of adolescence by giving them easy access to a world beyond that of their families, schools and communities" (Parks/Roberts 1997).

19 IRC = Internet Relay Chat

(z. B. Joinson 2001; Misoch 2004a, 2006a, 2006c; Joinson/Paine 2006). Eine Vergleichsstudie zur kommunikativen Intimität unter Face-to-Face- und computervermittelten Bedingungen stellte fest, dass anfänglich eine höhere Intimität bei dem Face-to-Face-Kontakt vorzufinden war, im Laufe der Zeit der Online-Kontakt jedoch an Intimität zunahm und als intensiver als der realweltliche Kontakt beschrieben wurde: „There was a marginally significant main effect for medium […], such that relational intimacy was greater in the CMC condition than in FTF condition" (Hian et al. 2004).

Betrachtet man diese divergenten Ergebnisse, so kann zumindest festgehalten werden, dass Kommunikationen im Internet zu einer Erweiterung des sozialen Umfeldes beitragen (können), wobei Unterschiede zwischen den verschiedenen Kommunikationsräumen im Internet zu bestehen scheinen und diese nicht alle in gleichem Maße das Entstehen neuer Kontakte zu befördern vermögen.

1.1   Projektionen

Beziehungen im virtuellen Raum sind durch die fehlende körperliche Präsenz der Akteure ganz besonders durch gegenseitige Projektionen und Imaginationen gekennzeichnet (siehe hierzu auch Walthers Modell der hyperpersonalen Kommunikation). Unter *Projektionen* werden psychische Prozesse verstanden, in denen das Subjekt seine eigenen Gefühle auf andere Personen überträgt. In der Freudschen Psychoanalyse handelt es sich dabei um einen Abwehrmechanismus, wenn die eigenen (verdrängten) Gefühle auf andere projiziert und diesen zugeschrieben werden. In einer weiter gefassten Definition sind Projektionen alle Prozesse der Merkmalszuschreibung, die ein Individuum aufgrund seiner subjektiven Dispositionen und Motive bei anderen Individuen vornimmt.

Projektionen spielen bei allen sozialen Prozessen, vor allem aber bei Beziehungsentwicklungen (Liebesbeziehungen) eine zentrale Rolle. Füllt man bereits im realweltlichen Kontext die fehlenden Informationen über den anderen im Prozess des gegenseitigen Kennenlernens durch eigene Wünsche, Imaginationen, Fantasien und Ängste, so wird dieses Phänomen im Virtuellen verstärkt, da die Kommunikation hier durch Kanalreduktion und Körperlosigkeit gekennzeichnet ist. Dadurch verfügen die visuell anonymen Kommunikanden über keine unmittelbaren Information übereinander – anders als bei Face-to-Face-Situationen – diese müssen im Verlauf des Kommunikationsprozesses durch Strategien des Wissenserwerbs ermittelt (Nachfragen) und imaginiert werden: Das kommunikative Gegenüber ist im Virtuellen eine kognitive Konstruktion.

Diese Konstruktion hängt jedoch nicht nur von den gesendeten Zeichen ab, sondern auch von den kognitiven Modellen und den inneren Konzepten, über die die jeweiligen Akteure verfügen: „These impressions are based not only on cues provided, but also on the conceptual categories and cognitive models people use in interpreting those cues." (Jacobson 1999, 23). So wird z. B. die knappe Selbstbeschreibung „jung, weiblich, blond" (in einem Chat) zu sehr unterschiedlichen Projektionen und Imaginationen führen, abhängig von den eigenen Vorerfahrungen (die dann zu Prototypen werden können), den eigenen Wünschen und Sehnsüchten, den inneren Stereotypen und kognitiven Modellen. Dieser Prozess der internen Bedeutungskonstruktion wird bewusst genutzt, wenn z. B. Chatter sich für einen Nickname entscheiden, der bestimmte Assoziationen hervorrufen soll, um dadurch die Projektionen der anderen Akteure zu steuern: So wird der Nick „ShyGirl" andere Projektionen (oder Stereotypisierungen) hervorrufen und dadurch zu anderen Kontakten und Kommunikationen führen als die Nicks „Nazi" oder „Dämon".

Es kursiert inzwischen ein reichhaltiger Kanon an anekdotischen Erzählungen über RL[20] -Treffen mit Netzbekanntschaften, die ganz und gar nicht dem Bild entsprachen, welches die Akteure vom anderen konstruiert hatten. So erschien im New Yorker im September 1998 ein Cartoon, in welchem eine Enddreißigerin an einem Zweiertisch in einem edlen Lokal zu ihrem Gegenüber sagt: „Deine Mails haben mich wirklich bezaubert ... nur bin ich davon ausgegangen, dass du ein klein wenig älter bist ..." und ihr Gegenüber ist ein ca. zehnjähriger Junge. So resümiert Hamilton (1999) zu diesem Phänomen: „It's draining when you realize how different people are from what they project online".

1.2   Medienwechsel

Gerade aufgrund dieses Phänomens bleiben Kontakte, die via Online-Kommunikation entstehen, oft nicht auf den virtuellen Raum begrenzt, sondern können sich durch vorgenommene Medienwechsel vertiefen und weiterentwickeln. Es kommt im Zuge dessen, wie bei allen positiv verlaufenden Beziehungsentwicklungen, zu einer Zunahme an Intensität der Interaktion und damit auch zu vermehrten (gegenseitigen) Selbstoffenbarungen (Altman/Taylor 1973). Findet der Erstkontakt z. B. in einem Chat statt, so können nach und nach andere Kommunikationsformen und -kanäle eingesetzt werden, wie das Versenden von Bildern, wodurch die Textualität des Kontaktes durch Bildlichkeit erweitert wird, oder der Austausch von Telefonnummern: „This was a turning point in the relationship and we weren't con-

---

20   RL = Real Life.

tent to chat on the PC anymore, we had to hear each others voice thus the start of some HUGE phone bills for the both of us!!" (http://www.cyberlove101.com/story77.htm). Das Telefonieren kann dann, bei geografischer Nähe und entsprechendem Interesse, gegebenenfalls die entscheidende Vorstufe zur Initiierung eines Treffens im realweltlichen Kontext darstellen. So resümieren Parks und Floyd (1996) anhand ihrer Studie: „… relationships that begin on line rarely stay there."

Der Wechsel in den realweltlichen Kontext ist bei vielen Kontakten intendiert, zumal die Akteure z. T. versuchen, die medienbedingten Restriktionen zu überwinden und die kommunikative Unsicherheit durch ein Face-to-Face-Kennenlernen zu beenden. Da durch die Kanalreduktion immer eine Ungewissheit hinsichtlich der Identität des kommunikativen Gegenübers bleibt, kann dieses letztendlich nur durch ein Treffen im RL geklärt werden. Bleibt ein Kontakt auf den virtuellen Bereich begrenzt, so besteht die Gefahr, durch die stattfindenden Imaginationen ein nicht der Realität entsprechendes Bild vom anderen aufzubauen.

Tabelle: Beziehungsentwicklung durch Medienwechsel (in Prozent; N = 776)

Medium	Anteil
Austausch von Fotos	58 %
Telefonate	49 %
Treffen im RL	47 %
Briefkontakte	29 %
Freundschaft im RL	28 %
Sexuelle Beziehung im RL	24 %
Feste Liebesbeziehung im RL	13 %

Quelle: Dekker 2002, 12.

1.3 Liebesbeziehungen im Netz

Dass sich Paare im Internet kennen gelernt haben, ist inzwischen kein Ausnahmephänomen mehr. Bereits im Jahre 1974, ein Jahr nach dem Anschluss des ersten wissenschaftlichen Instituts an das ARPANET[21] in den USA, lernte sich ein Paar via Netzkommunikation kennen und heiratete (Casimir/Harrison 1998, 292).

---

21 ARPANET = Advanced Research Projects Agency Network. Ursprünglich ab 1962 entwickeltes dezentrales Computernetzwerk zur Verbindung verschiedener für das amerikanische Verteidigungsministerium tätiger Universitäten.

Inzwischen hat sich ein Bereich des (kommerziellen) Online-Datings herausdifferenziert, und seit 1996 sind weltweit verschiedene Online-Kontakt- und Singlebörsen entstanden, die damit werben, anhand der Eingabe des eigenen Profils die/den „passende/n" Partner/in automatisch herauszufiltern, so dass das Kennenlernen nicht mehr das Risiko der unterschiedlichen Interessen und Neigungen, sondern „nur" noch der fehlenden Sympathie besitzt: „Online dating is a growth industry, and cases of online relationships resulting in long-term relationships are increasingly common." (Brym/Lenton 2001, 2). Bereits im Jahr 2000 konnten die weltweit sieben größten Online-Dating-Seiten über 12 Millionen registrierte Mitglieder verzeichnen (und eine wohl noch größere Anzahl an Gästezugriffen; Brym/Lenton 2001, 2); über den „Erfolg" von Online-Dating liegen bisher noch keine verlässlichen Daten vor.

So hat sich der Bereich der Kontaktanzeigen um den virtuellen Raum erweitert, der gerade deswegen erfolgreich ist, weil er eine anonyme und unkomplizierte textuelle Annäherung ermöglicht, bevor der Kontakt in den Bereich des Realweltlichen transferiert wird. So berichten vor allem Frauen: „... it's safe [...]. It's risk free. You can get to know somebody anonymously before you meet them" (Brym/Lenton 2001, 9).

Auch durch die verschiedenen Kommunikationsräume des Internets, wie Chats, Newsgroups, MUDs usw., können sexuelle oder romantische Beziehungen entstehen, die dann entweder auf den Bereich des Virtuellen begrenzt bleiben (ausschließliche Cyberaffären) oder in das RL transferiert werden. Da einige der im Netz flirtenden Akteure außerhalb des Netzes partnerschaftlich gebunden sind (ca. 25 %; siehe hierzu Döring 2000, 41), ist nicht jede Netzromanze als Beziehungswunsch zu interpretieren.

Folgt man dem Modell der hyperpersonalen Kommunikation von Walther (1995, 1996), so fördert Online-Kommunikation nicht nur Projektionen, sondern auch Idealisierungen des Gegenübers. Dies gilt insbesondere für romantisch gefärbte affektive Kontakte: „idealization is an essential element in romantic love" (Waller/Hill 1951). Dass Idealisierungen zu Enttäuschungen führen können, wird beim Phänomen Cyberlove überdeutlich, da hier den positiven Zuschreibungen kaum reale Grenzen gesetzt sind. Deswegen ist davon auszugehen, dass das Verlieben in eine visuell anonyme Person im Netz mit einer hohen Wahrscheinlichkeit zu einer Enttäuschung führen kann. Betrachtet man die dazu veröffentlichten Fallgeschichten im Netz, so zeigt sich ein heterogenes Bild: Glückliche Beziehungen und bittere Enttäuschungen stehen sich hier gegenüber (http://www.cyberlove101.com/allstories.htm; http://www.lovelife.com/). Whitty und Gavin (2001) schließen aufgrund ihrer Studien, dass die meisten Beziehungen besser funktionieren, wenn sie auf den Bereich des Virtuellen begrenzt bleiben. Döring (2000) hat in einer Untersuchung zur Beziehungsentwicklung von Cyberromanzen (anhand der Inhaltsanalysen von N = 116 Erfahrungsberichten im Archive of Cyber Love Stories) herausgefunden, dass 57 % der Beziehungen eine Stabilisierung erfahren haben und nur 10 % abgebrochen wurden (siehe Tabelle), wobei leider unklar bleibt, ob die Beziehungen in den Bereich des RL transferiert wurden oder nicht:

Tabelle: Beziehungsstatus/-entwicklung nach romantischem Kennenlernen im Netz

Beziehungsstatus	Anteil
Stabilisierung	57 %
Abbruch	10 %
Transformation in Freundschaft	7 %
Unklarer Status	20 %
keine Angabe	6 %

Quelle: Döring 2000, 62 (leicht modifiziert).

Es zeigt sich bei dieser Analyse, dass sich die Mehrzahl der Beziehungen stabilisiert hat, und es kann zusammengefasst werden, dass je „mehr Zeit Personen im Netz verbringen, je intensiver sie sich dabei kommunikativen Tätigkeiten zuwenden, und je souveräner sie netzspezifische Ausdrucksformen beherrschen, umso höher [ist] die Wahrscheinlichkeit, dass sie anderen Menschen im Netz auch auf persönlicher Ebene näherkommen oder sich sogar verlieben." (Döring 2000, 53).

Am Ende der Beziehungsstabilisierung und -vertiefung kann dann gegebenenfalls die Hochzeit im Cyberspace stehen (http://www.lovelife.com/CyberWedding/):

Schaubild: Cyber-Wedding

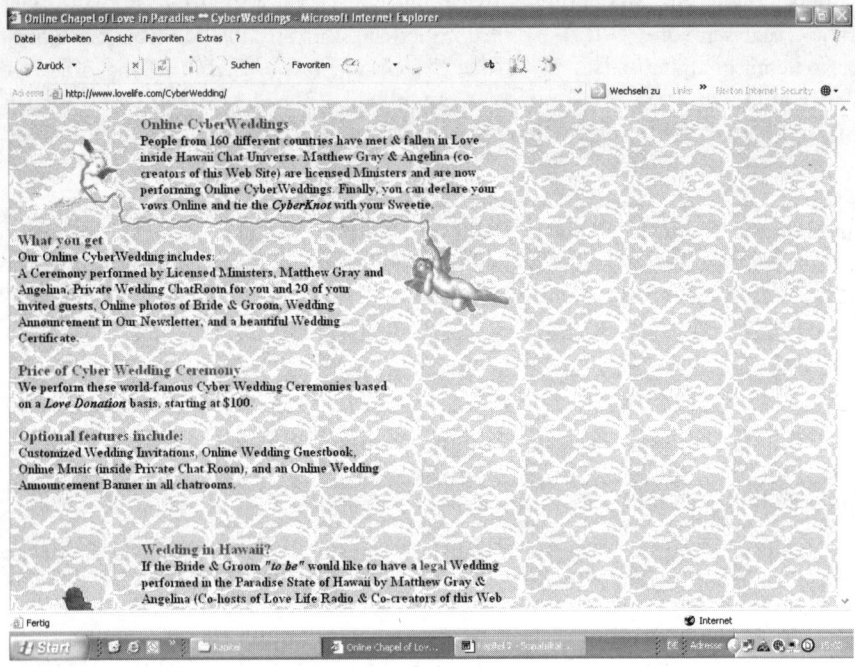

Diese Ergebnisse zeigen, dass das Internet zunehmend als Sozialraum wirksam wird, in welchem sich Menschen zum gemeinsamen Kommunizieren, Spielen oder Flirten treffen. Empirische Daten belegen, dass es möglich ist, via Online-Kommunikation emotionale Beziehungen herzustellen und zu vertiefen, wobei dieser Prozess häufig durch Medienwechsel begleitet wird. Computervermittelte Kommunikation muss demnach nicht versachlichend wirken – im Gegenteil: Es zeigte sich, dass diese Form des Austausches besonders zu Projektionen (und gegebenenfalls Idealisierungen) des Gegenübers einladen. Die Räume des Internets tragen zu einer Erweiterung des sozialen Netzwerkes der Teilnehmer bei und nicht zu einer Substitution real-weltlicher Kontakte, was sich z. B. im Chat verdeutlichte: „Der herkömmliche Real Life Freundeskreis scheint also von den Freunden im IRC nicht verdrängt oder ersetzt, sondern durch Kontakte im Chat erweitert zu werden." (Grandt 2002, 89). Abschließend lässt sich sagen, dass die Wirkung von computervermittelter Kommunikation, wie bei allen anderen Medien auch, „von der Gebrauchsweise des einzelnen Anwenders ab[hängt]. Sein Verhalten kann sowohl zu einer Isolierung beitragen, als auch zu virtuellen Freundschaften" (Kneer 1994, 75).

2. Online-Communitys/virtuelle Gruppen

„The idea of a community accessible only via my computer screen sounded cold to me at first, but I learned quickly that people can feel passionately about e-mail and computer conferences. I've become one of them. I care about these people I met through my computer, and I care deeply about the future of the medium that enables us to assemble."

(Rheingold 1993)

Setzt man sich mit der Thematik der Soziabilität im virtuellen Raum auseinander, so ist man schnell mit den Begriffen der virtuellen Gruppe und der virtuellen Gemeinschaft bzw. der online community konfrontiert. Dass Online-Kommunikation ein Medium darstellt, in dem many-to-many-Kommunikation (Gruppenkommunikation) stattfinden kann, ist unumstritten. Ob diese Form der Kommunikation jedoch geeignet ist, um Prozesse der Gemeinschaftsbildung zu befördern, steht zur Diskussion und soll nachfolgend erörtert werden.

Skeptiker gehen davon aus, dass Online-Kommunikation nicht geeignet sei, um Prozesse der Vergemeinschaftung zu unterstützen, da die Umweltstrukturen im Virtuellen nicht dazu angelegt seien, um die Entstehung stabiler sozialer Gebilde zu befördern (Thiedecke 2000). So resümiert Rötzer: Dass „im Cyberspace wirkliche Gemeinschaften entstehen, deren Mitglieder emotionale und persönliche Beziehungen auf lange Dauer, über Krisen und Belastungen hinweg und unabhängig von regelmäßigen Begegnungen im realen Raum verbinden, ist bislang wohl eher Mythos als Wirklichkeit" (ebd. 1995, 166). Weinreich (1997) postuliert, dass virtuelle Gemeinschaften nicht existieren können, da Gemeinschaft an geografische Nähe, gemeinsame Historie usw. gebunden sei. Von den Skeptikern wird davon ausgegangen, dass die Basisbedingungen computervermittelter Kommunikation, d. h. ihre Kanalreduktion – auch als die „strukturellen Schwächen computervermittelter Kommunikation" (Heintz/Müller 2000, 4) bezeichnet – und ihre visuelle Anonymität, entscheidendes Hindernis zur Bildung von Gemeinschaften darstellen, wobei die Frage aufgeworfen wird: „Weshalb sollten sich Menschen, die einander nie gesehen haben, über kulturelle Grenzen hinweg zusammenschließen und mit dem alleinigen Hilfsmittel einer (extrem reduzierten) schriftlichen Sprache persönliche Beziehungen und eine gemeinsame Identität aufbauen, zumal es in vielen Fällen keineswegs klar ist, wer sich hinter dem Übernamen verbirgt und ob der Gesprächspartner überhaupt ein Mensch ist?" (Heintz/Müller 2000, 3). Die sich im Netz vollziehenden Prozesse der Gruppen- oder Gemeinschaftsbildung werden von den Skeptikern als lose, unverbindliche Zusammenschlüsse interpretiert, denen der solidarische Charakter fehle, der Gemeinschaften erst zu dem mache, was sie wirklich seien: Virtual communities „are far-flung, loosely-bounded, sparsely-knit, and fragmentary" (Wellman 2001:1).

Die skeptischen Stimmen gehen demnach davon aus, dass im Netz eher von Informationsaustausch als von Gemeinschaften die Rede sein könne: „information exchange in no way constitutes a community" (Critical Art Ensemble). Betreffend die Beziehungen im Netz sei davon auszugehen, dass diese durch Unverbindlichkeit, Oberflächlichkeit und geringe Dauerhaftigkeit gekennzeichnet seien, dass es sich um *„weak ties"* handele und somit keine Prozesse der Vergemeinschaftung nachzuweisen seien. Der Begriff der „weak ties" entstammt der sozialen Netzwerkanalyse von Granovetter (ebd. 1973; zusammenfassend z. B. Jansen 2003). In der Netzwerkanalyse Granovetters werden die Beziehungen (ties) der Akteure zueinander in starke (strong) und schwache (weak) Beziehungen unterschieden. Starke Beziehungen (strong ties) sind z. B. enge persönliche Freunde und Lebenspartner; diese Beziehungen sind gekennzeichnet durch eine lange Kontaktdauer, emotionale Nähe, durch Reziprozität sowie eine relativ hohe Kontakthäufigkeit und -regelmäßigkeit. Schwache Beziehungen (weak ties) sind z. B. lose Bekanntschaften oder Kontakte zu Arbeitskollegen/innen und sind gekennzeichnet durch ein geringes Ausmaß an Emotionalität oder Intimität (wobei sich weak ties als entscheidende Ressourcen für Informations- oder Jobsuche erwiesen haben (Granovetter 1974)).

Andere Autoren (z. B. Rheingold 1993; Hanson 2000) gehen davon aus, dass die neuen Informations- und Kommunikationstechnologien für Gemeinschaften neue Möglichkeiten bieten" (Shumar/Renninger 2002), und dass Online-Kommunikation somit eine Chance zur Erweiterung bisheriger sozialer Beziehungen und der Gemeinschaftsbildung darstellen würde, zumal soziale Gebilde im Netz – im Unterschied zu denen im RL – einen zeit- und ortsunabhängigen Austausch, Kontakt und Wissenstransfer realisieren können, dadurch über eine höhere Flexibilität verfügen (Winkler/Mandl 2004, 3) und einen deutlich größeren Mitgliederkreis zu erreichen vermögen. Durch die globale Vernetzung können virtuelle Gemeinschaften multikulturell und multisprachlich ausgerichtet sein: Mittels Online-Kommunikation können „Menschen aus unterschiedlichen Ländern und Kulturen in Echtzeit miteinander kommunizieren […]. Durch Beschränkung auf das Medium Text treten existierende Status-, Herkunfts-, Erscheinungs- und sonstige personale und soziale Merkmale vermutlich eher in den Hintergrund" (Debatin 1998, 13), und es könnte dadurch ein egalitärer multikultureller Austausch ermöglicht werden (z. B. Hiltz/Turoff 1984). Es könnte eine „Kultur des Universellen" (Lévy 1998) entstehen, die dazu führe, dass „das Wissen eher wieder durch lebendige menschliche Gemeinschaften getragen" werde „als durch die davon abgespaltenen Arbeitsleistungen der Interpreten und Weisen" (ebd., 65).

2.1   (Virtuelle) Gruppen

Unter einer *Gruppe* wird eine Mehrzahl von Personen verstanden, die durch bestimmte gemeinsame Merkmale ein abgrenzbares soziales Gebilde bilden und die „zur Erreichung eines gemeinsamen Ziels [...] über längere Zeit in einem relativ kontinuierlichen Kommunikations- und Interaktionsprozess stehen und ein Gefühl der Zusammengehörigkeit (Wir-Gefühl) entwickeln" (Gukenbiehl/Schäfers 2003, 118). Nach William Sumner (1840–1910) lassen sich die (Eigen-)Gruppen, zu denen man sich als zugehörig empfindet und mit deren Inhalten man sich identifiziert (in-group), von den (Fremd-)Gruppen (out-group), denen man sich nicht zugehörig fühlt und von deren Inhalten man sich gegebenenfalls abgrenzen möchte, unterscheiden. Es zeigte sich, dass Gruppenzugehörigkeiten die Orientierungen eines Individuums entscheidend beeinflussen (Werte, Normen, Einstellungen), und dass dieser Einfluss wirksam wird, auch wenn das Individuum nicht faktisch zur Gruppe gehört, sich aber mit dieser und den von ihr vertretenen Inhalten und Zielsetzungen identifiziert (dies zeigte sich in der Self Categorization Theory (SCT)).

Merkmale von *Gruppen* sind ihre zeitliche Konstanz, Kommunikationsregelmäßigkeit und die Verfolgung eines gemeinsamen Zieles (wie z. B. der Informationsaustausch über bestimmte Themen). Sind Gruppen klassischerweise durch Zeit- und Ortsbindung gekennzeichnet, so können diese auch im Cyberspace „verortet" sein. Diese als virtuelle Gruppen bezeichneten Gebilde sind postgeografisch (Druckrey 1996, 87) und können wie folgt definiert werden:

• *Virtuelle Gruppen* sind „Gruppen von Personen, die via Kommunikationstechnologien im Kontext gemeinsamer Gebrauchsweisen miteinander verbunden und trotz wechselnder Mitgliedschaften von relativer Beständigkeit sind. [...] Virtuell sind solche Gruppen in dem Sinne, weil Mitglieder am Kommunikationsgeschehen partizipieren, ohne physisch präsent zu sein; der Kommunikationsraum ist nicht sozio-geographisch lokalisiert, sondern ein imaginärer elektronischer ‚Ort' des Zusammenkommunizierens." (Höflich 1996, 260)

2.2   (Virtuelle) Gemeinschaften

Der Begriff der *Gemeinschaft* ist einer der zentralen Termini der Soziologie und hierunter wird – in Abgrenzung zum Begriff der Gesellschaft – eine Form des menschlichen Zusammenlebens verstanden, die „als besonders eng, vertraut, aber auch als ursprünglich und dem Menschen ‚wesensgemäß' angesehen" wird (Schäfers 2003, 98). In historischer Betrachtung kann man z. B. traditionale Gesellschaften als Gemeinschaften definieren, da deren Zusammenhalt durch affektive Nähe und Vertrautheit bestimmt ist. Gemeinschaft ist nach Tönnies (1887/1926) „wo immer Menschen in organischer Weise durch ihren Willen miteinander verbunden sind und einander bejahen" und wird realisiert durch die Gemeinschaftsformen wie Nachbarschaft, Freundschaft oder Verwandtschaft. Diese seien in ihrer Idealform gekennzeichnet durch Nähe, Vertrautheit, Hilfsbereitschaft, Solidarität und Emotionalität und seien soziale Formen der subjektiv-emotionalen Zusammengehörigkeit der Beteiligten. Leider besitzt der Begriff der Gemeinschaft keine trennscharfe Definition, und so resümiert das Penguin's Dictionary of Sociology: „The term community is one of the most elusive and vague in sociology and is by now largely without specific meaning" (zitiert nach Jones 1997).

Der oft antithetisch hierzu verwendete Begriff ist der der *Gesellschaft*, worunter – in Anlehnung an den Soziologen Theodor Geiger[22] – das Zusammenleben von Menschen innerhalb eines bestimmten räumlichen Bereiches verstanden wird (Hillmann 1994, 284). Zurückzuführen ist diese Begriffsdifferenzierung auf Ferdinand Tönnies (1855–1936), der postulierte, dass alle sozialen Gebilde entweder als Gesellschaften oder als Gemeinschaften zu beschreiben seien. Als Gesellschaften werden dabei soziale Gebilde bezeichnet, bei denen die Beziehungen der einzelnen Mitglieder nicht durch Nähe und Affektivität gekennzeichnet sind; der Zusammenhalt von Gesellschaften ist nicht emotionaler Natur und ist durch organisationale, rationale und institutionalisierte Strukturen bestimmt.

Spricht man von virtuellen Gemeinschaften im Internet, so wird durch die Begriffswahl betont, dass es sich um emotionale Bindungen handelt. Eine Definition einer virtuellen Gemeinschaft als „themengebundene Plattform im Internet [...], auf der sich Menschen elektronisch austauschen und unterhalten können" (Henkel/Sander 2003, 5), wird deswegen als nicht hinreichend erachtet, da diese nicht den Merkmalen einer Gemeinschaft entspricht: Das gemeinsame Kommunizieren über Themen konstituiert noch keine Gemeinschaft im sozialen Sinne.

Eine *virtuelle Gemeinschaft* kann definiert werden als ein freiwilliger Zusammenschluss von Menschen im virtuellen Raum, der durch gemeinsame Interessen (Neigungshomophilie), gemeinsames Kommunizieren oder Handeln im Virtuellen (und gegebenenfalls auch im Realen) sowie durch emotionale Nähe und das Gefühl der Zugehörigkeit (Identifikation) gekennzeichnet ist:

---

22 Geiger definierte Gesellschaft als „Inbegriff räumlich vereint lebender oder vorübergehend auf einem Raum vereinter Personen" (1959).

- „… virtual communities are social aggregations that emerge from the Net when enough people carry on those public discussions long enough, with sufficient human feeling, to form webs of personal relationships in cyberspace" (Rheingold 1993, 5).
- „… a set of on-going many-sided interactions that occur predominantly in and through computers linked via telecommunications networks" (Smith 1992).
- „Experientially, community within cyberspace emphasizes a community of interests, usually bounded by the topic under discussion, that can lead to a communal spirit and apparent social bonding" (Fenback/Thompson 1995).
- „… social relationships forged in cyberspace through repeated contact within a specified boundary or place (e.g., a conference or chat line) that is symbolically delineated by topic of interest" (Fenbeck/Thompson 1995).

Die Abgrenzung von Gruppen gegenüber Gemeinschaften – seien diese im physikalisch-geografischen Raum verortet oder im virtuellen – ist relativ problematisch, weil die Grenzen zwischen diesen sozialen Gebilden fließend verlaufen. Es kann jedoch festgehalten werden, dass der Gemeinschaftsbegriff stärker auf eine emotionale Bindung fokussiert als der Gruppenbegriff, und dass Prozesse der Identifikation, der gemeinsamen Normenherausbildung usw. bei Gemeinschaften in stärkerem Maße auftreten als dies bei Gruppen der Fall ist.

2.3 Merkmale virtueller Communitys/ Online-Communitys

Dass ein soziales Gebilde im Virtuellen als Gemeinschaft bezeichnet werden kann, setzt die Erfüllung verschiedener Merkmale voraus. Es herrscht in der Literatur jedoch keine Klarheit darüber, welche Kriterien als grundlegend für Online-Communities anzusehen sind (z. B. Henkel/Sander 2000), weswegen im Folgenden neun Merkmale als entscheidend definiert werden[23]: (1) Interaktivität, (2) eine Mehrzahl an Teilnehmern, (3) Mitgliedschaft über einen Zeitraum hinweg (Auf-Dauer-Stellung), (4) einen virtuellen Raum; (5) Etablierung gemeinsamer Regeln und Normen, (6) Unterstützungsfunktion, (7) Identifikationsprozesse (8) Emotionalität des Kontakts und Genese stabiler Freundschaften und (9) die Benutzerfreundlichkeit des zugrunde liegenden Systems.

---

23 Die Merkmale 1–4 nach Jones 1997.

(1) Interaktvität wird hier als die Möglichkeit verstanden, dass die verschiedenen Teilnehmer sich in ihren Botschaften aufeinander beziehen können und umfasst somit sowohl Formen der synchronen als auch der asynchronen Kommunikation: „Interactivity is an expression of the extent to which in a given series of communication exchanges, any third or later transmission is related to [...] previous exchanges [...]" (Rafaeli 1988, 111). Verschiedene Studien haben gezeigt, dass Interaktivität ein entscheidender Faktor dafür ist, dass virtuelle Gemeinschaften als andauernde Kommunikationen entstehen können (z. B. Smith 1992; Rheingold 1993; Rafaeli/Sudweeks 1994; Erickson 1997; Jones 1997).

(2) Es zeigte sich, dass Gemeinschaften eine bestimmte Anzahl an Mitgliedern brauchen, um erfolgreich sein zu können, d. h. dass sie für Mitglieder attraktiv sind (Markus 1987, 1990; Morris/Ogan 1996; Rice 1994). So haben Whittaker et al. (1998) herausgefunden, dass eine Korrelation zwischen der Gruppengröße und dem Kommunikationsfluss besteht. Des Weiteren konnten Studien zu bestimmten Gemeinschaften belegen, dass z. B. nur wenige der Teilnehmer von Newsgroups selbst aktiv Postings senden (z. B. Schoberth et al. 2003), womit für das Bestehen einer Newsgroup eine kritische Masse an Teilnehmern überschritten werden muss, um die Kommunikation aufrecht zu erhalten.

(3) Die Mitgliedschaft muss über einen Zeitraum hinweg bestehen („a minimum level of sustained membership", Jones 1997), um das Entstehen von Gemeinschaft zu ermöglichen. Erst durch eine gewisse zeitliche Konstanz der (aktiven) Mitgliedschaft in einer Community entsteht das Gefühl der Zugehörigkeit und der Identifikation mit der Gemeinschaft (siehe hierzu u. a. Utz 1999).

(4) Virtuelle Gemeinschaften sind Gemeinschaften im virtuellen Raum, wobei es sich hierbei um keinen Raum handelt, der unabhängig von seinen Akteuren besteht, sondern um einen relationalen Raum, der erst durch die handelnden Akteure konstituiert wird (Löw 2001). So entstehen durch das gemeinsame Kommunizieren in Chats oder Newsgroups oder durch das gemeinsame Spielen in MUDs virtuelle Orte, die das soziale Geschehen durch die in ihnen geltenden Normen und Regeln rahmen und aufgrund ihrer Struktur auf Dauer stellen.

(5) Betrachtet man die Kommunikationsprozesse im Virtuellen, so wird deutlich, dass diese bestimmten Normen unterliegen die jeweils zwischen verschiedenen virtuellen Räumen differieren können. So haben Gruppen „mit der ‚Netiquette' eigene Regeln und Normen und auch Mittel, Verletzungen dieser Regeln zu sanktionieren. So können zum Beispiel beleidigende Mitglieder aus der Gruppe ausgeschlossen werden (kill-Funktion im IRC, Ausschluß durch den Moderator in moderierten Chats). [...] Wie in Gruppen im realen Leben gibt es auch in virtuellen Gruppen immer verschieden strenge ‚Auslegungen' der Regeln" (Tippe 2001, 22). Durch die Generierung gemeinsamer Regeln wird eine symbolische Basis für

Gruppenkultur erzeugt „created through symbolic strategies and collective beliefs." (Meyer/Thomas 1990).

(6) Inzwischen liegt ein reichhaltiger Katalog an Berichten (meist in Form von subjektiven Erfahrungsberichten) vor, die die Unterstützungsfunktion von virtuellen Gruppen im Netz bestätigen. So berichtet Catalfo (1993) von einem Newsgruppennutzer, der im Netz Hilfe und Unterstützung fand: „I found it full of twenty-four-hour compassionate ears and souls. They not only listened, they talked back. They helped. I found myself keeping a kind of online journal in the company of these people I'd never laid eyes on. It seemed kind of miraculous, really, this communion late at night in front of the screen." (ebd. 167). Auch Rheingold berichtet: „In the fifteen years since I joined the WELL, I've contributed to dozens of such fund-raising and support activities.[...] I've danced at four weddings of people who met online. I've attended four funerals, and spoke at two of them [...]" (ebd. 2000).

(7) Die wenigen bereits vorliegenden Studien zu Identifikationsprozessen der Nutzer mit virtuellen Gemeinschaften kommen zu unterschiedlichen Ergebnissen: So hat Utz (1999) bei der Analyse von MUD-Spielern signifikant hohe Identifikationswerte ermittelt und McKenna und Bargh haben (1998) dies durch eine Analyse gesellschaftlich tabuisierter Newsgroups (Sado-Maso, Homosexualität usw.) bestätigt. Tippe (2001) ermittelte bei der Analyse von Newsgruppenteilnehmern jedoch keine, bzw. nur einen sehr geringen Grad an Identifikation. In der Studie von McKenna/Bargh (1998) zeigte sich eine Korrelation zwischen der Verweildauer in der Newsgroup und der Identifikation; dieser Befund konnte jedoch bei Tippe (2001) nicht belegt werden, was den Schluss nahe legt, dass man innerhalb der verschiedenen sozialen Gruppen und Gemeinschaften im Netz differenzieren muss, und dass die Identifikationsprozesse nicht in allen gleich intensiv verlaufen sowie dass diese Prozesse mit dem Nutzerverhalten korrelieren: Der Grad der Identifikation mit der virtuellen Gruppe scheint von der Anzahl der aktiven Kontakte abzuhängen: Je mehr Kontakte Mitglieder einer Newsgroup mit anderen hatten, desto stärker identifizierten sich diese mit der Gruppe insgesamt (Tippe 2001, 53). Auch scheinen Identifikationsprozesse mit Gruppen intensiver zu sein, wenn diese für die eigene Identität eine zentrale Rolle spielen, wie das z. B. bei der Teilnahme an einer homosexuellen Newsgroup der Fall sein kann (McKenna/Bargh 1998). Götzenbrucker (2001) konnte zeigen, dass das Gefühl der Zusammengehörigkeit bei MUD-Spielern zum einen durch das gemeinsame Agieren und die Kommunikation im Virtuellen bestimmt wird, als auch durch gemeinsame Werthaltungen und Lebensstile im realweltlichen Kontext, da MUD-Spieler sehr ähnliche sozio-demografische Hintergründe und Lebensstile zu haben und ähnliche Normen zu vertreten scheinen.

159

(8) Dass die Kommunikation in virtuellen Gruppen sehr emotional verlaufen kann, konnte Walther (1992a) zeigen, der empirisch ermittelte, dass computervermittelte Gruppen nach einiger Zeit eine höhere Intimität des Kontakts und einen höheren Grad an sozialer Orientierung zeigten als Face-to-Face-Gruppen (siehe z. B. auch Kerr/Hiltz 1982; Hiltz/Turoff 1987). Korzenny (1978/2002) erarbeitete in seinem Modell die Bedingungen für elektronische Nähe („electronic propinquity") und zeigte, dass es mittels computervermittelter Kommunikation möglich ist, persönliche Nähe herzustellen und die medialen und geografischen Distanzen zum Verschwinden zu bringen. Dieser Effekt ist besonders für Gruppenprozesse relevant, wenn diese mehr sein sollen als „weak ties".

Zur Stabilität der Kontakte innerhalb virtueller Gruppen liegen bisher kaum empirische Daten vor. Heintz/Müller (2000) fanden heraus, dass die Online-Beziehungen unter den von ihnen untersuchten Chattern eine hohe Stabilität aufwiesen, 99 % der Befragten gaben an, immer wieder mit den gleichen Personen im Chat Kontakt zu haben; bei Newsgroups zeigte sich hingegen eine geringere Konstanz von 59 % (dies. 11).

(9) Die Nutzungseigenschaften und der Bedienungskomfort des zugrunde liegenden Systems sind weitere modellierende Faktoren für die Entstehung einer Online-Community (z. B. Preece 2000, 2001). So müssen Kommunikationen einfach zu realisieren sein und Interaktivität ermöglichen; es empfiehlt sich z. B. beim Aufbau einer Community sowohl Instrumente für many-to-many-Kommunikationen (Chat) als auch one-to-one (E-Mail) zu integrieren, wobei die Bereitstellung von Mailinglisten hierbei die Kommunikation unterstützen kann.

Zhang und Hiltz (2003) haben unter Einbezug von Medieneigenschaften, persönlicher und communitybezogener Merkmale ein Modell der rahmenden Faktoren für eine Beziehungsentwicklung innerhalb von Online-Communitys entwickelt (siehe Schaubild).

Schaubild: Rahmungsbedingungen für die Entwicklung von Beziehungen in Online-Communitys

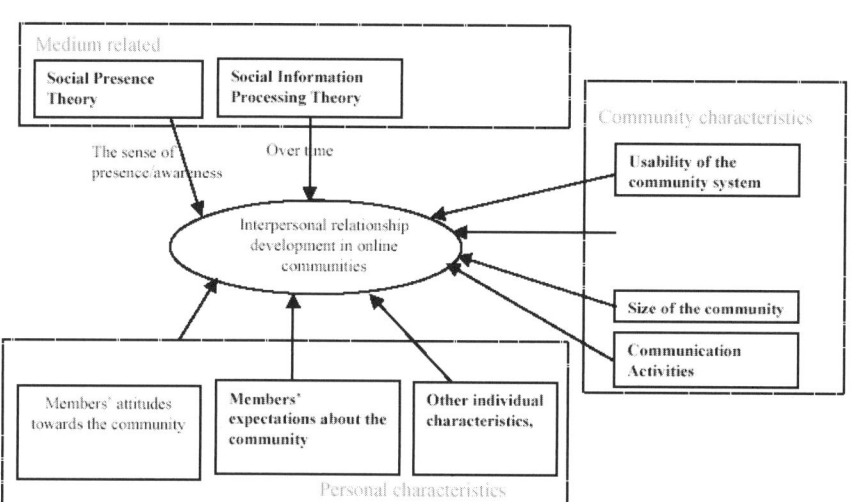

Quelle: Zhang/Hiltz 2003, 412.

2.4 Unterschiedliche Typen virtueller Gemeinschaften

Man kann im Netz zwischen verschiedenen Formen der Vergemeinschaftung (analog zum RL) differenzieren. Als zentrale Typen von Online-Communitys können unterschieden werden:

1. virtuelle Gemeinschaften als Interessensgemeinschaften (virtual communities of interest);
2. kommerzielle Online-Communitys;
3. organisationale Gemeinschaften;
4. lokale Gemeinschaften im Netz (local communities online).

1. Hierbei handelt es sich um Gemeinschaften, die von dem gemeinsamen Interesse an einer Thematik zusammengehalten werden. Dies kann das Interesse für eine bestimmte Fernsehserie sein, für Computer, für eine Musikgruppe, für das Spielen von Fantasyspielen (MUDs) usw. Eine Beispiel für eine Online-Community sind die Trekkies, die „Star Trek"-Fans, die via Online-Kommunikation ihr gemeinsames Interesse für diese Thematik teilen (Stone 1991, 89 f.). Die Gemein-

schaft wird durch gemeinsames Kommunizieren und gegebenenfalls auch durch gemeinschaftliches Handeln konstituiert. Bei einigen virtuellen Gemeinschaften wird der Kontakt auch auf den Offline-Bereich erweitert, indem Treffen der Mitglieder im RL stattfinden (z. B. Treffen der Linux-User, siehe Helmers et al. 1998).

2. Online-Communitys werden inzwischen verstärkt in einem kommerziellen Rahmen für Marktforschungszwecke eingesetzt. So entwerfen Hersteller um ihre Produkte herum virtuelle Umgebungen mit Community-Charakter (z. B. „Porsche 911-Community" oder „Smart-Forum"), in denen sich die Nutzer (und Fans) austauschen können und ermöglichen den Unternehmen dadurch die „Identifikation von Kundenwünschen, Lösungsideen und Nutzerinnovationen" (Henkel/ Sander 2003, 2; siehe hierzu auch z. B. Brunold et al. 2000; Duchrow 1999; Meyer 2000; Meyer/Pfeiffer 1999). Neue Produktideen werden auch auf diesem Wege gesucht, wie dies u. a. die Firma Hallmark mittels der inhaltlichen Auswertung der auf ihrer Website „Idea Exchange" stattfindenden Kommunikation vornimmt.

3. Zunehmend richten auch Firmen betriebsinterne Netzwerke d. h. so genannte organisationale Communitys ein, in denen die Mitarbeiter miteinander verbunden sind und so effizienter zusammenarbeiten können (mittels Mailinglisten, Webseiten, Webkonferenzen). Diese Systeme können auch gemeinschaftsbildenden Charakter bekommen, wenn sie der Kommunikation der Mitarbeiter/innen (z. B. mittels Chat) untereinander dienen und somit deren „corporate identity" betreffen.

4. Auch traditionelle Gemeinschaften aus dem RL können ergänzend im Virtuellen eine Gemeinschaft aufbauen (z. B. lokale Gemeinschaften im Netz). Hierzu zählen z. B. die Internetseiten von Vereinen, die dann sowohl im realweltlichen als auch im virtuellen Kontext Prozesse der Soziabilität unterstützen.

Resümee

Inzwischen kann als hinreichend belegt angesehen werden, dass das Internet nicht nur als Informationsmedium oder als Medium für sachbezogene Kommunikation, sondern auch als Sozialmedium bzw. Sozialraum wirksam wird, da empirische Studien zeigten, dass die Nutzung der verschiedenen Kommunikationsräume des Internets (Chat, Newsgroups, MUDs usw.) für die Nutzer zu einem signifikanten Zuwachs an sozialen Beziehungen führt und somit Potenzial der Soziabilität besitzt (u. a. Kneer 1994; Wetzstein et al. 1995; Döring 1994, 1995; Utz 2000): „Whatever else it may be, the Internet is fundamentally a social medium" (Parks/ Roberts 1997).

So entstehen via Online-Kommunikation soziale Gebilde, die als Online-communitys bezeichnet werden. Ob es sich bei diesen Gebilden jedoch wirklich um Gemeinschaften im soziologischen Sinne handelt, wird rege diskutiert.

Betrachten wir die empirischen Ergebnisse zu Identifikationsprozessen im Netz, zu gemeinsamen Normen, zur Unterstützungsfunktion und der Emotionalität des Austauschs, so lässt sich folgern, dass Vergemeinschaftungsprozesse sehr wohl mittels Computervermittlung vonstatten gehen können. Abhängig ist dies jedoch von der Motivation der Akteure, zumal sich zeigte, dass Individuen virtuelle Gruppen nicht nur aufsuchen, um Informationen zu bekommen, sondern auch, um Menschen mit den gleichen Interessen zu treffen und Kontakte zu finden. So erweisen sich MUDs, Newsgroups, Foren usw. als soziale Orte: „a place to meet other people, to seek help, support, friendship, love, etc. In another words, they are driven to develop social relationships with other people inside the community." (Zhang/Hiltz 2003, 411).

Die pessimistische Sicht mancher Autoren/innen hinsichtlich der sozialen Prozesse im Netz ist demnach zurückzuweisen, und es kann der beliebten und verbreiteten These, dass computervermittelte Kommunikation zu sozialer Isolation führt, widersprochen werden: „Online-Beziehungen treten nicht an die Stelle realweltlicher Beziehungsnetze, sondern ergänzen sie" (Heintz/Müller 2000, 2). Doch muss bedacht werden, dass nicht alle Prozesse im Netz als Vergemeinschaftung zu bezeichnen sind: So sind Kommunikationen über Mailinglisten oder auch über Newsgroups nicht per se als Gemeinschaften zu definieren, sondern nur, wenn sich nach einiger Zeit ein Gefühl der Dazugehörigkeit und Identifikationsprozesse einstellen und es innerhalb der Gemeinschaft zu solidarischer gegenseitiger Unterstützung kommt. Und wie bei allen Medien so gilt auch für das Internet, dass die Motive des Nutzers und dessen Verwendung des Mediums entscheidend sind: So kann Online-Kommunikation zu einer Erweiterung des sozialen Umfeldes beitragen, muss dies jedoch nicht – es besteht im Netz relativ einfach die Möglichkeit, sich Gemeinschaften anzuschließen und Teil eines sozialen Gebildes zu werden –, ob dies eintritt oder nicht, hängt jeweils von den individuellen Nutzungsweisen ab.

Auch wenn der optimistischen Ansicht, dass elektronische Gemeinschaften als Substitut „längst verlorengegangener Orte der Kontaktaufnahme und Kommunikation" (Wehner 1997, 130) fungieren nicht vollkommen zugestimmt werden muss, so kann trotzdem festgehalten werden, dass virtuelle Gemeinschaften mehr sein können als lediglich „an assemblage of people being ‚virtually' a community than being a real community in the nostalgic sense" (Fernback/Thompson 1995).

Auf die Frage, warum Menschen sich überhaupt im Cyberspace engagieren, und warum dort Gemeinschaften entstehen (Rafaeli/Sudweeks 1994), lässt sich antworten, dass das Bedürfnis nach menschlicher Gemeinschaft als anthropologische Grundkonstante des Menschen betrachtet werden kann und es sich mit großer Deutlichkeit zeigt, dass diese Suche nach Kontakt auch im Bereich des Virtuellen stattfindet. Das Internet stellt mit seinen vielfältigen Diensten und Anwendungen neue Sozialräume zur Verfügung, in denen Menschen sich gegenseitig kennen lernen, sich gegenseitig helfen, Informationen miteinander austauschen, miteinander kommunizieren und ihre Interessen teilen und gemeinsam verfolgen können, was zu einer Erweiterung des Bekannten- und Freundeskreises, zur Entstehung von Liebesbeziehungen (oder Affären) und zur Genese von virtuellen Gemeinschaften führen kann: „Virtual communities might be real communities, they might be pseudocommunities, or they might be something entirely new in the realm of social contracts, but I believe they are in part a response to the hunger for community that has followed the disintegration of traditional communities around the world." (Rheingold 1992, 4).

VII. Sprache im Netz

Die Kommunikation im Netz erfolgt hauptsächlich textbasiert. Die Verbreitung des Internets und die Beliebtheit der verschiedenen Kommunikationsräume wie Foren, Chat, Newsgroups oder MUDs haben zu einer ungeahnten Renaissance der Schriftsprache beigetragen, wobei diese Entwicklung kontrovers diskutiert wird, da sich die Literatlität im Internet zum Teil lexikalisch, grammatisch und syntaktisch von der konventionellen Schriftsprache abhebt. Die postulierte „neue" Schriftlichkeit im Netz wird als Cyberslang (Abel 2000) oder Netjargon (Kreisel/ Tabbert 1996), als Cyberdeutsch (Bär 2000) oder in Anlehnung an Orwells Begriff des „Newspeak" als „Netspeak" (Crystal 2001) bezeichnet (siehe hierzu z. B. http://www.mediensprache.net/de/websprache/; http://cyberslang.de/).

Doch ist die so genannte Internetsprache nicht in allen Bereichen des Internets vorzufinden. Es muss bedacht werden, dass das Netz aus verschiedenen Räumen besteht: So wird der Besucher einer Web-Seite meist nicht mit Cyberslang konfrontiert; auch „[w]er eine E-Mail schickt, will in der Regel seinem Kommunikationspartner eine verständliche Nachricht zukommen lassen, und Untersuchungen zeigen, dass die Sprache in E-Mails konventionell ist, wenn auch die Toleranz gegenüber Rechtschreibfehlern größer zu sein scheint und der Schreibstil lockerer ist als im klassischen Briefverkehr" (Schlobinski 2000).

Anders verhält es sich hingegen, wenn man den Blick jenen Räumen des Internets zuwendet, die synchrone dialogische oder many-to-many-Kommunikationen unterstützen, wie die Chats oder MUDs. Hier finden sich spezielle Sprachvariationen, die dann als Cyberslang o. Ä. bezeichnet werden können. Wenn im Folgenden von Cyberspeak, Cyberslang oder Netspeak die Rede sein wird, so bezieht sich dies hauptsächlich auf spezielle Sprachformen, die sich in den synchronen Kommunikationsdiensten und -anwendungen herausgebildet haben:

Schaubild: Ausschnitt aus einer Chat-Kommunikation

```
<H007> oops ... nich ma schreiben geht bei der hitze
<Uroberus> is die tastatur geschmolzn LOL
<H007> noe .. bin nur unkonzentriert
<Smuline> H007, huhu?
<H007> Smuline: was is schatzi ? :)
<MistaJack> hats schööööööööööööööööön kühl hier :)
<Angel> hi
<SirFoeli> MistaJack : wahhhhhhhh *dichbeneid*
<Smuline> angel rehi
```

Quelle: Schlobinski 2000

1. Oraliteralität – konzeptionelle Mündlichkeit

Eines der Hauptkennzeichen des Cyberspeak, wie dieser u. a. in Chats vorzufinden ist, ist dessen *Oraliteralität*. Dies bedeutet, dass es sich zwar formal um Literalität handelt, da der Austausch mittels schriftsprachlicher Zeichen erfolgt, dass sich diese jedoch in ihrer Sprachverwendung verstärkt Elementen der oralen Sprache bedient und somit eine Tendenz zur konzeptionellen Mündlichkeit aufweist. Koch und Oesterreicher (1994, 587 ff.) unterscheiden zwischen medialer und konzeptioneller Mündlichkeit:

1. *Mediale Mündlichkeit*: Bezugspunkt ist das Medium, d. h. alle sprechsprach-lichen Akte, alles Phonische ist nach dieser Definition mediale Mündlichkeit und alles Grafische, schriftlich Fixierte wäre demnach mediale Schriftlichkeit.

2. *Konzeptionelle Mündlichkeit*: Bezugspunkt dieser Definition ist die Konzeption der Aussagen, wobei es keine absolut trennscharfe Abgrenzung zwischen Münd-lichkeit und Schriftlichkeit im Hinblick auf deren Konzeption gibt. Abhängig ist die konzeptionelle Mündlichkeit oder konzeptionelle Schriftlichkeit vom Formalitätsgrad des Inhalts und der sozialen Nähe bzw. Distanz der Akteure: Die Verwendung konzeptioneller Mündlichkeit ist ein Zeichen emotionaler Nähe, sozialer Vertrautheit und Bekanntheit der Gesprächspartner (z. B. Tan-nen 1982; Koch/Oesterreicher 1985; Storrer 2000). So besitzt ein Gesetzestext oder ein formaler Brief einen hohen Grad an konzeptioneller Schriftlichkeit, das Gespräch zweier Freunde oder Kollegen miteinander einen hohen Grad an konzeptioneller Mündlichkeit.

Grundsätzlich besteht eine Unabhängigkeit zwischen dem Medium und der Kon-zeption, wobei sich empirisch zeigt, dass textuelle Botschaften eine Tendenz zur konzeptionellen Schriftlichkeit (Distanzmedium) und mündliche Äußerungen eine Tendenz zur konzeptionellen Mündlichkeit (Nähemedium) aufweisen (Koch/ Oesterreicher 1994).

So sind Kommunikationsbedingungen und Versprachlichungsstrategien (nach Koch/Oesterreicher 1985, 23) der *Nähe* gekennzeichnet durch:

- dialogische Struktur,
- Vertrautheit der Gesprächspartner,
- Face-to-Face-Situation,
- Freiheit der Themen,
- Privatheit,
- Spontaneität,
- Affektivität,
- Prozesshaftigkeit,

- geringere Informationsdichte,
- Vorläufigkeit,

und die der *Distanz* gekennzeichnet durch:
- Monologstruktur,
- Fremdheit der Partner,
- raum-zeitliche Trennung,
- Themenfestlegung,
- Öffentlichkeit,
- Reflektiertheit,
- Textualität,
- Komplexität,
- größere Informationsdichte,
- Elaboriertheit,
- Planung.

Betrachten wir vor dem Hintergrund dieser Versprachlichungsstrategien die Kommunikation im Internet – und hier insbesondere im Chat –, so handelt es sich zwar formal um Literalität, aufgrund des strukturellen Kommunikationsverlaufes kann jedoch konstatiert werden, dass dieser Austausch die Kennzeichen eines Gespräches aufweist (Schönfeldt 2001, 27–29):
- Es beteiligen sich mehrere Kommunikationspartner;
- die sprachlichen Interaktionen umfassen mehr als eine Äußerung;
- die Kommunikationen sind dialogisch ausgerichtet, d. h. mit freiem Sprecherwechsel;
- der Austausch findet zeitlich synchron statt.

Auch die sprachliche Form der Botschaften verdeutlicht deren konzeptionelle Mündlichkeit:

Schaubild: Konzeptionelle Mündlichkeit im Chat
(am Bsp. phonetisch orientierter Schreibweisen)

1) „nachts isses bestimmt besser"
2) „watt willste denn mit ..."
3) „wo steht dadd?"
4) „wenn ich mich irgendwo einlogge, fracht er nam loginname"
5) „warum haddu mich gekickt?"
6) „ach du sch ... bis Hamburg brauch ich ja nen tach!"
7) „dann ensteht sohn doller Pilz in der Luft"
8) „oder kamma da überhaupt aufhören"

Quelle: Naumann 1998, 255

Diese Verwendung von konzeptioneller Mündlichkeit im Medium der Schriftsprache wird als *Oraliteralität* bezeichnet. Lexikalisch ist Oraliteralität gekennzeichnet durch die Verwendung umgangssprachlicher Worte, durch phonetisch orientierte Schreibweisen (z. B. „sone" statt „so eine"; „kamma" statt „kann man"), syntaktisch durch den Einsatz von sprechsprachlichen Floskeln und Versatzstücken und durch einen einfachen, parataktischen Satzbau unter Verwendung eher kurzer und prägnanter Sätze, so dass der Austausch an ein mündliches Gespräch erinnert (Storrer 2000) (siehe hierzu ausführlich Kapitel I, 2.2):

• dialektale Färbung der Sprache,
• Verwendung umgangssprachlicher Ausdrücke,
• Verzicht auf Interpunktion,
• geringer Grad der Formalisierung der Sprache (z. T. Kleinschreibung),
• Ellipsenbildung,
• Interjektionen,
• Anakoluthe,
• Nachträge.

Besonders in jenen Räumen des Internets, in denen synchrone Kommunikationsverläufe stattfinden (wie z. B. in den Chats oder MUDs), nähert sich die verwendete Sprache der Mündlichkeit an: „Die meisten Chatter haben das Gefühl, sie ‚sagen' etwas beim Chat, ‚unterhalten sich' mit den anderen Teilnehmern, ‚sprechen' mit ihnen. Diese Empfindung ist wohl wesentlich durch die Synchronizität und die dialogische Struktur dieser Kommunikationsform bedingt" (Wilde 2002, 9). Da diese Kommunikationen in einem virtuellen Raum stattfinden, in welchem die Teilnehmer gleichzeitig online sind, müssen die Botschaften relativ schnell konzipiert, eingetippt und versendet werden, so dass der textuelle Austausch einem synchronen Gespräch gleicht: „In order to be able to participate in channel communication in a reasonable way, IRC users have to adopt planning strategies of synchronous spoken communication" (Schulze 1999, 71).

Durch die Notwendigkeit des beschleunigten textuellen Austausches haben sich besondere Sprachformen herausgebildet, die Ökonomiefunktionen erfüllen, und die es ermöglichen, durch kreative Zeichenverwendung jene durch die Beschränkung der Sinneskanäle nicht übertragenen Zeichen wie Emotionen, Handlungen, Geräusche usw. zum Ausdruck zu bringen.

1.1. Iterationen

Im Zuge der Verschriftlichung der quasi sprechsprachlichen Äußerungen kommt es im Cyberspeak zur Verwendung von Iterationen. Durch diese können im Medium der Textualität sprechsprachliche Merkmale wie Tonhöhe und Betonungen ausgedrückt werden:

> „haaaaaaaloooooo"
> „hihiiiiiiiii"
> „ich bin hiiiiiiieeeer!"

1.2 Emoticons

Eine der bekanntesten Besonderheiten der Sprache im Netz ist die Verwendung von Ideogrammen, den so genannten Emoticons (auch als Smileys bezeichnet). Das Kunstwort „Emoticon" setzt sich aus dem engl. „emotion" und „icon" zusammen. Unter einem Ikon (griech. eikon = Bild) werden Zeichen verstanden, die eine Ähnlichkeit zum Bezeichneten aufweisen, wie dies z. B. bei Bilderschriften der Fall ist. Bei den Emoticons im Netz handelt es sich um stilisierte (liegende, 90° nach links gedrehte) Gesichtsausdrücke, die durch Kombinationen der Zeichen des ASCII-Zeichensatzes hergestellt werden (wie Doppelpunkt, Klammer usw.) und die Emotionen zum Ausdruck bringen:

```
:-) = fröhlich
:-)) = sehr fröhlich
:-( = traurig
:-(( = sehr traurig
;-) = zwinkern (Zeichen für Aussagen, die nicht ganz ernst gemeint sind)
:-D = Lachen
:-o oder :-O = überrascht; Ausruf: Oh, Uuups!
:-c = verärgert
:-@ = Schreien
:-* = Kuss
*<:-) = Weihnachtsmann
=:-) = Punker
[:-) = Walkmanträger
```

Es finden sich im Netz diverse Seiten, auf denen die verschiedenen Emoticons zusammengestellt und erläutert werden, siehe z. B.
http://www.desig-n.de/smileys-emoticons.htm
oder http://www.mediensprache.net/de/websprache/chat/index.asp

1.3 Soundwörter

In der Internetsprache wird durch Soundwörter versucht, die fehlenden Sinneskanäle durch spezielle Ausdrucksformen in die Kommunikation zu integrieren. So wird z. B. durch die Verwendung von Onomatopoetika Phonetisches verbalisiert, wobei die Verwendung von Soundwörtern vornehmlich innerhalb von Chat-Kommunikationen vorzufinden ist.

```
„hmm"
„tatütata"
„lalülalülalü!"
„grumpf"
```

1.4 Aktionswörter

Aktionswörter sind Inflektive oder Inflektivkonstruktionen, die verwendet werden, um Gefühle oder Handlungen zum Ausdruck zu bringen. Diese erinnern an

die in Comics verwendete lautmalerische Sprache wie „klick", „knarr", „zisch".
Diese werden oftmals zwischen zwei Asteriske (*) gesetzt oder gegebenenfalls mit
nur einem Aterisken gekennzeichnet:

---

knuddel (Internetjargon für Umarmen)
reknuddel (erwiderte Umarmung)
grins – wobei sich hier inzwischen die konventionalisierte abgekürzte Form *g* heraus-
gebildet hat, mit den Steigerungsformen *gg* und *ggg*
freu
staun
ganzliebguck
nixversteh
wink
handstandmach
daumendrueck

klappeaufreiss

1.5   Akronyme

Akronyme bzw. Initialworte (lat. initium = Anfang) sind Wörter, die jeweils aus
den Anfangsbuchstaben mehrerer Wörter gebildet werden; z. B. Abkürzungen wie
HTML oder URL (diese bestehen jeweils aus dem Anfangsbuchstaben der Subjektive). Im Hinblick auf Cyberspeak zeigt sich jedoch, dass sich ganz spezielle Akronyme herausgebildet haben, die häufig aus dem Englischen abgeleitet werden und/
oder sich dem Mittel der Homophonie bedienen. So werden Zahlen oder andere
Zeichen gemäß deren lautlicher Gestalt in abgewandelter Bedeutung verwendet,
wie z. B. 2 = to (vom engl. 2 = two, homophon zu „to") oder 4 = for (vom engl. 4
= four, homophon zu „for" oder „…fore"). Eine Übersicht nach Alphabet geord-
neter etablierter Akronyme findet sich unter http://cyberslang.de/. Die Akronyme
können auch jeweils in Versalien (Großbuchstaben) abgekürzt werden.

> **n&** = na und
> **b4** = before = vorher
> **bb** = bye bye = tschüß
> **brb** = be right back = bin gleich zurück
> **lol** = laugh out loud = lautes Lachen
> **FYI** = for your information = zu Ihrer/Deiner Information
> **cu** = see you = bis bald
> **n8** = night = Nacht
> **imho** = in my humble opinion = nach meiner bescheidenen Ansicht
> **FAQ** = frequently asked questions = häufig gestellte Fragen
> **BBL** = be back later = bin später zurück, bis später
> **BCNU** = be seeing you later = sehe Sie/Dich später
> **ASAP** = as soon as possible = so bald als möglich
> **AFAIK** = as far as I know = soweit ich weiß
> **BTW** = by the way = ach, übrigens, …
> **gr82CU** = great to see you = großartig, Sie/Dich zu sehen
> **TNX!** = thanks! = Danke schön!

1.6   Versalien/Majuskeln

Da durch getippten Text keine Modulationen der Lautstärke übermittelt werden
können, hat sich etabliert, dies u. a. durch die Verwendung von Großbuchstaben
(Versalien/Majuskeln), auch als CAPS (engl. capital = Großbuchstabe) bezeichnet,
oder durch die Verwendung von Fettschrift (engl. bold) zu realisieren:

> „SCHREI NICHT RUM!"
> „Wer hat **das** behauptet?"
> „Ich glaube nicht, dass IRGENDJEMAND das anders sieht!"

Das Verwenden von Majuskeln wird jedoch streng sanktioniert und in den meisten Internet-Räumen durch die Netiquette geregelt: „Wenn Du **bold** oder CAPS
verwendest, tue dies nur zur Betonung, nicht im ganzen Satz … Letzteres kann
ziemlich nerven" (aus der Netiquette für den Chat; http://www.chatiquette.de/).

1.7   Disclaimer

Unter einem Disclaimer wird eigentlich im juristischen Kontext ein Haftungsausschluss bzw. eine Gegenerklärung verstanden. In Bezug auf Sprache im Netz werden darunter Bemerkungen verstanden, die zwischen den Zeichen < und > gesetzt werden, und die verwendet werden, um Äußerungen abzuschwächen und die meist von einer gewissen Eigenironie gekennzeichnet sind:

<Spitzfindigkeit an>
<Spitzfindigkeit aus>

---

2.   Sprachwandel durch Cyberspeak?

> *„O daß ich unbekannte Sätze hätte, seltsame Aussprüche, neue Rede, die noch nicht vorgekommen ist, frei von Wiederholungen, keine überlieferten Sprüche, die die Vorfahren gesagt haben."*
> *(Chachepereseneb, um 1800 v. Chr.;*
> *zitiert nach Hess-Lüttich/Wilde 2003, 161)*

Die Frage, die aktuell kontrovers diskutiert wird, betrifft das Veränderungspotenzial der Sprache im Netz: Verändert sich die Sprache durch Cyberspeak? Besteht die Gefahr des allgemeinen Sprachverfalls, des Entstehens einer „Trümmersprache" (Zimmer 1995) oder im Gegenteil die Chance für eine Renaissance der Schriftlichkeit und für neue Ausdrucksformen jenseits der etablierten Normen der Literalität?

Da es sich bei Schrift um eines der zentralen Kulturgüter unserer Gesellschaft und unseres Selbstverständnisses handelt, werden „Wandelprozesse in diesen Bereichen [...] hochsensibel beobachtet. Veränderungen von Regeln oder Gebrauchsmustern von Schriftlichkeit werden als tiefgreifende Umwälzung wahrgenommen." (Thimm 2000, 9). So werden die Modifikationen der Sprache im Internet von den Kritikern als Sprachverfall und als „ernsthafte Bedrohung der Sprachfähigkeit des Menschen" (Jäger/Stoffers 1990, 18) empfunden. Netznutzer würden schreiben, wie ihnen „die Finger gewachsen" wären, was zu „kruden Schreibweisen" führe (Patalong 2006). Diese Entwicklung wird als Abgesang auf die Kommunikationskultur interpretiert und unter aufmerksamkeitserheischenden Artikelüberschriften wie „Sprachverhunzung im Internet: Falsch ist das neue Richtig" (ebd.) veröffentlicht. Ist die neue Cybersprache wirklich ein „unverständliches Kauderwelsch, bestehend aus vermeintlich unzusammenhängenden Zeichenketten und Buchstabenkürzeln" (Filinski 1998) und kann diese als „improvisiert und regellos" (Cebrián 1999) bewertet werden? Kann überhaupt generalisierend von *der Netz-sprache* die Rede sein, so wie dies verschiedene Autoren (z. B. Crystal 2001; Kreisel/Tabbert 1996; Haase et al. 1997; Bär 2000) postulieren?

Das Internet ist ein Konglomerat aus verschiedenen Räumen und Plattformen, die jeweils unterschiedliche Kommunikationen unterstützen, unterschiedlichen Rahmungsbedingungen unterliegen und deswegen auch unterschiedliche Normen und Sprachformen nach sich ziehen. Es ist deswegen nicht gerechtfertigt, von *der Internetsprache* zu sprechen, weil mit dem generalisierenden Begriff versucht wird, „ausgerechnet in dem Medium eine Einheit zu konstruieren, das heterogener als alle Medien zuvor ist" (Dürscheid 2002). Wenn man von und über Sprache im Internet spricht, so muss man sich bewusst machen, dass man es mit verschiedenen Sprachformen zu tun hat, die von einem Kontinuum der klassischen normativ gebundenen Textualität (z. B. Web-Seiten, E-Mails) bis hin zur freien und spontanen Oraliteralität (z. B. in Chats) reichen. Aufgrund dessen ist es sinnvoll, innerhalb des Netzes verschiedene Sprachverwendungen zu differenzieren:

Betrachtet man die Räume des Internets, die einen synchronen Austausch unterstützen, so lässt sich konstatieren, dass sich vor allem hier spezifische Formen des Kommunizierens und der kreativen Zeichenverwendung herausgebildet haben. Diese Besonderheiten verleiten dann dazu, als „pars pro toto" interpretiert zu werden und „das Neuartige zu betonen und es warnend oder euphorisch überzubewerten" (Klemm/Graner 2000, 159).

Die warnenden Stimmen, die in der Diskussion zu überwiegen scheinen, gehen von der Sprachverwendung im Chat aus und orientieren sich bei deren normativer Bewertung an konzeptioneller Schriftlichkeit. Betrachtet man die neuen Sprachformen im Chat aus dieser Perspektive, die konventionalisierte Regeln und Normen der Schreibweise, Grammatik usw. zur Basis hat, so wird einem das Neue fremd und regellos vorkommen, und man wird die Schreibweisen nicht anders als befremdlich und „krud" (Patalong 2006) empfinden können.

Doch ist diese Referenzgröße überhaupt angemessen? Handelt es sich bei den neuen Sprachformen im Chat um eine Abwandlung der Literalität oder um eine neue Form der Oralität?

Untersucht man diese anhand ihrer Versprachlichungsprinzipien, so muss konstatiert werden, dass es sich um eine neuartige Form des Dialogs handelt (z. B. Dürscheid 2003; Storrer 2001): *Chatkommunikationen sind getippte Gespräche,* verschriftlichte Mündlichkeit und keine dialogischen oder kommunikativen Texte. Es handelt sich um konzeptionelle Mündlichkeit, die sich zwar im Medium des Textuellen artikuliert, aber inhaltlich und konzeptionell an der mündlichen Sprache orientiert ist. Nimmt man nun Oralität als Bezugspunkt einer Analyse des vermeintlich Neuen in der Chatsprache, so wird rasch deutlich, dass die netzinterne Oraliteralität im Großen und Ganzen die Merkmale traditioneller Mündlichkeit aufweist (dialektale Färbung der Sprache; Verwendung umgangssprachlicher Ausdrücke; Verzicht auf Interpunktion; geringer Grad der Formalisierung der Sprache usw.). So sind die „kruden" Schreibweisen nichts anderes als Verschriftlichungen des Oralen, die man z. B. bereits aus dialektalen Texten kennt, die in ihrer Lexik, Grammatik und Syntax von der Literalität abweichen und sich vornehmlich am phonetischen Prinzip orientieren.

Das genuin Neue an der Sprache im Chat liegt demnach weniger in ihrer Orientierung an der gesprochenen Sprache – auch wenn dies im Medium der Textualität zur Oraliteralität und zur Generierung unbekannter Schreibweisen führt –, sondern in der kreativen Aneignung der medialen Ausdrucksmöglichkeiten, die eine innovative Zeichenverwendung zur Artikulation nonverbaler Zeichen nach sich ziehen: Die Kombination von sprachlichen und nichtsprachlichen Zeichen, um Gefühle, Stimmungen, Betonungen usw. in ein Medium zu transferieren, das durch Kanalreduktion gekennzeichnet ist und dadurch der „Gefahr" der Versachlichung ausgesetzt ist, kann als wirkliche Novität innerhalb der Sprache im Internet angesehen werden.

Führen diese Veränderungen zu einem allgemeinen Sprachwandel?

Es wird von einigen Autoren angenommen, dass die neuen Kommunikationsformen im Internet Veränderungen des allgemeinen Sprachsystems nach sich ziehen würden (z. B. Weingarten 1997, 8; Haase et al. 1997, 53). So geht Naumann (1998, 259) davon aus, dass sich sprechsprachliche Formen und Syntagmen durch Chatsprache zunehmend in die Kommunikation hinein verlängern würden. Andere Autoren hingegen gehen in Absetzung zu dieser These davon aus, dass als eine generelle Tendenz der Sprachentwicklung seit dem 20. Jahrhundert die Annäherung der geschriebenen Sprache an die gesprochene Sprache festzustellen sei (Sieber 1998, 192), und dass allgemein eine „teilweise Reoralisierung der öffentlichen Kommunikation" zu konstatieren sei (Polenz 1999, 39). Somit stünde die Oraliteralität des Cyberspeak bzw. der synchron-kommunikativen Räume des Internets im Kontext einer allgemeinen sprachlichen Reoralisierungstendenz. Die Oraliteralität im Netz führt zu einer Erweiterung des Kontinuums zwischen Literalität und Oralität (Haase et al. 1997), und die Tendenz der Mündlichkeit könnte durch Online-Kommunikation verstärkt werden, da Medien durch ihre Rahmungsbedingungen die Rezeption und Produktion von Sprache prägen (Storrer 2000).

Die Frage, ob internetbezogene sprachliche Besonderheiten zu einem Sprachwandel führen können, lässt sich nur bejahen. Besonders deutlich wird dieses Veränderungspotenzial an der außerhalb des Internets zunehmenden Verbreitung internetspezifischer Schreibweisen: So finden sich immer häufiger Wortkonstruktionen, die aus einem @ bestehen, die durch Punktsetzungen im Wortinneren (Binnenpunktsetzung) oder durch Großschreibung im Wortinneren (Binnengroßschreibung) gekennzeichnet sind (Dürscheid 2002) und sich dadurch an der Kennzeichnung von Internetadressen oder Dateinamen orientieren: Generation@, ver.di, bahn.comfort, PostFinance usw. „Meist sind es Produktbezeichnungen, die so gestaltet werden. Der Grund liegt auf der Hand: Man will sich den Anschein des Modernen und Fortschrittlichen geben. So trägt ein Haarpflegeprodukt der Marke Biotherm den Namen HAIR RE.SOURCE. Hier wird die Konnotation, die an den Binnenpunkt geknüpft ist (modern, weltoffen), durch die Kombination mit den englischen Wörtern Hair und Resource noch verstärkt." (Dürscheid 2003).

Es ist davon auszugehen, dass Beeinflussungen der Alltagssprache durch Cyberspeak in dem Maße zunehmen werden, wie der Bereich des Internets an alltagsrelevanter Bedeutung gewinnt und zu einer kulturellen Selbstverständlichkeit avanciert. Ob sich jedoch die Formen und Regeln der Alltagssprache in Zukunft so weit an internetspezifische Sprachformen angleichen werden, so dass eine völlig neue Literalität entsteht (wie im abschließenden Beispiel) bleibt vorerst abzuwarten:

„My summr hols wr CWOT. B4, we usd 2 go 2 NY 2C my bro, his gf & their 3:-@ kds FTF. ILNY, its gr8. Bt my Ps wr so {:-/BC o 9/11 tht they dcdd 2 stay in SCO & spnd 2 wks up N. Up N, WUCIWYG -0. I ws vv bored in MON. 0 bt baas & ^^^^. AAR8, my Ps wr:-) – they sd ICBW, & tht they wr ha-p 4 the pc&qt…IDTS!! I wntd 2 go hm ASAP, 2C my M8s again. 2day, I cam bk 2 skool. I feel v o:-) BC I hv dn all my hm wrk. Now its BAU…"[24](http://www.ego4u.de/de/chill-out/curiosities/sms-english).

---

24 Schulaufsatz eines zwölfjährigen schottischen Mädchens: „My summer holidays were a complete waste of time. Before, we used to go to New York City to see my brother, his girlfriend and their three screaming kids face to face. I love New York, it's great. But my parents were so worried because of 9/11 that they decided 2 stay in Scotland and spend 2 weeks up North. Up North, what you see is what you get – nothing. I was extremely bored in the middle of nowhere. Nothing but sheep and mountains. At any rate, my parents were happy – they said it could be worse, and that they were happy for the peace and quiet. I don't think so!!! I wanted to go home as soon as possible, to see my mates again. Today, I came back to school. I feel very saintly because I have done all my homework. Now it's back as usual…" (http://www.englisch-hilfen.de/texte/sms2.htm)

Normen verschiedener Interneträume

1. Netiquette für den Chat (Chatiquette)

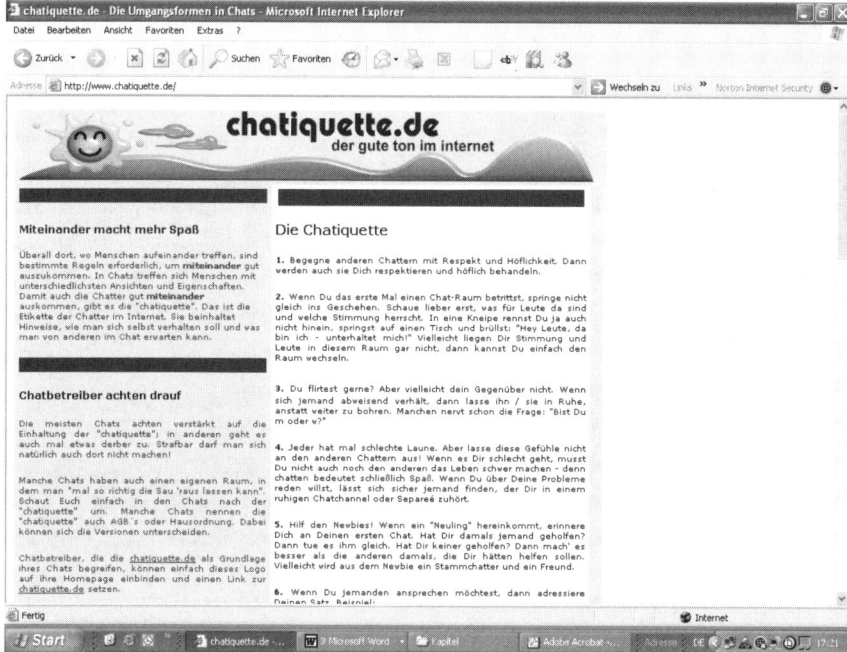

1. Zeige RESPEKT gegenüber anderen Chattern. Wenn Dich jemand nicht respektiert, ignoriere ihn, anstatt großartig mit ihm darüber zu diskutieren und damit die anderen Leute im Channel zu verärgern. Vermeide, wenn möglich, Schimpfwörter o. Ä., was andere gegen Dich aufbringen könnte.
2. Wenn Du zum ersten Mal in einen Chat-Raum kommst, versuche die Stimmung des Chats und der Leute mitzukriegen, bevor Du richtig loslegst. Falls das Ganze nichts für Dich ist, dann such Dir einfach einen anderen Chat-Raum.
3. Erinnere Dich daran, daß Du nicht anonym bist. Jeder Chat-Server ist fähig, Deine IP (Deine Rechner-Adresse) mitzuschneiden, und die meisten speichern alle Besucher in ein File. Deine IP Adresse führt zu Deinem Internet Provider und dieser hat wiederum die Informationen über Dich...

4. Denke daran, daß ein Chat nicht unbedingt privat ist. Viele Chat Programme arbeiten Datei-basiert, und alle Deine Mitteilungen *können* (aber müssen nicht unbedingt) mitgeschnitten werden…

5. Wenn Du jemandem etwas sagen willst, richte es direkt an ihn. Mitteilungen, die nicht an jemanden ,adressiert' sind, müssen nicht unbedingt beantwortet werden… wenn Du sie aber an jemanden richtest, werden sie meistens beantwortet (außer es besteht ein guter Grund, es nicht zu tun).

6. Wenn Du jemandem antwortest, tue dies höflich, es sein denn, Du hast einen guten Grund, es nicht zu tun.

7. Wenn Du **bold** oder CAPS verwendest, tue dies nur zur Betonung, nicht im ganzen Satz… Letzteres kann ziemlich nerven.

8. Wenn Du Fragen hast, dann frage, aber höflich… die meisten werden Dir ebenso antworten, und wenn Deine Fragen zu persönlich sind, werden sie es Dir freundlich mitteilen. Fragen ist ein guter Weg um ein Gespräch einzuleiten; die meisten werden ,Newbies' gerne hilfreich zur Seite stehen;-)

9. Wenn jemand hereinschneit und beleidigend wird, ignoriere den Typen einfach. Wenn Du Dich offen über ihn aufregst, dann stachelt ihn das noch mehr an. Der Typ wird sich ziemlich schnell langweilen und verschwindet wieder, wenn er nur sich selber beleidigen kann… Wenn Dich der Typ zu sehr nervt, dann schreibe eine E-Mail an den jeweiligen Chat-Admin, so daß dieser dann weitere Maßnahmen einleiten kann. (siehe auch Punkt 3.)

10. Wenn jemand seine E-Mail-Adresse nicht herausrücken will, nimms leicht… Du drückst ja auch nicht jedem Deine Telefonnummer (oder die von Freunden) in die Hand, oder?

Quelle: http://www.webchat.de/allgemeines/chatiquette-php

2. Netiquette für Newsgruppen

1. Vergiß niemals, daß auf der anderen Seite ein Mensch sitzt
2. Erst lesen, dann denken, dann erst posten
3. Fasse Dich kurz!
4. Deine Artikel sprechen für Dich. Sei stolz auf sie!
5. Nimm Dir Zeit, wenn Du einen Artikel schreibst!
6. Vernachlässige nicht die Aufmachung Deines Artikels
7. Achte auf die ,Subject:'-Zeile!

8. Denke an die Leserschaft!
9. Vorsicht mit Humor und Sarkasmus!
10. Kürze den Text, auf den Du Dich beziehst
11. Benutze Mail, wo immer es geht!
12. Gib eine Sammlung deiner Erkenntnisse ans Netz weiter
13. Achte auf die gesetzlichen Regelungen!
14. Benutze Deinen wirklichen Namen, kein Pseudonym
15. Kommerzielles?
16. Keine ‚human gateways' – das Netz ist keine Mailbox
17. ‚Du' oder ‚Sie'?

Quelle: http://www.chemie.fu-berlin.de/outerspace/netnews/netiquette.html

---

NewsGroup-Knigge

„Wer will, dass ihm die anderen sagen, was sie wissen,
der muss ihnen sagen, was er selbst weiß.
Das beste Mittel, Informationen zu erhalten ist,
Informationen zu geben."
Nicoló Machiavelli (1469–1527)

Diese NewsGroup ist für Fachexperten und Fachinteressierte geschaffen worden. Sie können das fachliche Niveau und die Qualität der NewsGroup fördern, indem Sie die folgenden Punkte berücksichtigen:
• Bitte nur Inhalte zum Themengebiet!!!
• Werbung ist hier fehl am Platz. Die meisten Teilnehmer reagieren hierauf mit Verärgerung. Deshalb: Werben Sie bitte durch Ihre Kompetenz und z. B. nur durch Angaben, für welches Unternehmen Sie arbeiten.
• Beachten Sie bitte, dass das Internet kein rechtsfreier Raum ist, und zeigen Sie ungesetzliche Inhalte umgehend an (siehe hierzu auch die rechtlichen Hinweise).
• Lassen Sie keine Verunglimpfung oder Beleidigung von Personen oder Personengruppen zu.

Quelle:http://www.goin24.de/newsgroup/thread.php?group=gotodoc.bwl.wissensmanagement#

3. Netiquette im MUD[25]

- IC – OOC

Im Gueldenland wird Rollenspiel nicht nur geschaetzt, es wird aktiv betrieben. Um das Rollenspiel nicht zu stoeren, wurde die strikte Unterscheidung zwischen IC (in character) und OOC (out of character) geschaffen. Saemtliche ooc Dinge sollten deshalb auch mit dem dafuer vorgesehenen Befehl behandelt werden („ooc text", od. „hilfe ooc"). Es stoert das Rollenspiel sehr, wenn ein Spieler ein IC-Gespraech zwischen Charakteren mit Dingen wie „wie funktioniert das" oder „wo kann man…" stoert. Hierbei sollte angemerkt werden, dass der Befehl „teile name mit text" natuerlich auch ooc ist, schliesslich besitzt wohl keiner der Charaktere telepathische Kraefte.

- Rollenspiel

Rollenspiel kommt in den meisten deutschen Muds etwas zu kurz, wahrscheinlich auch weil viele erst gar nicht darauf ausgelegt sind. Genau hier unterscheidet sich das Gueldenland von den anderen Muds. Bedenkt, dass die Handlungen eures Charakters ihn fuer andere definieren. NPCs (Nicht Spieler Charaktere) sind nicht einfach nur Programme, sie sind Teil der Welt und genauso viel wert wie euer Charakter. Rollenspielerisch gesehen, macht es keinen Unterschied, ob ihr einen NPC oder Spieler toetet. Auf jeden Fall habt ihr gemordet, und dies kann schlimme Folgen haben. Toetet ein Elf einen Zwergen, so kann er wohl mit der Abscheu seiner Brueder und Schwestern rechnen, vielleicht sogar mit Rache. Natuerlich gehoert das Toeten von NPCs, liebevoll auch „Metzeln" genannt, zum Spiel. Doch vergesst niemals, das jemand, der staendig Marktfrauen oder alte betrunkene Bettler nur wegen ihrer Ausruestung oder zur Freude toetet (jaja, Eps sammeln…aber das gibt's halt IC nicht:o), im Spiel kein netter Typ sein kann. Er ist ein Moerder, und wird von allen anderen auch dementsprechend behandelt. Also, achtet auf eure Taten, Boesewichte sind zwar interessant fuer das Spiel, doch sollten sie dann nicht jammern, wenn sie selbst mal eins auf den Deckel bekommen. Wer also nur der EP's (Erfahrungspunkte) wegen metzelt, sollte sich seine Gegner gut aussuchen. Auch Boesewichte bringen Erfahrungspunkte, und wer diese toetet, wird nicht als Moerder beschimpft, sondern wohl eher als Held gefeiert. Kleine persoenliche Anmerkung, fuer Elfen z. B. sind Tiere genauso viel wie Humanoide wert.:-) Beachtet beim Rollenspiel auch die Unterscheidung zwischen IC und OOC! Kleine Streitereien zwischen

---

25 Es handelt sich hier um die Handlungshinweise für den MUD „Gueldenland".

Elfen und Zwergen sind alltaeglich, doch auch bei diesen sollte immer darauf geachtet werden, ob ein Charakter etwas sagt, oder die Person dahinter.

- Hilfe

Im Mud gibt es eine Hilfe, die durch den Befehl „hilfe" abrufbar ist. Hier findet man meist Antwort auf seine Fragen, dafuer wurde sie schliesslich gemacht. Wenn ihr also Fragen habt, studiert zuvor die Hilfe und erbittet erst danach Hilfe von anderen, falls ihr wirklich keine Antwort gefunden habt oder noch immer etwas unklar ist. Denkt daran, dass der Adel schon genug zu tun hat, und wendet euch zuvor lieber an einen erfahreneren Spieler.

- Questinfos

Es gibt viele Geheimnisse und Abenteuer, die auf wackere Helden versteckt im Gueldenland warten. Manchmal hat man grosse Probleme, diese zu finden oder zu loesen. Natuerlich, jeder kann mal um Hilfe bitten und wenn er das freundlich und richtig macht, wird er meist auch welche erhalten. Nur, in Spielerkreisen ist es absolut verpoent, diese Fragen so zu formulieren, dass vielleicht andere, die diese Aufgabe noch nicht geloest haben, dadurch Informationen erhalten. Die Ebene Abenteuer („-b") soll es euch ermoeglichen, eure Fragen zu stellen, doch formuliert diese so, dass ihr damit keinerlei Informationen freigebt. Auch die Zeitung ist natuerlich nicht dafuer gedacht, dort Hilfestellungen in Sachen Abenteuer zu bekommen. Denkt aber immer daran, dass es die groesste Befriedigung ist, eine Sache aus eigener Kraft und ohne Hilfe zu schaffen. Staendiges Nachfragen nervt nicht nur die anderen, sondern nimmt euch auch viel Spass. Uebrigens, wer dem Helfenden mit einem freundlichen Dankeschoen entlohnt, wird wohl wieder auf Hilfe hoffen koennen.:)

Eine aktuelle Liste mit allen angeschlossenen Quests findet ihr uebrigens auf www.gueldenland.de/~tigerauge

- Playerkill

Playerkill, also der Mord von einem anderen Spielercharakter ist durch die Spielregeln im Gueldenland nicht direkt verboten. Jedoch, da hier Rollenspiel betrieben wird, ist natuerlich mit Bestrafung zu rechnen. Wer aus Notwehr toetet, hat natuerlich nichts zu befuerchten. Ein Spieler, der jedoch ohne ersichtliche Gruende von einem anderen Spieler angegriffen und getoetet wurde, kann sich in diesem Fall an den Adel richten. Ist die Anzeige gerechtfertigt, kann der Mörder mit Strafen wie z. B. „Vogelfreiheit" rechnen (siehe „Hilfe Vogelfrei").

Natuerlich geschehen trotzdem ab und an gar fuerchterliche Morde in den Weiten des Gueldenlandes, doch diese dienen meist dem Rollenspiel.

- Ebenen

„Hilfe Ebenen" sollte euch technisch erklaeren, wie man diese Kommunikationsform benutzt, doch eines solltet ihr doch noch wissen. Das Wichtigste im Umgang mit den Ebenen ist es, OOC und IC strikt auseinander zu halten. Einzig und allein die Ebene „-offen" wird ab und an fuer mehr oder weniger rollenspielerische Gespraeche genutzt. Alle anderen Ebenen sind rein OOC!

- Zeitung

Die GPA (Gueldenlands PresseAgentur') ist ein wichtiges Kommunikationsforum für Spieler und Adelige. Achtet bei der Nutzung dieser darauf, den Betreff so zu formulieren, dass der Inhalt klar ist. Ebenfalls besonders wichtig ist es, die richtige Rubrik zu waehlen! Natuerlich bieten sich Rubriken wie „Rubrik Allgemeines" auch fuer IC-Angelegenheiten an. In der Zeitung ist wie bereits erwaehnt, kein Platz fuer Fragen bezueglich Quests oder Aehnlichem!

- Bugmeldung/Ideen

Wie die meisten Muds, wird auch das Gueldenland niemals „fertig". Staendig werden neue Gebiete, Quests und Verbesserungen angeschlossen. Damit auch wir als Spieler den Adel etwas unterstuetzen koennen, gibt es Befehle wie „fehler", „typo" und „idee". Es gibt zwar in der GPA (Gueldenlands PresseAgentur) eine Rubrik „Bugreport", doch diese ist nur dafuer gedacht, wenn man den Fehler nicht direkt einem Objekt oder Raum zuordnen kann. D. h. sollte zum Bsp. ein NPC Fehler aufweisen, so muellt man deshalb nicht sofort die Zeitung voll, sondern untersucht den NPC und verwendet danach den Befehl „fehler" und beschreibt damit den Fehler (siehe hilfe fehler, typo, idee). Durch diese Prozedur, und dem zuvor ungemein wichtigen Untersuchen des Objekts, gelangt die Beschreibung an den zustaendigen Adeligen. Sollte der Fehler oder die Idee nicht direkt durch ein Untersuchen mit dem Befehl an den Zustaendigen geschickt werden koennen, so kann man immer noch einen persoenlichen Brief verfassen, wenn man denn weiss, wer dafuer verantwortlich ist, oder verwendet letzten Endes die Zeitung.

- Bugs

Die kleinen Kaeferlein krabbeln leider manchmal unbemerkt mitten unter uns. Es ist absolut verpoent und verboten, Fehler jeglicher Art auszunutzen! Dies gilt natuerlich auch dafuer, wenn ihr z. B. bemerkt, dass ein NPC zu viele EP's bringt oder Aehnliches. Meldet diese sofort und helft damit, das GL zu einem noch schoeneren Fleckchen zu machen.

• Adel

Der Adel, in vielen anderen Muds „Magier", ist die Vereinigung der Programmierer, die diese ganze Welt fuer uns Spieler geschaffen haben und immer weiter verbessern und ausbauen! Natuerlich verkoerpern auch sie Charaktere im Gueldenland. Warum der Adel in dieser „Netiquette" auftaucht? Nun, man sollte eben immer daran denken, was fuer Muehe sich diese Leute geben, um uns ein wenig Spass zu ermoeglichen und deshalb verdienen auch sie etwas Respekt und Anerkennung. Wenn ihr Hilfe benoetigt oder Fragen habt, studiert erst die Hilfe und fragt erfahrenere Spieler, aber versucht so weit als moeglich, nicht sofort einen Adeligen mit Fragen zu bombardieren. Die haben wirklich Besseres zu tun und es ist ihnen nicht erlaubt, Spielern zu helfen! Falls jemand unter euch uebrigens einmal IC mit einem solchen zu tun haben sollte, studiert doch die Hilfe bezueglich der korrekten Ansprechformeln (bsp: „hilfe herzog").

• Zweitcharakter (2ties)

Das Fuehren eines Zweitcharakters (unter Spielern gerne 2ties genannt) ist nicht ausdruecklich verboten, wenn auch von manchen nicht allzu gern gesehen. Jedoch gibt es fuer Zweitcharaktere einige Regeln, an die es sich zu halten gilt, anderenfalls ist mit Sanktionen zu rechnen. Das Wichtigste ist wohl, das ein Spieler NIEMALS zwei Charaktere gleichzeitig im Mud fuehren darf! Das bedeutet also, dass man Zweitcharaktere nicht als Packesel oder Transporter verwenden darf, keine Gegenstaende austauschen und nicht gemeinsam metzeln/ questen darf. Dies alles ergibt sich aber alles aus der Regel, dass beide Charaktere niemals gleichzeitig im Mud sein duerfen.

Zusammenfassend ist also zu sagen, vergesst niemals, dass hinter den Charakteren Menschen stecken. Keine Programme oder Maschinen, also geht auch dementsprechend mit ihnen um!

Quelle: http://www.gueldenland.de/mud-hilfe/html/netiquette.html

4. Netiquette für E-Mail

- Mailen Sie nur dann, wenn es der Sache dient – nicht nur so zum Spaß. Nachrichten wie „Hallo, hier bin ich" sind absolut überflüssig. Beteiligen Sie sich nicht an Serienbriefen! Rundmails z. B. zu Weihnachten sind eine Unart.
- E-Mailing hilft bei der raschen und formlosen Sachinformation. Streit trägt man persönlich aus, nicht per E-Mail.
- Die Betreffzeile sollte zutreffend, kurz und aussagekräftig sein.
- Blähen Sie Ihre Signatur nicht unnötig auf: Sie sollte im Regelfall nicht größer als die übermittelte Nachricht sein (z. B. nicht länger als 5 Zeilen); sie braucht keine Informationen zu enthalten, die bereits an anderer Stelle in der E-Mail stehen; tolle Signaturen („ASCII-Malereien") nutzen sich im Wiederholungsfall in ihrer Wirkung ohnehin stark ab; sie stellen eine unnötige Basislast dar.
- Wenn Sie eine Nachricht beantworten, zitieren Sie nur die Stellen („quoten"), auf die Sie sich beziehen. Auch wenn es noch so bequem geht: Das komplette Wiederholen einer Nachricht ist unhöflich gegenüber dem Empfänger und aufwendig für das Netz.
- Gehen Sie sparsam bzw. nur ganz gezielt mit Smileys um (wie z. B.:-) für „Ich freue mich"). Diese verlieren bei zu häufigem Gebrauch stark an Wirkung.
- Machen Sie Gebrauch von Groß- und Kleinschreibung; für das E-Mail gibt es keine neuen Deutschregeln. WER IN GROSSBUCHSTABEN SCHREIBT, DER SCHREIT!
- Nehmen Sie Rücksicht auf weniger Versierte: Nutzen Sie neue oder raffinierte Techniken nur dann, wenn Sie sicher sind, daß der Empfänger damit klarkommt. Das gilt insbesondere für das Einbeziehen von vorbereiteten Dateien, die Darstellung von nationalen Sonderzeichen (Umlauten), Verschlüsseln von Nachrichtenteilen, Senden von Sprechnachrichten oder – generell – Multimedia-Dokumenten.
- Vergewissern Sie sich vor dem ersten Mail an einen neuen Partner darüber, daß die Mailanschrift korrekt ist.

Berücksichtigen Sie bei wichtigen Angelegenheiten, dass E-Mailing

- noch immer nicht zuverlässig funktioniert: Wenn Sie eine wichtige Nachricht versenden, kündigen Sie sie per Telefon an; wenn Sie eine erhalten, bestätigen Sie deren Empfang.
- nicht für vertrauliche Kommunikation geeignet ist: Solche Informationen sollten Sie nur verschlüsselt übertragen, da viele mitlesen können.

Natürlich gelten beim E-Mailing auch die Grundsätze, die für die Korrespondenz im allgemeinen gelten, wie z. B.:

- Schreiben Sie niemals im Affekt. Lesen Sie die Nachricht erst noch einmal durch, bevor Sie sie abschicken. Vermeiden Sie Ironie: die wird leicht falsch verstanden.
- Seien Sie höflich. Die Leichtigkeit und Schnelligkeit des Mediums rechtfertigen nicht hemdsärmelige oder gar unfreundliche Umgangsformen. Wenn Sie Ihren Partner nicht kennen, sollten Sie ihn weder umarmen noch abwehren (wobei er bestimmt, wie Ihre Nachricht auf ihn wirkt).
- Erwecken Sie mit Inhalt, Ausdruck oder Form Ihrer Nachricht keine Erwartungen, die Sie nicht erfüllen können.
- Nicht jeder Satz muß deutlich machen, daß Sie der unübertroffene Experte auf Ihrem Gebiet sind; vermeiden Sie z. B. unnötige Fachbegriffe und Akronyme.
- Seien Sie tolerant gegenüber Mängeln eines Partners: z. B. bezüglich Rechtschreibung, Grammatik, Ausdruck oder Mail-Gewohnheiten. Reiben Sie ihm Fehler nicht unter die Nase.

Quelle: http://www.hrz.uni-dortmund.de/docs/EMail-Netiquette.html

Literatur

A

Abel, J. (2000): Cybersl@ng. Die Sprache des Internet von A bis Z, München

Ajzen, I./Fishbein, M. (1980): Understanding Attitudes and predicting Social Behavior, Englewood Cliffs, N.J.

Altman, I./Taylor, D. (1973): Social penetration: The development of interpersonal relationships, New York

Androutsopoulos, J.K./Ziegler, E. (2003): Sprachvariationen und Internet: Regionalismen in einer Chat-Gemeinschaft; in: Androutsopoulos, K.J./Ziegler, E. (Hg): „Standardfragen". Soziolinguistische Perspektiven auf Sprachgeschichte, Sprachkontakt und Sprachvariation, S. 251–279

ARD/ZDF-Online-Studie 2005: Eimeren, B. v./Frees, B. (2005): Nach dem Boom: Größter Zuwachs in internetfernen Gruppen; in: Media Perspektiven 8, S. 362–379

Argyle, M. (1969): Social Interaction, London

Argyle, M. (1974): Soziale Interaktion, 2. Aufl. Köln

Argyle, M. (2005): Körpersprache und Kommunikation, 8. Aufl. Paderborn

Argyle, M./Dean, J. (1965): Eye contact, distance and affiliation; in: Sociometry, 28, p. 289–304

B

Bär, J.A. (2000): Deutsch im Jahr 2000. Eine sprachhistorische Standortbestimmung; in: Eichhoff-Cyrus, K./Hoberg, R. (Hg.): Die deutsche Sprache zur Jahrtausendwende. Sprachkultur oder Sprachverfall? Mannheim, S. 9–34

Barthes, R. (1970/1974): S/Z. An Essay, Paris (ins Engl. übersetzt von R. Miller, New York 1974)

Baumgarten, F. (1931): Psychologie des Telefonierens; in: Zeitschrift für Psychologie, 122, S. 355–364

Baxter, L.A. (1979): Self-disclosure as a relationship disengegement strategy: an exploratory investigation; in: Human Communication Research, Volume 5

Bechar-Isreali, H. (1996): From ‹Bonehead› TO ‹cLoNehEAd›: Nicknames, Play, and Identity on Internet Relay Chat; verfügbar unter: http://www.ascusc.org/jcmc/vol1/issue2/bechar.html

Beck, S. (Hg.) (2000): Technogene Nähe. Enthnographische Studien zur Mediennutzung im Alltag, Münster

Becker, B. (1997): Virtuelle Identitäten. Die Technik, das Subjekt und das Imaginäre; in: Becker, B./Pateau, M. (Hg.): Virtualisierung des Sozialen, Frankfurt am Main, S. 163–184

Becker, B. (2004): Selbst-Inszenierung im Netz; in: Krämer, S. (Hg.): Performativität und Medialität, München

Beißwenger, M. (Hg.) (2002): Chat-Kommunikation. Sprache, Interaktion, Sozialität und Identität in synchroner computervermittelter Kommunikation, Band 1, Stuttgart

Bell, R. A./Daly, J. A. (1984): The affinity-seeking function of communication; in: Communication Monographs, 51, p. 1–115

Bellamy, A./Hanewicz, C. (1999): Social Psychological Dimensions of Electronic Communication; in: Electronic Journal of Sociology; verfügbar unter: http://www.sociology.org/content/vol004.001/bellamy.html

Benbasat, I./Lim, L. (1993): The effects of group, task, context, and technology variables on the usefulness of group support systems: A meta-analysis of experimental studies; in: Small Group Research, 24, p. 430–462

Benninghaus, H. (1976): Ergebnisse und Perspektiven der Einstellungs- und Verhaltensforschung, Meisenheim a. Glam

Berger, C.R. et al. (1976): Interpersonal epistemology and interpersonal communication; in: Miller, G.R. (ed.): Explorations in interpersonal communication, Beverly Hills, p. 149–171

Bernstein, B. (1972): Studien zur sprachlichen Sozialisation, Düsseldorf

Berry, W. (1993): Sex, economy, freedom, and community, New York

Berscheid, E./Walster, E.H. (1978): Interpersonal Attraction, Reading

Bijker, W. E./Hughes, Th. P./Pinch, T.J. (eds) (1997): The Social Construction of Technological Systems, 6th printing Massachusetts

Bimber, B. (2000): The gender gap on the Internet; in: Social Science Quarterly, Volume 81 (3), S. 868–876

Biocca, F./Burgoon, J./Harms, C./Stoner, M. (2001): Criteria and scope conditions for a theory and measure of social presence; verfügbar unter: http://www.temple.edu/ispr/prev_conferences/proceedings/2001/Biocca1.pdf

Birdwhistell, K.L. (1979): Kinesik; in: Scherer, K.R./Wallbott, H. (Hg.): Nonverbale Kommunikation, Weinheim

Bleuel, H.-P. (1984): Die verkabelte Gesellschaft, München

Böhme, G. (1999): Selbstsein und derselbe sein; in: Barkhaus, A. (Hg.): Identität, Leiblichkeit, Normativität, Frankfurt a.M., S. 322–340

Bohn, C. (2006): Kleidung als Kommunikationsmedium; in: Bohn, C.: Inklusion, Exklusion und die Person, Konstanz, S. 95–125

Bolt, D./Crawford, R. (2000): Digital Divide: Computers and Our Children's Future, New York

Boneva, B./Kraut, R./Fröhlich, D. (2001): Using E-Mail for Personal Relationships; in: American Behavioral Scientist, 45(3), p. 530–549

Boos, M./Jonas, K.J./Sassenberg, K. (2000): Sozial- und organisationspsychologische Aspekte computervermittelter Kommunikation; in: M. Boos/K.J. Jonas/K. Sassenberg (Hg.): Computervermittelte Kommunikation in Organisationen, Göttingen, S. 1–10

Booth, R./Jung, M. (1996): Romancing the Net. A „Tell-All" Guide to Love Online, Rocklin

Booth-Kewely, S./Edwards, J. E./Rosenfeld, P. (1992): Impression management, social desirability, and computer administration of attitude questionnaires: Does the computer make a difference? In: Journal of Applied Psychology, 77, p. 562–566

Borghoff, U.W./Schlichter, J.H. (1998): Rechnergestützte Gruppenarbeit: Eine Einführung in Verteilte Anwendungen, Berlin

Bradac, J.J./Bowers, J.W./ Courtwright, J.A. (1979): Three language variables in communication research: Intensity, immediacy, and diversity; in: Human Communication Research, 5, p. 257–269

Bruckman, A. (1992): Identity Workshop: Emergent Social and Psychological Phenomena in Text-Based Virtual Reality; verfügbar unter: ftp://ftp.cc.gatech.edu/pub/people/asb/papers/identity-workshop.rtf

Brunold, J./Merz, H./Wagner, J. (2000): www.cyber-communities.de: Virtual Communities: Strategie, Umsetzung, Erfolgsfaktoren, Landsberg/Lech

Brym, R.J./Lenton, R.L. (2001): Love Online. A Report on Digital Dating in Canada, verfügbar unter: http://www.nelson.com/nelson/harcourt/sociology/newsociety3e/loveonline.pdf

Brym, R.J./Lenton, R.L. (2003): Love at first Byte: Internet dating in Canada; verfügbar unter: http://www.societyinquestion4e.nelson.com/Chapter33Online.pdf

Bucy, E. (2000): Social Access to the Internet; in: The Harvard Journal of Press-Politics, 5 (1), p. 50–61

Bühl, A. (1997): Die virtuelle Gesellschaft. Ökonomie, Kultur und Politik im Zeichen des Cyberspace, Opladen/Wiesbaden

Bühler-Ilieva, E. (1997): „Can anyone tell me how to/join#real.life?" Identitätskonstruktion im Cyberspace; verfügbar unter http://socio.ch/intcom/t_ebuehl01.htm

Bühler-Ilieva, E. (2004): Die eigene Beschreibung als Selbsterkennung: Identitätskonstruktion im Cyberdating; in: Bonfadelli, H./Leonarz, M./Meier, W.A. (Hg.) Informationsgesellschaft Schweiz. Medien, Organisation und Öffentlichkeit im Wandel, Zürich

Bühler-Ilieva, E. (2006): Einen Mausklick von mir entfernt. Auf der Suche nach Liebesbeziehungen im Internet, Marburg

Bühler-Ilieva, E. (2006): „… that you are somewhere out there – just a mouse click away from me": The emergence of online romances using the dating platform www.partnerwinner.ch as an example; in: Wyss, E. (ed.): Transformations of Passion. The Mediatisation of Intimacy in 20th Century, Amsterdam/New York (im Druck)

Burge, E.J. (1994): Learning in computer conference contexts: The learners' perspective; in: Journal of Distance Education, 9(1), p. 19–43

Burgeon, M./Miller, G.R. (1987): An expectancy interpretation of language and persuasion; in Giles, H./St. Clair, R.N. (eds.): Recent advances in language, communication, and social psychology, Hillsdale, p. 199–229

Burgoon, J.K./Hale, J.L. (1987): Validation and measurement of the fundamental themes of relational communication; in: Communication monographs, 54(1), p. 19–41

Burke, K./Chidambaram, L. (1995): Developmental differences between distributed and face-to-face groupos in electronically supported meeting environments: An explanatory investigation; in: Group Decision and Negotiation, 4, p. 213–233

Buss, A.H. (2001): Psychological dimensions for the self, Thousand Oaks

Bußmann, H. (1983): Lexikon der Sprachwissenschaft, Stuttgart

Byrne, D./Clore, G.L. (1966): Predicting interpersonal attraction toward strangers presented in three different stimulus modes; in: Psychonomic Science, 4, p. 239–240

C

Caldwell, B.S./Uang, S.-T./Taha, L.H. (1995): Appropriateness of communications media use in organizations: situation requirements and media characteristics; in: Behaviour & Information Technology, 14, 4, p. 199–207

Carver, C.S./Scheier, M.F. (1981): Attention and Self-Regulation: A control theory approach to human behaviour, New York

Carver, C.S./Scheier, M.F. (1998): On the self-regulation of behavior, Cambridge

Carver, C.S./Scheier, M.F. (1999): Themes and issues in the self-regulation of behavior; in: Wyer, R. (ed.): Perspectives on behavioral self-regulation, Mahwah, p. 1–105

Casimir, R./Harrison, R. (1996): Cyberrom@nzen. Online-Beziehungskisten und Partnetsuche im Internet, Mannheim

Casimir, R./Harrison, R. (1998): Partnersuche im Internet, in: Bollmann, S./Heibach, C. (Hg.): Kursbuch Internet. Anschlüsse an Wirtschaft und Politik, Wissenschaft und Kultur, Reinbek bei Hamburg, S. 291–308

Cassirer, E. (1944/1990): An essay on man, dt. (1990): Versuch über den Menschen. Einführung in eine Philosophie der Kultur, Frankfurt a.M.

Catalfo, P. (1993): America, online; in: Walker, S. (ed.): Changing Community. The Graywolf Annual Ten, St. Paul/MN, p.163–175

Cate R. M./Lloyd, S. A. (1988): Courtship; in: Duck, S. (ed.): Handbook of Personal Relationships: Theory, Research and Interventions, Chichester

Cebrián, J.L. (1999): Im Netz – die hypnotisierte Gesellschaft; Bericht an den Club of Rome, Stuttgart

Champness, B.G. (1972): The Perceived Adequacy of Four Communications Systems for a Variety of Tasks; unpublished Communications Studies Group paper no. E/72245/CH

Chen, W./Wellman, B. (2003): Digital Divides and Digital Dividends. Comparing Socioeconomic, Gender, Life Stage, and Rural-Urban Internet Access and Use in Eight Countries – U.S., U.K., Germany, Italy, Japan, Korea, China and Mexico; verfügbar unter: http://www.chass.utoronto.ca/~wellman/netlab/PUBLICATIONS/index.html

Chenault, B.G. (1998): Developing Personal and Emotional Relationships Via Computer-Mediated Communication; http://www.december.com/cmc/mag/1998/may/chenault.html

Clark, H.H./Brennan, S.E. (1991): Grounding in Communication; in: Resnick, L.B./Levine, J.M./Teasley, S.D. (eds.): Perspectives on socially shared cognition, Washington, p. 127–149

Clark, R.A. (1984): Persuasive messages, New York

Clark, R.A./Delia, J.G. (1979): Topoi and rhetorical competence; in: Quarterly Journal of Speech, 65, p. 187–206

Collins, B.E./Raven, B.H. (1969): Group structure: attraction, coalitions, communications and power; in: Lindzey, G./Aronson, E. (eds.): The Handbook of Social Psychology, Vol. 4. Reading

Collins, M. (1992): The Relationship Between Social Context Cues and Uninhibited Verbal Behavior in Computer-mediated Communication; verfügbar unter: http://www.emoderators.com/papers/flames.html

Communications Studies Group (1971), Interim report, July 1971, London

Connolly, T./Jessup, L.M./Valacich, J.S. (1990): Effects of anonymity and evaluative tone on idea generation in computer-mediated groups; in: Management Science, 36, p. 689–703

Cook, M./Lalljee, M.G. (1972): Verbal Substitutes for Visual Signals in Interaction; in: Semiotica, 6, p. 212–221

Cooper, A./Scherer, C.R./Boies, S.C./Gordon, B.L. (1999): Sexuality on the Internet. From Sexual Exploration to Pathological Expression; in: Professional Psychology: Research and Practice, 30 (2), p. 154–164

Cornwell, B./Lundgren, D.C. (2001): Love on the Internet: Involvement and Misrepresentation in Romantic Relationships in Cyberspace vs. Realspace; in: Computers in Human Behavior, 17(2), p. 197–211.

Cozby, P.C. (1973): Self-disclosure: a literature review; in: Psychological Bulletin, 79 (2), p. 73–91

Critical Art Ensemble (o.J.): Utopian promises – net realities; verfügbar unter: http://www.well.com/user/hlr/texts/utopiancrit.html

Crystal, D. (2001): Language and the Internet, Cambridge

Csiksentmihalyi, M. (1990): Flow: The Psychology of Optimal Experience, New York

Culnan, M.J./Markus, M.L. (1987): Information Technologies; in: Jablin, F.M. et al. (eds.): Handbook of organizational tchnology, p. 420–443

Curtis, P. (1997): MUDding: Social Phenomena in Text-Based Virtual Realities; verfügbar unter http://www.eff.org/Net_culture/MOO_MUD_IRC/curtis_mudding.article

D

Daft, R.L./Wiginton, J.C. (1979): Language and Organization; in: Academy of Management Review, vol. 4/2, p. 179–191

Daft, R.L./Lengel, R.H. (1984): Information richness: a new approach to managerial behavior and organizational design; in: Cummings, L.L./Staw, B.M. (eds.): Research in organizational behavior, 6, p. 191–233

Daft, R.L./Lengel, R.H. (1986): Organizational information requirements, media richness and structural design; in: Management Science, 32 (5), p. 554–571.

Daft, R.L./Lengel, R.H./Treviño, L.K. (1987): Message equivocality, media selection, and manager performance: Implications for information systems; in: MIS Quarterly, 11, p. 355–366

Davis, F.D./Bagozzi, R.P./Warshaw, P.R. (1989): User Acceptance of Computer Technology: A Comparison of Two Theoretical Models; in: Management Science, 35 (8), p. 982–1003

Davitz, J.R. (1964): The Communication of Emotional Meaning, New York

Debatin, B. (1998): Analyse einer öffentlichen Gruppenkonversation im Chat- Room; in: Prommer, E./Vowe, W. (Hg): Computervermittelte Kommunikation – Öffentlichkeit im Wandel, Konstanz, S. 13–37

December, J. (1993): Characteristics of Oral Culture in Discourse on the Net; paper presented at the 12th annual Penn State Conference on Rhetoric and Composition, University, Park, Pennsylvania, July 8, 1993; verfügbar unter: http://www.december.com/john/papers/pscrc93.txt

Dekker, A. (2002): Cybersex und Online-Beziehungen; verfügbar unter: http://www.chatten-aber-sicher.de/downl/pub5.pdf

Dekker, A. et al. (1998): Seminar: „Genderstudies im Internet", Universität Hamburg, Wintersemester 1997/1998; verfügbar unter: http://www.nicola-doering.de/Hogrefe/dekker.htm

Dennis, A.R./Kinney, S.T. (1998): Testing Media Richness Theory in the New Media: The Effects of Cues, Feedback, and Task Equivocality; in: Information Systems Research, 9 (3), p. 256–274; verfügbar unter: http://ids.csom.umn.edu/faculty/mani/IDSC8801_03/week3/DennisKinneyISR98.pdf

Dennis, A.R./Valacich, J.S./Speier, C./Morris, M.G. (1998): Beyond Media Richness: An Empirical Test of Media Synchronicity Theory; verfügbar unter: http://csdl2.computer.org/comp/proceedings/hicss/1998/8233/01/82330048.pdf

Dennis, A.R./Valacich, J.S. (1999): Rethinking media richness: Towards a theory of media synchronicity; paper presented at the 32nd Hawaii International Conference on System Sciences, Hawaii; verfügbar unter: http://csdl2.computer.org/comp/proceedings/hicss/1999/0001/01/00011017.PDF

Diekmann, A./Voss, T. (2003): Die Theorie rationalen Handelns. Stand und Perspektiven; verfügbar unter: http://www.uni-leipzig.de/~voss/ressourcen/skripte/voss/artikel/prof.voss.public_2003b.pdf

Diener, E. (1979): Deindividuation, self-awareness, and disinhibition; in: Journal of Personality and Social Psychology, 37, p. 1160–1171.

Diener, E. (1980): Deindividuation: The absence of self-awareness and self-regulation in group members; in P. B. Paulus (ed.): The psychology of group influence, Hillsdale, p. 209–242

Dilley, J./Lee, J./Verill, E. (1971): Is Empathy Ear-to-Ear or Face-to-Face? In: Personnel and Guidance Journal, 50, p. 188–191

Donath, J. (1996): Identity and Deception in the Virtual Community; in: Kollock, P./ Smith, M. (eds.): Communitites in Cyberspce, London, p. 29–60

Döring, N. (1994): Einsam am Computer? Sozialpsychologische Aspekte der Usenet Community, verfügbar unter: http://www.nicoladoering.de/publications/doering_94.txt

Döring, N. (2000): Romantische Beziehungen im Netz; in: Thimm, C. (Hg.), Soziales im Netz. Sprache, Beziehungen und Kommunikationskulturen im Netz, Opladen, S. 39–70; verfügbar unter: http://www.nicola-doering.de/publications/cyberromance-doering-2000.pdf

Döring, N. (2001): Belohnungen und Bestrafungen im Netz:Verhaltenskontrolle in Chat-Foren; in: Gruppendynamik und Organisationsberatung, 32 (2), S. 109–143.

Döring, N. (2003): Sozialpsychologie des Internet. Die Bedeutung des Internet für Kommunikationsprozesse, Identitäten, soziale Beziehungen und Gruppen, 2. Aufl. Göttingen u. a.

Döring, N./Schestag, A. (2000): Soziale Normen in virtuellen Gruppen. Eine empirische Analyse ausgewählter Chat-Channels; in: Thiedeke, U. (Hg.): Virtuelle Gruppen. Charakteristika und Problemdimensionen, Opladen, S. 313–355.

Döring, N./Dietmar, C. (2003): Mediatisierte Paarkommunikation: Ansätze zur theoretischen Modellierung und erste qualitative Befunde; in: Forum Qualitative Sozialforschung, 4(3), Art. 2; verfügbar unter: http://www.qualitative-research.net/fqs-texte/3–03/3–03doeringdietmar-d.htm

Druckrey, T. (1996): Die wilde Natur oder Die Debakelgesellschaft; in: Iglhaut, S./Medosch, A./Rötzer, F. (Hg.): Stadt am Netz. Ansichten von Telepolis, München, S. 83–88

Dubrovsky, V. J./Kiesler, S./Sethna, B. N. (1991): The equalization phenomenon: Status effects in computer-mediated and face-to-face decision making groups; in: Human-Computer Interaction, 6, p. 119–146.

Duchrow, M. (1999): Virtuelle Communities – Die Konsumgesellschaft der Zukunft?, in: Hermanns, A./Sauter, M. (Hg.): Management-Handbuch Electronic Commerce, München, S. 435–450

Duck, S./Miell, D. (1984): Towards a Comprehension of Friendship Development and Breakdown; in: Tjafel, H. (ed.): The Social Dimension, Vol. 1, Cambridge

Dürscheid, C. (1999): Zwischen Mündlichkeit und Schriftlichkeit: die Kommunikation im Internet; in: Papiere zur Linguistik, 60 (1), S. 17–30.

Dürscheid, C. (2002): Einführung in die Schriftlinguistik, Wiesbaden

Duthler, K. W. (2006): The politeness of requests made via email and voicemail: Support for the hyperpersonal model; in Journal of Computer-Mediated Communication, 11(2); verfügbar unter: http://jcmc.indiana.edu/vol11/issue2/duthler.html

Duval, S./Wicklund, R. A. (1972): A theory of objective self awareness, New York

Dyrud, M.A. (2000): Flaming and Thrashing: An Examination of Tone in Electronic Mail, paper presented at the 30th ASEE/IEEE Frontiers in Education Conference, October 18–21, Kansas

E

Eccles, J.C. (1993): Die Evolution des Gehirns – die Erschaffung des Selbst, München

Efron, D. (1941): Gesture and Environment, New York

Eichenberg, C. (2001): Knistern im Netz. Romanzen im Cyberspace – echte Liebesbeziehungen oder Pseudopartnerschaften? In: c't Magazin für Computertechnik, Heft 16; verfügbar unter: http://www.sextra.de/dl/ct/c0116084.pdf

Eiden, G. (2004): Soziologische Relevanz der virtuellen Kommunikation. Wie verändert sich die interpersonale Kommunikation durch Nutzung des Internets? Vergleich der Face-to-face Interaktion nach Goffman mit der virtuellen Kommunikation; verfügbar unter: http://socio.ch/intcom/t_eiden.htm

Eigner, C./Leitner, H./Nausner, P./Schneider, U. (2003): Online-Communities, Weblogs und die soziale Rückeroberung des Netzes, Graz

Eimeren, B. v. (2003): Internetnutzung Jugendlicher; in: Media Perspektiven, 2, S. 67–75

Ekman, P. (1972): Universals and cultural differences in facial expressions of emotion; in: Cole, J.K. (ed.): Nebraska Symposium on Motivation, vol. 19, p. 207–283

Eldred, S.H./Price, D.B. (1958): Linguistic Evaluation of Feeling States in Psychotherapy; in: Psychiatry, 21, p. 115–121

Ellison, N./Heino, R./Gibbs, J. (2006): Managing impressions online: Self-presentation processes in the online dating environment. Journal of Computer-Mediated Communication, 11(2), article 2; verfügbar unter:
http://jcmc.indiana.edu/vol11/issue2/ellison.html

Elster, J. (1989): Nuts and Bolts for the Social Sciences, Cambridge

Erickson, T. (1997): Social interaction on the net: Virtual community as participatory genre; in: Nunamaker, J.F., Jr./Sprague, R.H., Jr. (eds.), Proceedings of the 13th Hawaii international conference on systems science, Vol 6, Los Alamitos, p. 23–30

Erikson, E.H. (2000): Identität und Lebenszyklus, 18. Aufl. Frankfurt a.M. (orig. 1959)

Eurich, C. (1983): Das verkabelte Leben: Wem schaden und wem nützen die Neuen Medien? Reinbek bei Hamburg

Exllne, R.V/Winters, L.C. (1965): Affective relations and mutual gaze in dyads; in: Tomkins, S./Izzard, C. (eds.): Affect, Cognition and Personality, New York

F

Famulla, G.-E./Gut, P./Möhle, V./Schumacher, M./Witthaus, U. (1992): Persönlichkeit und Computer, Wiesbaden

Faßler, M. (1997): Was ist Kommunikation? München

Faßler, M. (2000): Künstliche Umwelten und Identität; in; Helltage, R./Vogt, L. (Hg.): Identitäten in der modernen Welt, Opladen, S. 181–198

Faulstich, W. (1998): Grundwissen Medien, München

Feenberg, B. (1989): The written world: On the theory and practice of computer conferencing; in: Mason, R./Kaye, A. (eds.): Mindwave: Communication, computers, and distance education, New York, p. 22–39

Fenigstein, A./Scheier, M.F./Buss, A.H. (1975): Public and private self-consciousness: assessment and theory; in: Journal of Consulting & Clinical Psychology, 43, p. 522–527.

Fernback, J./Thompson, B. (1995). Virtual communities: Abort, Retry, Failure? Computer-mediated communication and the American collectivity: The dimensions of comuunity within cyberspace. Paper presented at the annual convention of the International Communication Association, Albuquerque, New Mexiko; verfügbar unter: http://www.well.com/user/hlr/texts/VCcivil.html

Ferry, D.L./Kydd, C.T./Sawyer, I.E. (2004): Measuring facts of media richness; in: Journal of Computer Information Systems, 41 (1), p. 69–78

Festinger, L./Schachter, S./Back, K.W. (1950): Social Pressures in Informal Groups: A Study of Human Factors in Housing, New York

Festinger, L./Pepitone, A./Newcomb, T. (1952): Some consequences of de-individuation in a group; in: Journal of Abnormal and Social Psychology, 47, p. 382–389

Filinski, P. (1998): Chatten in der Cyberworld, Bonn

Fink, G./Kammerl, R. (2001): Virtuelle Identitäten. Ein Ausdruck zeitgemäßer Identitätsarbeit? In: Medien Praktisch, 1, Jg. 25, S. 10–16

Fishbein, M./Ajzen, I. (1975): Belief, attitude, intention, behavior, Reading

Fix, T. (2001): Generation@ im Chat, München

Földes-Papp, K. (1984): Vom Felsbild zum Alphabet. Die Geschichte der Schrift von ihren frühesten Vorstufen bis zur modernen lateinischen Schreibschrift, Stuttgart

Foppa, K. (1994): „Verstehen im Dialog" und „Textverstehen": zwei Seiten einer Medaille? Überlegungen zu einem vernachlässigten Problem; in: Reusser, K./Reusser-Weyeneth, M. (Hg.): Verstehen – ein psychologischer Prozeß und didaktische Aufgabe, Bern u. a.

Franzoi, S.L./Davis, M.H. (1985): Adolescent self-disclosure and loneliness: Private self-consciousness and parental influences; in: Journal of Personality and Social Psychology, 48, p. 768–780.

Freeman, L.C. (1980): Q-analysis and the structure of friendship networks; in: International Journal of Man-Machine Studies, 12, p. 367–378.

Freeman, L.C. (1984): The impact of computer based communication on the social structure of an emerging scientific specialty; in: Social Networks, 6, p. 201–221.

Frey, S. (1984): Die nonverbale Kommunikation, Waiblingen

Frindte, W. (2001): Einführung in die Kommunikationspsychologie, Weinheim/Basel

Frindte, W./Köhler, T. (1999): Kommunikation im Internet, Frankfurt am Main

Fulk, J./Schmitz, J./Steinfield, C.W./Power, J.G. (1987): A social information processing model of media use in organizations; in: Communications research, 14, p. 529–552

Fulk, J./Schmitz, J./Steinfield, C. W. (1990): A social influence model of technology use; in: Fulk, J./Steinfield, C. W. (eds.): Organizations and communication technology, Newbury Park, p.117–140

Fulk, J. (1993): Social Construction of Communication Technology; in: Academy of Management Journal, 36 (5), p. 921–950

Funken, C. (2000): Körpertext oder Textkörper – Zur vermeintlichen Neutralisierung geschlechtlicher Körperinszenierungen im elektronischen Netz; in: Becker, B./Schneider, I. (G.): Was vom Körper übrig bleibt. Körperlichkeit – Identität – Medien, Frankfurt am Main/New York, S. 103–129

Funken, C. (2002): Digital Doing Gender; in: Münker, S./Roesler, A. (Hg.): Praxis Internet, Frankfurt am Main, S. 158–181

Funken, C. (2003): Digitale Identitäten; in: Winter, C. et al. (Hg.): Medienidentitäten: Identität im Kontext von Globalisierung und Medienkultur, Köln, S. 282–297

G

Gallery, H. (2000): „bin ich – klick ich" – Variable Anonymität im Chat; in: Thimm, C. (Hg.): Soziales im Netz. Sprache, soziale Beziehungen und Kommunikationskulturen im Internet, Wiesbaden, S. 71–88.

Garton, L./Haythornthwaite, C./Wellman, B. (1997): Studying Online Social Networks; in: Journal of Computer-Mediated Communication (JCMC), 1; verfügbar unter: http://jcmc.indiana.edu/vol3/issue1/garton.html

Gaßner, K./Schröder, O. (2003): Wissensmodulierung und Wissenskommunikation in Lernszenarien; in: Künstliche Intelligenz, Heft 1, S. 5–11; verfügbar unter: http://www.webki.de/ki/archiv/2003_1/gassner-schroeder.pdf

Geiger, T. (1959): Art. „Gesellschaft"; in: Vierkandt, A. (Hg.): Handwörterbuch der Soziologie, Stuttgart

Georges, J. (1991): Die Geschichte der Schrift, Ravensburg

Gergen, K. (1990): Die Konstruktion des Selbst im Zeitalter der Postmoderne; in: Psychologische Rundschau, 41, S. 191–199

Gergen, K. (1996): Das übersättigte Selbst. Identitätsprobleme im heutigen Leben, Heidelberg (orig: The saturated self. Dilemmas of identity in contemporary life, New York)

Gerlander, M./Takala, E. (1997): Relating Electronically: Interpersonality in the Net; in: Nordicom Review, 18(2), p. 77–81

Geser, H. (1997): Das Schlaraffenland des Informationszeitalters? Über das Internet als Supermedium und Faktor des gesellschaftlichen Wandels; in: Die Volkswirtschaft, 70. Jg. Heft 4, Bern 1997, S. 12–18).

Geser, H. (1999): Metasoziologische Implikationen des Cyberspace; in: Honegger, C./Hradil, S/Troxler, F. (Hg.): Grenzenlose Gesellschaft? Band 2 der Verhandlungen des Deutsch-Österreichisch-Schweizerischen Kongresses für Soziologie in Freiburg Br. 1998, Opladen, S. 202–219

Geser, H. (2002): Towards a (Meta-)Sociology of the Digital Sphere; verfügbar unter: http://socio.ch/intcom/t_hgeser13.pdf

Gibbs, J.L./Ellison, N.B./Heino, R.D. (2006): Self-Presentation in Online Personals. The Role of Anticipated Future Interaction, Self-Disclosure, and Perceived Success in Internet Dating; in: Communication Research, 33 (2), p. 152–177; verfügbar unter: http://www.msu.edu/~nellison/Gibbs_Ellison_Heino_2006.pdf

Gibson, W. (1986): Neuromancer, London

Giddens, A. (1984): The Constitution of Society. Outline of the Theory of Structure, Berkely

Glasersfeld, E. v. (1985): Einführung in den Konstruktivismus, München

Goffman, E. (1959): The presentation of self in everyday life, New York

Goffman, E. (1972): The Neglected Situation; in: Giglioli, G.G. (ed.): Language of Social Context, Harmongsworth, S. 61–66

Goffman, E. (2000): Rahmen-Analyse. Ein Versuch über die Organisation von Alltagserfahrungen, 5. Aufl. Frankfurt a.M.

Goffman, E. (2001): Wir alle spielen Theater. Die Selbstdarstellung im Alltag, 9. Aufl. München

Götzenbrucker, G. (2001): Soziale Netzwerke und Internet-Spielwelten. Eine empirische Analyse der Transformation virtueller in realweltliche Gemeinschaften am Beispiel von MUDs, Opladen

Gräf, L. (1997): Locker verknüpft im Cyberspace – Einige Thesen zur Veränderung sozialer Netzwerke durch die Nutzung des Internet; in: Gräf, L./Krajewski, M. (Hg.): Soziologie des Internet, Frankfurt am Main, S. 99–124

Graham, J./Argyle, M./Furnham, A. (1980): The goal structure of situations; in: European Journal of Social Psychology, 10, p. 345–366

Grandt, S. (2002): Freundschaften im Internet Relay Chat; Diplomarbeit, verfügbar unter: http://webchat.irc.at/site/dl/dipl-irc.pdf

Granovetter, M. (1973): The strength of weak ties; in: The American Journal of Sociology, Vol. 78, No. 6

Granovetter, M. (1974): Getting a job. A study of contacts and careers, Cambridge (2. Aufl. 1995, Chicago)

Graumann, C.F. (1972): Interaktion und Kommunikation; in: Handbuch der Psychologie. Bd. 7: Sozialpsychologie, 2. Halbband: Forschungsberichte, Göttingen, S. 1109–1262

Greef, P. de/Ijsselsteijn, W. (2000): Social Presence in the PhotoShare Tele-Application; paper to be presented at PRESENCE 2000–3rd International Workshop on Presence, 27–28 March 2000, Techniek Museum, Delft, The Netherlands; verfügbar unter: http://www.presence-research.org/papers/socpres.html

Groebel, J./Gehrke G. (Hg.) (2003): Internet 2002: Deutschland und die digitale Welt. Internetnutzung und Medieneinschätzung in Deutschland und Nordrhein-Westfalen im internationalen Vergleich, Opladen.

Großklaus, G. (1995): Medien-Zeit, Medien-Raum. Zum Wandel der raumzeitlichen Wahrnehmung in der Moderne, Frankfurt am Main

Gukenbiehl, H./Schäfers, B. (2003): Art. „Gruppe"; in: Schäfers, B. (Hg.): Grundbegriffe der Soziologie, 8. Aufl. Opladen, S. 118–122

Gunawardena, C.N. (1995): Social presence theory and implications for interaction collaborative learning in computer conferences; in: International Journal of Ecucational Telecommunications, 1 (2/3), p. 147–166

Gunawardena, C.N./Zittle, F.J. (1997): Social presence as a predictor of satisfaction within a computer-mediated conferencing environment; in: The American Journal of Distance Education, 11 (3), p. 8–26

Gwinnell, E. (1998): Online Seductions. Falling in Love with Strangers on the Internet, New York

H

Haase, M./Huber, M./Krumeich, A./Rehm, G. (1997): Internetkommunikation und Sprachwandel; in: Weingarten, R. (Hg.): Sprachwandel durch Computer, Opladen, S. 51–85; verfügbar unter: http://www.uni-giessen.de/~g91063/html/irc/irc.html.

Habermas, J. (1976): Was heißt Universalpragmatik? In: Apel, K.O. (Hg.): Sprachpragmatik und Philosophie, Frankfurt a.M.

Habermas, J. (1981): Theorie des kommunikativen Handelns, 2 Bde., Frankfurt a.M.

Hackman, M.Z./Walker, K.B. (1990): Instructional communication in the televised classroom: The effects of system design and teacher immediacy on student learning and satisfaction; in: Communication Education, 39 (3), p. 196–206

Halbert, C.L. (1999): The presentation of self in computer-mediated communication: managing and challenging gender identity (impression management, chatrooms), Doctoral Dissertation, University of Kentucky; in: Dissertation Abstracts International, 60(08), AAT 9943012

Hall, E.T. (1963): A System for the Notation of Proxemic Behavior; in: American Anthropology 65, p. 1003–1026

Hall, E.T. (1966): The Hidden Dimension, New York

Hall, E.T. (1968): Proxemics; in: Current Anthropology, 9, p. 83–92.

Hannemann, S./Vollmer, A./Wehner, T. (2006): Koexistenz von face-to-face und virtueller Kommunikation beim netzwerkbasierten Ideentausch: Am Beispiel der Koordinationsgruppe eines interorganisationalen Netzwerks; in: Empirische Arbeitsforschung – Empirische Beiträge aus der Psychologie, Soziologie und Pädagogik der Arbeit, Nr. 02; verfügbar unter http://www.empirische-arbeitsforschung.de

Hanson, W.A. (2000): Principles of Internet Marketing, Cincinnati

Harnad, S. (1991) Post-Gutenberg Galaxy: The Fourth Revolution in the Means of Production of Knowledge; in: Public-Access Computer Systems Review 2, (1), p. 39–53; verfügbar unter: http://www.ecs.soton.ac.uk/~harnad/Papers/Harnad/harnad91.postgutenberg.html

Harrisson, R. (1996): Multi User Dungeons; in: Bollmann, S. (Hg.): Kursbuch Internet, Reinbek b. Hamburg.

Havelock, E.A. (1990): Schriftlichkeit. Das griechische Alphabet als kulturelle Revolution, Weinheim

Heider, F. (1926): Ding und Medium; in: Symposion. Philosophische Zeitschrift für Forschung und Aussprache, 1

Heim, M. (1992): The erotic ontology of cyberspace in: Benedikt, M. (ed.): Cyberspace: First steps, Cambridge, p. 59–80

Heintz, B. (2000): Gemeinschaft ohne Nähe? Virtuelle Gruppen und reale Netze; in: Thiedeke, U. (Hg.): Virtuelle Gruppen. Charakteristika und Problemdimensionen. Wiesbaden, S. 188–218

Heintz, B./Müller, C. (2000): Virtuelle Vergemeinschaftung – die Sozialwelt des Internet, Schlussbericht des Schwerpunktprogramms «Zukunft Schweiz» Verbund «Individualisierung und Integration», verfügbar unter: http://www.soz.unibe.ch/ii/virt/sb00.pdf

Heinze, I. (2004): Wechselbeziehungen zwischen Kulturgeographie und Internet; verfügbar unter: http://www.cybergeography.de/d_ma.html

Helmers, S. et al. (1998): Kulturraum Internet. Kapitel 2 des Endberichtes des Projektes „Kulturraum Internet" am Wissenschaftszentrum für Sozialforschung in Berlin (WZB); verfügbar unter: http://duplox.wz-berlin.de/endbericht/sabine.htm

Henkel, J./Sander, J.G. (2003): Identifikation innovativer Nutzer in virtuellen Communities; in: Herstatt, C./Verworn, B. (Hg.): Management der frühen Innovationsphasen

Herring, S. (1994): Gender differences in computer-mediated communication: bringing familiar baggage to the new frontier; verfügbar unter: http://cprs.org/cpsr/gender/herring.txt

Herrmann, T. (1991): Thesen zur Entsinnlichung von Kommunikationort und -zeit; in: Wechselwirkung, 48, S. 92–93

Herrmann, T. (1993), Loss of Situative Context and its Relevance for Computer Mediated Communication and Cooperation; in: IFIP Transactions, vol. A – 38, Proceedings of the IFIP WG9.1 Working Conference on NerWORKing, p. 87–96

Herrmann, T. (2001): Kommunikation und Kooperation, in: Schwabe, G./Streitz, N./Unland, R. (Hg.): CSCW Kompendium. Lehr- und Handbuch zum computerunterstützten kooperativen Arbeiten, München, S. 15–25.

Herrmann, T./Loser, K.-U. (1999): Vagueness in models of socio-technical systems. Behavior & Information Technology: Special Issue on Analysis of Cooperation and Communication, 18(5), p. 313–323.

Hess-Lüttich, E.W.B./Wilde, E. (2003): Der Chat als Textsorte und/oder als Dialogsorte? Verfügbar unter: http://www.linguistik-online.org/13_01/hessLuettichWilde.pdf

Hian, L.B./Chuan, S.L./Trevor T.M.K./Detenber, B.H. (2004): Getting to Know You: Exploring the Development of Relational Intimacy in Computer-mediated Communication; in: JCMC, 9 (3), verfügbar unter: http://jcmc.indiana.edu/vol9/issue3/detenber.html

Hickethier, K. (2003): Einführung in die Medienwissenschaft, Stuttgart/Weimar

Hillmann, K.-H. (1994): Wörterbuch der Soziologie, 4. Aufl. Stuttgart

Hiltz, S.R./Turoff, M. (1978): The network nation, Reading (MA)

Hiltz, S.R./Turoff, M. (1985): Structuring Computer-mediated Communication Systems to Avoid Information Overload; in: Communications of the ACM, Volume 28, Number 7

Hiltz, S.R./Johnson, K./Turoff, M. (1986): Experiments in group decision making: Communication process and outcome in face-to-face versus computerized conferences; in: Human Communication Research, 13, p. 225–252

Hiltz, S. R./Turoff, M./Johnson, K. (1989): Experiments in group decision making, 3: Disinhibition, deindividuation, and group process in pen name and real name computer conferences; in: Decision Support Systems, 5, p. 217–232.

Hiltz, S. R./Turoff, M. (1993): The Network Nation: Human Communication via Computer, Reading, Cambridge

Hoffmann, U. (1997): Die erträgliche Leichtigkeit des Seins: Subjektivität und Sozialität in der Netzwelt; in: Voß, G.G. (Hg.): Subjektorientierte Soziologie, Opladen, S. 95–125

Höflich, J.R. (1996): Technisch vermittelte interpersonale Kommunikation, Opladen

Höflich, J.R. (1998): Computerrahmen und Kommunikation; in: Prommer, E./Vowe, G. (Hg.): Computervermittelte Kommunikation – Öffentlichkeit im Wandel? Konstanz, S. 141–174

Höflich, J.R. (2003): Mensch, Computer und Kommunikation. Theoretische Verortungen und empirische Befunde, Frankfurt am Main

Hogg, M.A./Abrams, D. (1988): Social Indentifications: A Social Psychology of Intergroup Relations and Group Processes, London

Holland, N.N. (2004): The Internet Regression; in: Psychology of Cyberspace, verfügbar unter:
http://psydok.sulb.uni-saarland.de/volltexte/2004/117/html/psycyber/holland.html

Hunter, J./Allen, M. (1992): Adaptation to Electronic Mail; in: Journal Applied Communication Research, 20, p. 254–274

I

lhausen, K./Wehner, J. (2000): Virtuelle Bindungen. Überlegungen zum Verhältnis von sozialer Integration und neuen elektronischen Medien; in: Thiedeke, U. (Hg.): Virtuelle Gruppen. Charakteristika und Problemdimensionen, Wiesbaden, S. 74–93.

J

Jacobson, D. (1999): Impression Formation in Cyberspace: Online Expectations and Offline Experiences in Text-based virtual Communities; in: JCMC, 5 (1), verfügbar unter: http://jcmc.indiana.edu/vol5/issue1/jacobson.html

Jäger, L./Stoffers, J. (1990): Der Computer als Schiefertafel: Oder neue Wege auf dem Weg zur Schrift, Aachen

Jakobs, E.-M. (1998): „Mediale Wechsel und Sprache. Entwicklungsstadien elektronischer Schreibwerkzeuge und ihr Einfluß auf Kommunikationformen"; in: Holly, W./Biere, B.U. (Hg.): Medien im Wandel, Opladen/Wiesbaden, S. 187–209.

Jakobson, R. (1979): Coup d'œil sur le développement de la sémiotique; in: Chatman, S./ Eco. U./Klinkenberg, J.-M. (ed.): A Semiotic Landscape – Panorama Sémiotique. Proceedings of the First Congress of the International Association for Semiotic Studies, Milan, June 1974, The Hague/Paris, p. 3–18

Wolak, J./Mitchell, K.J./Finkelhor, D. (2003): Escaping or connecting? Characteristics of youth who form online relationships; in: Journal of Adolescence, 26, p. 105–119; verfügbar unter: http://www.unh.edu/ccrc/pdf/jvq/CV51.pdf

Jansen, D. (2003): Einführung in die Netzwerkanalyse, Opladen

Jettmar, E.M./Rapp, M.W. (1996): Computer Mediated Communication: A Relational Perspective; paper presented at the Annual Convention of the Western States Communication Association Pasadena, CA; verfügbar unter: http://www.danger-island.com/ true/papers/CMC.html

Johansen, R./Vallee, J./Spangler, K. (1988): Teleconferencing: Electronic group comminication; in: Cathcart, R.S./Samover, L.A. (eds.): Small Group Communication: A Reader, 5th edition Dubuque, p. 140–154

Johnson, R.D./Downing, L.L. (1979): Deindividuation and valence of cues: Effects on prosocial and antisocial behavior; in: Journal of Personality and Social Psychology, 37, p. 1532–1538

Joinson, A.N. (2001): Self-disclosure in computer-mediated communication: The role of self-wawareness and visual anonymity; in: European Journal of Social Psychology, 31 (2), p. 177–192; verfügbar unter: http://iet.open.ac.uk/pp/a.n.joinson/papers/self-disclosure.PDF

Joinson, A.N./Woodley, A./Reips, U.-R. (2004): Personalization, authentication and self-disclosure in self-administered Internet surveys; verfügbar unter: http://www.psychologie.unizh.ch/sowi/team/reips/papers/JoinsonWoodleyReips.pdf

Joinson, A.N./Paine, C.B. (2006): Self-disclosure, Privacy and the Internet; vergfügbar unter: http://www.york.ac.uk/res/e-society/projects/15/PRISD_report2.pdf

Jones, Q. (1997): Virtual-Communities, Virtual Settlements & Cyber-Archaeology: A Theoretical Outline; verfügbar unter: http://jcmc.indiana.edu/vol3/issue3/jones.html

Jourard, S.M. (1971): Self-Disclosure: An experimental analysis of the transparent self, New York

K

Kellner, D. (1992): Popular culture and the construction of postmodern identities; in: Lash, S./Friedman, J. (ed.): Modernity and Identity, Oxford

Kerckhove, D. de (1995): Schriftgeburten. Vom Alphabet zum Computer, München

Kerr, E.B./Hiltz, S.R. (1982): Computer-mediated communication systems: Status and evoluation, New York

Kiesler, S. (1986): The hidden messages in computer networks; in: Harvard Business Review, Jan. – Feb., p. 46–59

Kiesler, S./Siegel, J./McGuire, T.W. (1984): Social psychological aspects of computer-mediated communication; in: American Psychologist, 39, p. 1123–1134

Kiesler, S./Sproull, L. (1992): Group decision making and communication technology; in: Organizational Behavior and Human Decision Processes, 52, p. 96–123.

Kiesler, S./Zubrow, D./Moses, A.M./Geller, V. (1985): Affect in computer-mediated communications: An experiment in synrnous terminal-to-terminal discussion; in: Human-Computer Interaction, 1, p. 77–104

Kilian, J. (2001): Geschriebene Umgangssprache in computervermittelter Kommunikation. Historisch-kritische Ergänzungen zu einem neuen Feld der linguistischen Forschung; in: Beißwenger, M. (Hg.): Chat-Kommunikation, Stuttgart, S. 55–78.

Kim, A.J. (2000): Community Building on the Web: Secrete Strategies for successful Online Communities, Berkeley

Kim, M.S./Narayan, S. (1991): Verbal aggression and self- disclosure on computer bulletin boards; paper presented at the Annual Meeting of the International Communication Association, Chicago, IL, May, ED334 620

Kinney, S.T./Watson, R. (1992): The effect of medium and task on dyadic communication; in: Proceedings of the International Conference on Information Systems, Dallas/Texas, p. 107–117

Klatt, R. (1993): Kommunikation im betrieblichen Sozialsystem: Zur funktionalen Analyse wirtschaftlicher Organisationen; in: Arbeit 2, S. 375–395.

Klemm, M./Graner, L. (2000): Chatten vor dem Bildschirm: Nutzerkommunikation als Fenster zur alltäglichen Computerkultur; in: Thimm, C. (Hg.): Soziales im Netz, Wiesbaden, S. 156–179

Klingenberg, H./Kränzle H.-P. (1983): Kommunikationstechnik und Nutzenverhalten: Forschungsprojekt Bürokommunikation, München

Kneer, V. (1994): Computernetze und Kommunikation; Diplomarbeit, verfügbar unter: http://nicoladoering.de/Hogrefe/kneer.txt

Koch, P./Oesterreicher, W. (1985): Sprache der Nähe – Sprache der Distanz. Mündlichkeit und Schriftlichkeit im Spannungsfeld von Sprachtheorie und Sprachgeschichte; in: Romanistisches Jahrbuch, 36, S. 15–43.

Koch, P./Oesterreicher, W. (1994): Schriftlichkeit und Sprache; in: Günther, H./Ludwig, O. (Hg.): Schrift und Schriftlichkeit. Ein interdisziplinäres Handbuch internationaler Forschung, 1. Halbband, Berlin, S. 587–604.

Kolko, J. (1999): The Death of Cities? The Death of Distance? Evidence from the Geography of Commercial Internet Usage; http://www.economics.harvard.edu/~jkolko/papers/domainspaper2.pdf (leider nicht mehr online)

Korzenny, F. (1978/2002): A Theory of Electronic Propinquity. Mediated Communication in Organizations; in: Communication Research, 5, p. 3–24, verfügbar unter: http://www.inquiry.uiuc.edu/bin/file_serve.cgi?file=u12668/CheskinPropinquity.pdf (revidierte Version, 2002).

Korzenny, F./Bauer, C. (1981): Testing the theory of electronic propinquity; in: Communication Research, 8(4), p. 479–498

Krappmann, L. (2000): Soziologische Dimensionen von Identität, 9. Aufl. Stuttgart

Kraut, R.E./Rice, R.E./Cool, C./Fish, R.S. (1998): Varieties of Social Influence: The Role of Utility and Norms in the Success of a New Communication Medium; in: Organizational Science, 9/4, p. 437–453

Kreisel, U./Tabbert, P. (1996): Net Jargon, Reinbek bei Hamburg

Krotz, F. (1992/3): Kommunikation als Teilhabe. Der „Cultural Studies Approach"; in: Rundfunk und Fernsehen, 40, S. 412–431.

Kubicek, H./Rolf, A. (1986): Mikropolis. Mit Computernetzen in die „Informationsgesellschaft", 2. Aufl. Hamburg

Kubicek, H. (2002): Vor einer „digitalen" Spaltung? Chancengleicher Zugang zu den neuen Medien als gesellschafts- und wirtschaftspolitische Herausforderung; in: Baacke, E./Frech, S./Ruprecht, G. (Hg.): Virtuelle (Lern)Welten. Herausforderungen für die politische Bildung, S. 53–65.

Kuckenberg, M. (1989): Die Entstehung von Sprache und Schrift, Köln

Kumar, N./Benbasat, I. (2002): Para-Social Presence and Communication Capabilities of a Web Site. A Theoretical Perspective, from e-Service Journal, 1 (3); verfügbar unter: http://iupjournals.org/eservice/es1-3.html

L

Landow, G.P. (1992): The Definition of Hypertext and its History as a Concept; verfügbar unter: http://www.scholars.nus.edu.sg/cpace/ht/jhup/history.html#1

Lang, K./Lang, J.E. (1961): Collective Dynamics, New York

Langham, D. (1994): The Common Place MOO: Orality and Literacy in Virtual Reality; in: Computer-Mediated Communication Magazine, 1 (3); verfügbar unter: http://www.ibiblio.org/cmc/mag/1994/jul/moo.html

Langheinrich, M./Mattern, F. (2003): Digitalisierung des Alltags. Was ist Pervasive Computing? In: Aus Politik und Zeitgeschichte, B 42/2003, 13. Oktober

Laurenceau, J.P./Barrett, L.F./Pietromonaco, P.R. (1998): Intimacy as an interpersonal process: The importance of self-disclosure, partner disclosure, and perceived partner responsiveness in interpersonal exchanges; in: Journal of Personality and Social Psychology, 74, p. 1238–1251

Lea, M./Spears, R. (1991): Computer-mediated communication, de-individuation and group decision-making; in: Man-Machine Studies, 34, p. 283–301

Lea M./O'Shea T./Fung P./Spears R. (1992): „Flaming" in computer-mediated communication: Observations, explanations, implications; in: Lea, M. (ed.): Contexts of Computer-Mediated Communication, New York, p. 89–112

Lea, M./Spears, R. (1995): Love at First Byte? Building Personal Relationships over Computer Networks; in: Wood, J.T./Duck, S. (eds.) Understudied Relationships: Off the Beaten Track, Newbury Park, p. 197–233

Lea, M./Spears, R./de Groot, D. (2001): Knowing Me, Knowing You: Anonymity Effects on Social Identity Processes Within Groups; in: Personality and Social Psychology Bulletin, 27 (5), p. 526–537

Le Bon, G. (1895): Psychologie des foules; 9e édition Paris (1905), p. 192 ff.

Leiner, M. et al. (2003): A Brief History of the Internet, verfügbar unter: http://www.isoc.org/internet/history/brief.shtml

Leitner, H. (2003): Online Community, „Hands on"! In: Eigner, C./Leitner, H./Nausner, P./Schneider, U. (2003): Online-Communities, Weblogs und die soziale Rückeroberung des Netzes, Graz, S. 11–51

Lengel, R.H./Daft, R.L. (1988): The selection of communication media as an executive skill; in: Academy of Management Executive, 2 (3), p. 225–232

Lenhart, A. et al. (2000): „Who's Not Online: 57 % of those without Internet access say they do not plan to log on." Pew Internet & American Life Project; verfügbar unter: http://www.pewinternet.org/reports/toc.asp?Report=21

Lenhart, A. (2003): The ever shifting internet population. A new look at Internet access and the digital divide; verfügbar unter: http://www.pewinternet.org/reports/pdfs/PIP_Shifting_Net_Pop_Report.pdf

Levine, D. (2000): Virtual Attraction: What Rocks Your Boat; in: CyberPsychology & Behavior, 3(4), p. 565–573.

Levinger, G./Snoek, J.D. (1972): Attraction in Relationships, Morristown

Lévy, P. (1998): Cyberkultur; in: Bollmann, S./Heibach, C. (Hg.): Kursbuch Internet. Anschlüsse an Wirtschaft und Politik, Wissenschaft und Kultur, Reinbek bei Hamburg, S. 56–82

Liu, Y./Ginther, D./Zelhart, P. (2001): How Do Frequency and Duration of Messaging Affect Impression Development in Computer-Mediated Communication? Journal of Universal Computer Science, 7(10), p. 893–913; verfügbar unter: http://www.jucs.org/jucs_7_10.

Liu, Y. (2002): The impacts of frequency and duration of messaging on relational development in computer-mediated communication; in: Fitzgerald, M.A./Orey, M./Branch, R.M. (eds.): Educational Media and Technology Yearbook 2002, vol. 27, Englewood, p. 33–51

Liu, Y. (2002): What Does Research Say about the Nature of Computer-mediated Communication: Task-Oriented, Social-Emotion-Oriented, or Both? In: Electronic Journal of Sociology; verfügbar unter: http://www.sociology.org/content/vol006.001/liu.html

Löw, M. (2001): Raumsoziologie, Frankfurt a.M.

Ludes, P. (1998): Einführung in die Medienwissenschaft, Berlin

Luhmann, N. (1981): Die Unwahrscheinlichkeit der Kommunikation; in: ders.: Soziologische Aufklärung 3, Soziales System, Gesellschaft, Organisation, Opladen

Luhmann, N. (1984): Soziale Systeme. Grundriß einer allgemeinen Theorie, Frankfurt a.M.

Lüscher, C. (1997): Zur Konstruktion von Identität im virtuellen Raum, Seminararbeit; verfügbar unter: http://home.tiscalinet.ch/thisischris/Cyberseminar.html

M

Maletzke, G. (1963): Psychologie der Massenkommunikation, Hamburg

Maletzke, G. (1976): Ziele und Wirkungen der Massenkommunikation, Hamburg

Markus, M.L. (1987): Toward a critical mass theory of interactive media: Universal access, interdependence, and diffusion; in: Communication Research, 14/5, p. 491–511

Martin, E. (1994): Flexible Bodies, Boston

Matheson, K./Zanna, M.P. (1988): The impact of computer-mediated communication on self-awareness; in: Computer in Human Behavior, 4, p. 221–233

Matheson, K./Zanna, M.P(1989): Persuasion as a function of self-awareness in computer-mediated communication; in: Social Behavior, 4, p. 99–111

Mauss, M. (1934/1977): Der Begriff der Technik des Körpers; in: ders.: Soziologie und Anthropologie 2, Frankfurt a.M., S. 199–217

McCormick, N./McCormick, J. (1992): Computer Friends and Foes: Context of Undergraduates' Electronic Mail; in: Computer in Human Behavior, 8, p. 379–405

McGarty, C./Haslam, S.A./Hutchinson, K.J./Turner, J.C. (1994): The effects of salient group memberships on persuasion; in: Small Group Research, 25, p. 267–293.

McGrath, J. (1990): Time matters in groups; in: Galegher, J./Kraut, R.E./Egido, C. (eds.): Intellectual teamwork: Social and technical bases of collaborative work Hillsdale, NJ, p. 23–61

McGrath, J.E. (1991): Time, interaction, and performance (TIP): A theory of groups; in: Small Group Research, 22, p. 147–174.

McGrath, J.E./Hollingshead, A.B. (1993): Puting the group back in group support systems: some theoretical issues about dynamic processes in groups with technological enhancements; in: Jessup, L.M./Valachich, J.S. (eds.): Group Support Systems: New Perspectives, New York, p. 78–96

McGuire, T.W./Kiesler, S./Siegel, J. (1987): Group and computer-mediated discussion effects in risk decision making; in: Journal of personality and social psychology, 52, p. 917–930.

McKenna, K.Y.A/Bargh, J. (1998): Coming out in the age of the Internet: Identity „demarginalization" through virtual group participation; in: Journal of Personality and Social Psychology, 75, p. 681–694.

McKenna, K.Y.A./Bargh, J.A. (2000): Plan 9 from cyberspace: The implications of the internet for personality and social psychology; in: Personality and Social Psychology Review, 4, p. 57–75.

Mead, G.H. (2000): Geist, Identität und Gesellschaft, 12. Aufl. Frankfurt am Main

Meggle, G. (1981): Grundbegriffe der Kommunikation, Berlin

Mehrabian, A. (1968): Inference of attitudes from the posture, orientation and distance of a communicator; in: Journal Consultation Clinical Psychology, 32, p. 296–308

Mehrabian, A. (1969): Some referents and measurements of nonverbal behavior; in: Behavior Research Methods and Instrumentation, 1 (6), p. 205–207

Meise-Kuhn, K. (1998): Zwischen Mündlichkeit und Schriftlichkeit. Sprachliche und konversationelle Verfahren in der Computerkommunikation; in: Brock, A./Hartung, M. (Hg.): Neuere Entwicklungen in der Gesprächsforschung, Tübingen, S. 213–235.

Merkle, E.R./Richardson, R. (2000): Digital Dating and Virtual Relating: Conceptualizing Computer Mediated Romantic Relationships; in: Family Relations, 49, p. 187–192.

Merten, K. (1997): Kommunikation. Eine Begriffs- und Prozeßanalyse, Opladen

Mettler-Meiborn, B. (1990): Wie kommt es zur Zerstörung zwischenmenschlicher Kommunikation? Überlegung über längerfristige Tendenzen und die Anwendung von Computern; in: Computerwelten – Alltagswelten: Wie verändert der Computer die soziale Wirklichkeit? Opladen, S. 55–64.

Mettler-Meibom, B. (1994): Kommunikation in der Mediengesellschaft. Tendenzen – Gefährdungen – Orientierungen, Berlin

Meyer, A./Pfeiffer, M (1999): Virtuelle Kundenintegration: Das Internet als Treiber für kundenorientierte Innovationen, in: Schmengler, H.J./Fleischer, A.F. (Hg.): Marketing Praxis Jahrbuch 1999, Düsseldorf, S. 228–233

Meyer, G./Thomas, J. (1990): The Baudy World of the Byte Bandit: A Postmodernist Interpretation of the Computer Underground; in: Schmalleger, F. (ed.): Computers in Criminal Justice, Bristol, Indiana, p. 31–67; verfügbar unter: http://www.fiu.edu/~mizrachs/byte-bandit.html

Meyer, J. (2000): Der Einsatz Virtueller Gemeinschaften im Marketing: Eine netzwerkanalytische Betrachtung von Virtual Communities, in: Weiber, R. (Hg.), Arbeitspapiere zur Marketingtheorie Nr. 10, Eigenverlag des Lehrstuhls für Marketing an Universität Trier

Miller, G.R./Steinberg, M.: (1976): Between people: A new analysis of interpersonal Communication, Chicago

Misoch, S. (2004a): Identitäten im Internet. Selbstdarstellung auf privaten Homepages, Konstanz

Misoch, S. (2004b): „Selbstdarstellung Jugendlicher auf privaten Websites"; in: merz, 48 (5), S. 43–47

Misoch, S./Köhler, T. (2005): „Man muss gute Didaktik betreiben […] und da gehört dieser ganze Computerquatsch dazu". Abschlussbericht zur Studie „Nutzung Neuer Medien im Rahmen der Lehrerbildung von Hochschullehrer/innen an der Universität Potsdam"; verfügbar unter: http://www.uni-potsdam.de/agelearning/studie.html

Misoch, S. (2006a): Medien & Identität. Die eigene Homepage als Medium adoleszenter Identitätsarbeit; in: Hoffmann, D./Mikos, L./Winter, R. (Hg.): Medien- Identität – Identifikationen (im Druck)

Misoch, S. (2006b): Interpretative Variabilität von Technik – Technikeinstellungen als konstruktiver Prozess; in: Kongressband zur Kulturwissenschaftlichen Technikforschung, Hamburg (in Druck)

Misoch, S. (2006c): Abschlussbereich der Studie: Jugendluche und Neue Medien. Eine qualitative Analyse der Nutzung Neuer Medien für jugendliche Identitätsbildung unter besonderer Berücksichtigung des Chat; (noch) nicht veröffentlichter Bericht (kann über die Autorin bezogen werden)

Morris, M./Ogan, C. (1996): The Internet as mass medium; in: Journal of Communication (JCMC), 46/1

Morton, T.L./Douglas, M.A. (1981): Growth of Relationships; in: Duck, S./Gilmour, R. (Hg.): Personal Relationships, vol. 2: Developing Personal Relationships, London

Müller, C. (1999): Networks of „personal communities" and „group communities" in different online communication services. First results of an empirical study in Switzerland; Paper presented at the Exploring Cyber Society Conference, University of Northumbria Newcastle, UK; verfügbar unter: http://sozweber.unibe.ch/ii/virt/newcastle.html

Muniz, A.M. Jr./O'Guinn, T.C. (2001): Brand Community, in: Journal of Consumer Research, 27, p. 409–415

Murray, D./Bevan, N. (1985): The social psychology of computer conversations; in: Shackel, B. (ed.): Human-computer Interaction – INTERACT '84, Amsterdam, p. 33–38

Musch, J. (1997): Die Geschichte des Netzes: ein historischer Abriß; in: Batinic, B. (Hg.): Internet für Psychologen, Göttingen u. a., S. 27–48

Myers, D. (1987): Anonymity is part of the magic: Individual manipulation of computer-mediated communication contexts; in: Qualitative Sociology, 10, p. 251–266.

N

Nassehi, A (2003): Die Differenz der Kommunikation und die Kommunikation der Differenz. Über die kommunikationstheoretischen Grundlagen von Luhmanns Gesellschaftstheorie; in: Giegel, H.-J./Schimank, U. (Hg.): Beobachter der Moderne. Beiträge zu Niklas Luhmanns „Die Gesellschaft der Gesellschaft", Frankfurt a.M., S. 21–41

Naumann, B. (1998): Stirbt die deutsche Sprache? Überlegungen zum Sprachwandel durch IRC (Internet Relay Chat); in: Cmejrkova, S. et al. (Hg.): Dialoganalyse VI, Referate der 6. Arbeitstagung in Prag 1996, Tübingen, S. 249–262.

Nelson, T.H. (1993): Literary Machines, Sausalito

Neumann, G.H./Bendig, A./Gärke, E./Lehmann, P. (2001): Vergleichende Auswertung von über 20000 Kontaktanzeigen, die in Deutschland zwischen 1900 und 2001 in Tageszeitungen oder Internet von Inserenten bzw. von Partnervermittlungsinstituten aufgegeben wurden; verfügbar unter: http://www.prof-neumann.net/

Neumann-Braun, K. (2000): Medien – Medienkommunikation; in: Neumann-Braun, K./ Müller-Doohm, S. (Hg.): Medien- und Kommunikationssoziologie. Eine Einführung in zentrale Begriffe und Theorien, Weinheim/München, S. 29–40

Newcomb, T.M. (1961): The Acquaintance Process, New York

Nice, M.L./Katzev, R. (1998): Internet Romances: The Frequency and Nature of Romantic On-Line Relationships; in: Cyberpsychology and Behavior, 1(3)

Nohr, H. (2001): Wissensmanagement mit Knowledge Communities; in: Nohr, H. (Hg.): Virtuelle Knowledge Communities im Wissensmanagement: Konzeption – Einführung – Betrieb, Aachen, S. 9–26

Nonnecke, B./Preece, J. (2001): Why Lurers Lurk, in: Americas Conference on Information Systems, Boston, p. 1521–1530; verfügbar unter: http://www.cis.uoguelph.ca/ ~nonnecke/research/whylurk.pdf

Norris, P. (2001): Digital Divide: Falling through the Net: Toward Digital Inclusion, Washington, DC

O

O'Sullivan, P.B./Flanagin, A.J. (2001): An Interactional Reconceptualization of „Flaming" and Other Problematic Messages; verfügbar unter: http://www.ilstu.edu/~posull/flaming.htm

Ong, W.J. (1987): Oralität und Literalität. Die Technologisierung des Wortes, Opladen

Orthmann, C. (2004): Strukturen der Chat-Kommunikation. Konversationsanalytische Untersuchung eines Kinder- und Jugendchats, Freie Universität Berlin (Diss.); verfügbar unter: http://www.diss.fu-berlin.de/2004/78/

Osgood, C.E./Suci, G.J./Tannenbaum, P.H. (1957): The measurement of meaning, Urbana

P

Parks, M.R./Floyd, K. (1997): Making Friends in Cyberspace; in: Journal of Communication, 46(1), p. 80–97; verfügbar unter: http://jcmc.indiana.edu/vol1/issue4/parks.html

Parks, M.R./Roberts, L.D. (1998): Making MOOsic: The Development of Personal Relationships On-line and a Comparison to their Off-line Counterparts; verfügbar unter: http://www.nicoladoering.de/Hogrefe/parks2.htm

Patalong, F. (2006): Falsch ist das neue Richtig; verfügbar unter http://www.spiegel.de/ netzwelt/netzkultur/0,1518,414507,00.html

Peirce, C.S. (1931–58): Collected Papers, 8 Bände, Cambridge

Pflüger, J./Schurz, R. (1987): Der Maschinelle Charakter, Opladen

Picot, A./Reichwald, R. (1985): Bürokommunikation. Leitsätze für den Anwender, 2. Aufl. München

Picot, A./Reichwald, R./Wigand, R.T. (2001): Die grenzenlose Unternehmung: Information, Organisation und Management, 4. Aufl. Wiesbaden

Pinch, T.J./Bijker, W.E. (1997): The Social Construction of Facts and Artifacts: or How the Sociology of Science and the Sociology of Technology Might Benefit Each Other; in: Bijker, W.E. et al. (eds.): The Social Construction of Technological Systems, 6th printing, Massachusetts, p. 17–50

Pistole, M.C. (1933): Attachment Relationships: Self-Disclosure and Trust; in: Journal of Mental Health Counseling, 15 (1), p. 94–106

Polenz, P. v. (1999): Deutsche Sprachgeschichte vom Spätmittelalter bis zur Gegenwart, Band III: 19. und 20. Jahrhundert, Berlin/New York.

Pool, I. de Sola (1983): Technologies of freedom, Cambridge

Poole, M.S./DeSanctis, G. (1990): Understanding the use of group decision support systems: the theory of adaptive structuration; in: Fulk, J./Steinfield, C. (eds.): Organizations and Communication Technology, p. 173–193.

Poole, M.S./Holmes, R./DeSanctis, G. (1991): Conflict management in a computer-supported meeting environment; in: Management Science, 37, p. 926–953

Popper, K.R. (1976): Unended Quest. An Intellectual Autobiography, London

Popper, K.R./Eccles, J.C. (1990): Das Ich und sein Gehirn, München

Postman, N. (1991/1992) Das Technopol. Die Macht der Technologien und die Entmündigung der Gesellschaft, Frankfurt a.M.

Postmes, T./Spears, R./Lea, M. (1998): Breaching or building social boundaries? SIDE-Effects of computer-mediated communication; in: Communication Research, 25, p. 689–715.

Postmes, T./Spears, R. (1998): Deindividuation and Antinormative Behavior: A Meta-Analysis; in: Psychological Bulletin, p. 238–259; verfügbar unter: http://psy.ex.ac.uk/~tpostmes/PDF/postmesspearsPcychBull98.pdf

Postmes, T./Spears, R./Lea, M. (1999): Social identity, group norms, and „deindividuation“: Lessons from computer-mediated communication for social influence in the group; in: Ellemers, N./Spears, R./Doosje, B. (eds.): Social identity: Context, commitment, content, Oxford

Postmes, T./Spears, R./Sakhel, K./de Groot, D. (2001): Social Influence in Computer-Mediated Communication: The Effects of Anonymity on Group Behavior; in: Personality and Social Psychology Bulletin, 27 (10), p. 1243–1254; verfügbar unter: http://psy.ex.ac.uk/~tpostmes/PDF/postmesetalPSPB2001.pdf

Preece, J. (2000): Online Communities: Designing Usability, Supporting Sociability, New York

Preece, J. (2001): Sociability in online communities: determining and measuring success; in: Behavior & Information Technology, 20 (5), p. 347–356

Pross, H. (1972): Medienforschung. Film – Funk – Presse – Fernsehen, Darmstadt

R

Radford, G. (1995): Relationship of gender to incidence of adversarial exchanges in internet communication settings: implications for improving CMC; verfügbar unter: http://www.wilpaterson.edu/home/staff/kwagner/flame.htm

Rafaeli, S. (1988): Interactivity: From new media to communication; in: Sage Annual Review of Communication Research: Advancing Communication Science, 16, Beverly Hills, p. 110–134

Rafaeli, S./Sudweeks, F. (1994): Interactivity On The Nets; in: Paper presented at the Information Systems and Human Communication Technology Divisions, 1994 ICA annual conference, Sydney, Australia; verfügbar unter: http://www.it.murdoch.edu.au/~sudweeks/papers/netint.pdf

Rahde, F. (1999). Romantische Liebessemantik im Wandel, Magisterarbeit; verfügbar unter: http://www.stura2.htwk-leipzig.de/~ses/publikation/roli1.pdf.

Rammert, W. (1988): Technisierung im Alltag. Theoriestücke für eine spezielle soziologische Perspektive; in: Joerges, B. (Hg.): Technik im Alltag, Frankfurt/M., S. 165–197

Rammert, W. (1993): Technik aus soziologischer Perspektive. Forschungsstand – Theorieansätze – Fallbeispiele. Ein Überblick, Opladen

Reicher, S.D. (1984): Social influence in the crowd: Attitudinal and behavioral effects of deindividuation in conditions of high and low group salience; in: British Journal of Social Psychology, 23, p. 341–350.

Reicher, S.D. (1984): The St. Pauls' riot: An explanation of the limits of crowd action in terms of a social identity model; in: European Journal of Social Psychology, 14, p. 1–21.

Reicher, S.D. (1987): Crowd behaviour as social action; in: Turner, J.C./Hogg, M.A./Oakes, P.J./Reicher, S.D./Wetherell, M.S. (eds.): Rediscovering the social group. A self-categorization theory, New York, p. 171–202

Reicher, S.D./Spears, R./Postmes, T. (1995): A Social Identity Model of Deindividuation Phenomena; in: European Review of Social Psychology, 6, p. 161–198.

Reichwald, R. (1993): Kommunikation; in: Bitz, M./Dellmann, K./Domsch, M./Egner H. (Hg.): Vahlens Kompendium der Betriebswirtschaftslehre, Band 2, 3. Aufl. München, S. 447–494

Reichwald, R. et al. (1998): Telekooperation – Verteilte Arbeits- und Kommunikationsformen, Heidelberg

Reid, E. (1991): Electropolis: Communication and Community On Internet Relay Chat; verfügbar unter: http://www.aluluei.com/electropolis.htm

Reid, E. (1994): Cultural Formations in Text-Based Virtual Realities; Master-Thesis; verfügbar unter: http://www.aluluei.com/cult-form.htm (09.04.2006)

Reid, E. (1995): Virtual worlds: Culture and imagination; in: Jones, S.G. (ed.): CyberSociety: Computer-mediated communication and community, Thousand Oaks, p. 164–183

Renner, K.-H. (2003): Selbstdarstellung im MUD und auf privaten Homepages – Unterschiede und Gemeinsamkeiten; in: Keitel, E./Boehnke, K./Wenz, K. (Hg.): Neue Medien im Alltag: Nutzung – Vernetzung – Interaktion, Lengerich, S. 263–274

Rettie, R. (o. J.): Connectedness, Awareness and Social Presence; verfügbat unter: http://www.kingston.ac.uk/~ku03468/docs/Connectedness,AwarenessandSocial Presence.pdf

Rheingold, H. (1993): The virtual community: Homesteading on the electronic frontier, Reading

Rheingold, H. (2000): Community Development In The Cybersociety of the Future; verfügbar unter: http://www.partnerships.org.uk/bol/howard.htm

Rice, R.E. (1982): Communication networking in computer-conferencing systems: A longitudinal study of group rules and system structure; in: Communication Yearbook, 6, p. 925–944

Rice, R.E (1984): Mediated group communication; in: Rice, R.E. et al. (eds.): The new media: communication, research, and technology, Beverly Hills, p. 129–156

Rice, R.E./Love, G. (1987): Electronic Emotion: Socioemotional content in a computer-mediated network; in: Communication Research, 14, p. 85–108

Rice, R.E./Aydin, C. (1991): Attitudes toward new organizational technology: Network proximity as a mechanism for social information processing; in: Administrative Science Quarterly, 36, p. 219–244.

Rice, R.E. (1993): Media Appropriateness. Using Social Presence Theory to Compare Traditional and New Organizational Media; in: Human Communication Research, 19 (4), p. 451–484.

Rice, R.E. (ed.) (1994): Network analysis and computer-mediated communication systems, Newbury Park

Richardson, J.C/Swan, K. (2003): Examing Social Presence in Online Courses in Relation to Students' Perceived Learning and Satisfaction; in: JALN, 7 (1); verfügbar unter: http://www.aln.org/publications/jaln/v7n1/pdf/v7n1_richardson.pdf

Roberts, L.D./Smith, L.M./Pollock, C. (1996): A model of social interaction via computer-mediated communication in real-time text-based virtual environments; paper presented at the 31st Annual Conference of the Australian Psychological Society, Sydney, Australia

Roberts, R.E./Smith, L.M./Pollock, C. (1997): You are a lot bolder on the net: The social use of text-based virtual environments by shy individuals; paper presented at the International Conference on Shyness and Self-consciousness, Cardiff/Wales

Roberts, L.D./Parks, M.R. (1999): The social geography of gender-switching in virtual environments on the internet; in: Information, Communication & Society, 2 (4), p. 521–540

Rosemann, B./Kerres, M. (1986): Interpersonales Wahrnehmen und Verstehen, Bern u. a.

Rosenbaum, O. (1999): Chat-Slang – Lexikon der Internetsprache, 4233 Abkürzungen, Akronyme, Idioms und Emoticons, München

Roth, G. (2002): Das Gehirn und seine Wirklichkeit. Kognitive Neurobiologie und ihre philosophische Konsequenzen, 6. Aufl. Frankfurt am Main

Rötzer, F. (1995): Die Telepolis. Urbanität im digitalen Zeitalter, Mannheim

Rourke, L./Anderson, T./Garrison, D.R./Archer, W. (2001): Assessing Social Presence in Asynchronous Text-based Computer Conferencing; in: Journal of Distance Education/ Revue de l'enseignement à distance; verfügbar unter: http://cade.athabascau.ca/ vol14.2/rourke_et_al.html

Rubin, Z. (1970): Measurement of romantic love; in: Journal of Personal and Social Psychology, 16, p. 265–273

Rudy, I.A. (1996): A critical review of research on electronic mail; in: European Journal of Information Systems, 4 (4), p. 198–213.

Runkehl, J. et al. (Hg.)(1998): Sprache und Kommunikation im Internet, Opladen

Runkehl, J./Schlobinski, P./Siever, T. (1998): Sprache und Kommunikation im Internet. Überblick und Analysen, Opladen/Wiesbaden

S

Sanders, J.A./Wiseman, R.L. (1990): The effects of verbal and nonverbal teacher immediacy on perceived cognitive, affective, and behavioral learning in the multicultural classromm; in: Communication Education, 39 (4), p. 341–352

Salancik, G.R./Pfeffer, J. (1978): A social information processing appraoch to job attitudes and task design; in: Administrative Science Quarterly, 23, p. 224–253

Sassenberg, K. (1999): Sehen und gesehen werden. Normorientierung unter Anonymität, Lengerich; Dissertation; verfügbar unter: http://www.personal.uni-jena.de/~s0saka/sassenberg99.pdf

Saxer, U. (1991): Medien als problemlösende Systeme; in: Spiegel, 10. Jg., Heft 1, S. 45–79

Schade, O. (1997): Dienste im Internet; in: Batinic, B. (Hg.): Internet für Psychologen, Göttingen u. a., S. 49–88

Schäfers, B. (2003): Art.: „Gemeinschaft"; in: Schäfers, B. (Hg.): Grundbegriffe der Soziologie, Opladen, S. 98–101

Scheier, M.F. (1976): Self-awareness, self-consciousness and angry aggression; in: Journal of Personality, 44, p. 627–644

Schischkoff, G. (1982): Philosophisches Wörterbuch, 21. Aufl. Stuttgart

Schlobinski, P. (1998): Pseudonyme und Nicknames; verfügbar unter: http://www.mediensprache.net/networx/networx-5.pdf.

Schlobinski, P. (2000): sprache@web.de. Der Mythos von der CyberSprache; leicht modifizierte Fassung des Artikels in der FAZ vom 12.10.2000; verfügbar unter: http://www.fbls.uni-hannover.de/sdls/schlobi/splitter/cybersprache.htm

Schlobinski, P. (2001): *knuddel – zurueckknuddel – dich ganzdollknuddel*: Inflektive und Inflektivkonstruktionen im Deutschen; in: Zeitschrift für germanistische Linguistik, 29

Schmidt, A. (2000): Chatten. Spiel ohne Grenzen – Spiel mit Grenzen? In: medien praktisch, 3 (24), S. 17–22.

Schmidt, J. (2005): Der virtuelle lokale Raum. Zur Institutionalisierung lokal bezogener Online Nutzungsepisoden, München

Schmitz, J. (1987): Electronic messaging: System use in local governments; Paper presented to the International Communication Association, Montreal/Canada

Schmitz, J. (1988): Electronic communication: A longitudinal view; Paper presented to the annual Academy of Management convention, Anaheim/USA

Schmitz, J./Fulk, J. (1991): Organizational Colleagues, Media Richness, and Electronic Mail; in: Communication Research, 18/4, p. 487–523

Schoberth, T./Preece, J./Heinzi, A. (2003): Online Communities: A Longitudinal Analysis of Communication Activities; in: Proceedings of the 36th Hawaii International Conference on System Sciences, Hawaii

Schönfeldt, J. (2001): Die Gesprächsorganisation in der Chat- Kommunikation; in: Beißwenger, M. (Hg.): Chat- Kommunikation, Band 1, Stuttgart, S. 25–53

Schulze, M. (1999): Substitution of Paraverbal and Nonverbal Cues in the Written Medium of IRC; in: Hundsnurscher, F./Weigand, E. (eds.): Dialogue Analysis and the Mass Media, Proceedings of the International Conference in Erlangen, April 2–3 1998, Tübingen, p. 65–82.

Schwabe, G. (2001): „Mediensynchronizität" – Theorie und Anwendung bei Gruppenarbeit und Lernen; in: Friedrich, H./Hesse, F. (Hg.): Partizipation und Interaktion im virtuellen Seminar, Münster; verfügbar unter: http://www.ifi.unizh.ch/im/btw/index.php

Schwabe, G. (2002): Mediensynchron Lernen – Evaluation und Fortentwicklung der Media Synchronicity-Theorie; in: Hesse, F./Friedrich, H. (Hg.): Partizipation und Interaktion im virtuellen Seminar; verfügbar unter: http://www.ifi.unizh.ch/im/imrg/fileadmin/publications/mkwi-synchronizitaet.pdf

Schwabe, G. (2004): Medienwahl; in:, Haake, J.M./Schwabe, G./Wesser, M. (Hg.): CSCL-Kompendium, München, S. 265–274

Schwitalla, J. (1997): Gesprochenes Deutsch. Eine Einführung, Berlin

Sennett, R. (1986): Verfall und Ende des öffentlichen Lebens. Die Tyrannei der Intimität, 13. Aufl. Frankfurt a. M.

Shannon, C.E./Weaver, W. (1949): The Mathematical Theory of Communication, Urbana

Short, J./Williams, E./Christie, B. (1976): The social psychology of tele-communications, New York

Shumar, K.A./Renninger, W. (ed.) (2002): Building Virtual Communities. Learning and Change in Cyberspace, Cambridge

Sieber, P. (1998): Parlando in Texten. Zur Veränderung kommunikativer Grundmuster in der Schriftlichkeit, Tübingen

Siegel, J./Dubrovsky, V./Kiesler, S./McGuire, T. W. (1986): Group processes in computer-mediated communication; in: Organizational Behavior and Human Decision Processes, 37, p. 157–187

Simon, M. (2001): Man stirbt nur zweimal; Netz-Kommentar vom 31.05.2001 zur Identitätssimulation Nicole Kaycee Swenson; verfügbar unter: http://www.heise.de/tp/r4/artikel/7/7763/1.html

Sinhart-Pallin, D. (1990): Die technik-zentrierte Persönlichkeit: Sozialisationseffekte mit Computern, Weinheim

Smith, M. (1992): Voices from the Well: The logic of the virtual commons Master's Thesis, Department of Sociology; verfügbar unter: http://netscan.sscnet.ucla.edu/csoc/papers

Smith, R.E. (1963): Examination by computer; in: Behavioral Science, 8, p. 76–79

Spears, R. (1995): Deindividuation; in: Manstead, A.S.R./Hewstone, M. (eds.): The Blackwell encyclopedia of social psychology, Oxford, p. 173–175

Spears, R./Lea, M./Lee, S. (1990): De-individuation and group polarisation in computer-mediated communications; in: British Journal of Social Psychology, 29, p. 121–134

Spears, R./Lea, M (1992): Social influence and the influence of the „social" in compter-mediated communication; in: Lea, M. (ed.): Contexts of Computer-Mediated Communication, Hempstead, p. 30–65

Spears, R./Lea, M. (1994): Panacea or panopticum? The hidden power in computer-mediated communication; in: Communication Research, 21 (4), p. 427–459

Sproull, L./Kiesler, S. (1986): Reducing social context cues: Electronic mail in organizational communication; in: Management Science, 32, p. 1492–1512.

Steinfield, C.W. (1986): Computer-mediated communication in an organizational setting: Explaining task-related and socioemotional uses; in: McLaughin, M.L. (ed.): Communication Yearbook 9, Newbury Park, p. 777–804

Sternberg, R.J. (1988): The triangle of love: intimacy, passion, commitment, New York

Steybe, U. (1997): Internet und Soziale Arbeit Diplomarbeit; verfügbar unter:
http://holewa.efb-consulting.de/efb-consulting/xsub-holewa/secure/Sozialmanagement/Ullich%20Steybe%20Internet%20und%20Sozialarbeit%20Diplomarbeit.pdf

Stoll, C. (1995): Silicon snake oil, New York

Storrer, A. (2000): Schriftverkehr auf der Datenautobahn: Besonderheiten der schriftlichen Kommunikation im Internet; in: Voß, G.G./Holly, W./Boehnke, K. (Hg.): Neue Medien im Alltag: Begriffsbestimmungen eines interdisziplinären Forschungsfeldes, Opladen; verfügbar unter: http://www.hytex.uni-dortmund.de/storrer/papers/traffic.pdf

Storrer, A. (2001): Getippte Gespräche oder dialogische Texte? Zur kommunikationstheoretischen Einordnung der Chat-Kommunikation; in: Lehr, A. et al. (Hg.): Sprache im Alltag. Beiträge zu neuen Perspektiven der Linguistik, Berlin/New York, S. 439–466.

Storrer, A. (2002): Sprachliche Besonderheiten getippter Gespräche: Sprecherwechsel und sprachliches Zeigen in der Chat- Kommunikation; in: Beißwenger, M. (Hg.): Chat-Kommunikation, Band 1, Stuttgart, S. 3–24

Straub, D./Karahanna, E. (1988): Knowledge Worker Communications and Recipient Availability: Toward a Task Closure Explanation of Media Choice; in: Organization Science, 9 (2), p. 160–175.

Straus, S. (1996): Getting a clue. The effects of communication media and information distribution on participation and performance in computer-mediated and face-to-face groups; in: Small group research, 27, p. 115–142.

Straus, S./McGrath, J. (1994): Does the medium matter? The interaction of task type and technology on group performance and member reactions; in: Journal of Applied Psychology, 79, p. 87–97.

Stroebe, W./Jonas, K./Hewestone, W. (Hg.) (2002): Sozialpsychologie, 4. Aufl. Berlin

Suh, K.S. (1999): Impact of communication medium on task performance and satisfaction: an examination of media-richness theory; in: Information & Management, 35, p. 295–312; verfügbar unter:
http://eclass.yonsei.ac.kr/kssuh/papers/I&M_1999_Vol35_Issue5.pdf

Suler, J. (2000): Identity Management in Cyberspace; verfügbar unter:
http://www.rider.edu/~suler/psycyber/identitymanage.html

Suttles, G.D. (1970): Friendship as a social institution; in: McCall, G. et al. (eds.): Social relationships, Chicago, p. 95–135

Svenning, L.L./Ruchinskas, J.E. (1984): Organizational teleconferencing; in: Rice, R.E. et al. (eds.): The new media: communication, research, and technology, Beverly Hills, p. 217–248

T

Tajfel, H./Turner, J.C. (1986): The social identity theory of inter-group behavior; in: Worchel, S./Austin, L. W. (eds.): Psychology of Intergroup Relations, Chigago
Tanenbaum, A.S. (1998): Computernetzwerke, 3. Auflage, Haar b. München
Tannen, D. (1982): „The oral/literate continuum in discourse." Spoken and Written Language: Exploring Orality and Literacy, Norwood
Thaler, V. (2003): Chat-Kommunikation im Spannungsfeld zwischen Oralität und Literalität, Berlin
The Computer Museum History Center (1997); verfügbar unter: http://www.computer-history.org/timeline/
Thiedecke, U. (Hg.) (2000): Virtuelle Gruppen. Charakteristika und Problemdimensionen, Opladen
Thome, M. (2000): Semiotische Aspekte computervermittelter Kommunikation; verfügbar unter: http://www.mediensprache.net/networx/networx-20.pdf
Tippe, D. (2001): Soziale Identifikation in virtuellen Gemeinschaften: Eine empirische Untersuchung in den deutschen Startrek-Newsgroups; Diplomarbeit; verfügbar unter: http://www.informatik.ku-eichstaett.de/mitarbeiter/tippe/Diplarbeit.pdf
Tolman, E.C./Brunswik, E. (1935): The Organism and the Causal Texture of the Environment; in: Psychological Review, 42, p. 43–77
Tönnies, F. (1926): Gemeinschaft und Gesellschaft. Grundbegriffe der reinen Soziologie, 6./7. Aufl. Berlin
Treviño, L.K./Lengel, R.H./Bodensteiner, W./Gerloff, E.A./Muir, N.K. (1990): The Richness Imperative and Cognitive Style: The Role of Individual Differences in Media Choice Behavior; in: Management Communication Quarterly, 4 (2), p. 176–197.
Treviño, L.K./Daft, R.L./Lengel, R.H. (1990): Understanding managers media choices: A symbolic interactionist perspective; in: Fulk, J./Steinfield, C. (eds.): Organizations and communication technology, Newbury Park, p. 71–94
Treviño, L.K./Lengel, R.H./Daft, R.D. (1987): Media symbolism, media richness and media choice in organizations: A symbolic interactionist perspective; in: Communication Research, 14, p. 553–574
Treviño, L.K./Webster, J. (1992): Flow in computer-mediated communication; in: Communication Research, 19, p. 539–573
Tsui, A.B./Ki, W.W. (1996): An analysis of conference interactions on TeleNex – A computer network for ESL teachers; in: Educational Technology Research and Development, 44 (4), p. 23–44

Turkle, S. (1996): Identität in virtueller Realität. Multi User Dungeons als Identity Workshops; in: Bollmann, S./Heibach, C. (Hg.): Kursbuch Internet. Anschlüsse an Wirtschaft und Politik, Wissenschaft und Kultur, Mannheim

Turkle, S. (1998): Leben im Netz. Identität in Zeiten des Internet, Reinbek bei Hamburg (orig. „Life on the Screen" 1995)

Turner, J.C./Hogg, M.A./Oakes, P.J./Reicher, S.D./Wetherell, M.S. (1987): Rediscovering the social group: A self-categorization theory, Oxford

Tyran, C.K./Dennis, A.R./Vogel, D.R./Nunamaker, J.F. (1992): The application of electronic meeting technology to support strategic management; in: MIS Quarterly, 16, p. 313–334

U

Utz, S. (1999): Soziale Identifikation mit virtuellen Gemeinschaften. Bedingungen und Konsequenzen, Lengerich

Utz, S. (2000): Social Information Processing in MUDs: The Development of Friendships in Virtual Worlds; in: Journal of Online Behavior, 1 (1), verfügbar unter: http://www.behavior.net/job/v1n1/utz.html

V

Valacich, J.S./Mennecke, B.E./Wachter, R.M./Wheeler, B.C. (1994): Extensions to Media Richness Theory: A Test of the Task-Media Fit Hypothesis; in: Proceedings of the 27th Hawaiian International Conference on System Sciences, Maui/Hawaii, p. 11–20

Vician, C./DeSanctis, G./Poole, M.S./Jackson, B.M. (1992): Using group technologies to support the design of „lights out" computing systems: A case study; in: Kendall, K.E./Lyytinen, K./DeGross, J.I. (eds.): The Impact of Computer Supported Technologies on Information Systems Development, New York, p. 151–178

Vogelgesang, W. (2000): „Ich bin, wen ich spiele". Ludische Identitäten im Netz; in: Thimm, C. (Hg.): Soziales im Netz. Sprache, soziale Beziehungen und Kommunikationskulturen im Internet, Opladen/Wiesbaden, S. 241–260.

Volpert, W. (1985), Zauberlehrlinge: die gefährliche Liebe zum Computer, Weinheim/Basel

W

Waldzus, S./Schubert, T./Frindte, W. (1997): Impact of group symbols on maintaining ingroup salience: A replication of minimal group effects in a computer-mediated setting, unveröffentlichtes Manuskript, Friedrich-Schiller-Universität, Jena

Wallace, P. (1999): The Psychology of the Internet, Cambridge

Waller, W./Hill, R. (1951): The Family: A Dynamic Interpretation, Hold

Walther, J.B. (1992a): A longitudinal experiment on relational tone in computer-mediated and face to face interaction; in Nunamaker, J.F. Jr/Sprague, R.H. Jr (eds.): Proceedings of the Hawaii International Conference on System Sciences 1992, 4, Los Alamitos, p. 220–231

Walther, J.B. (1992b): Interpersonal effects in computer-mediated interaction: A relational perspective; in: Communication Research, 19(1), 52–90

Walther, J.B. (1993a): Construction and validation of a quantitative measure of impression development; in: Southern Communication Journal, 59, p. 27–33.

Walther, J.B. (1993b); Impression development in computer-mediated interaction; in: Western Journal of Communication, 57, p. 381–398.

Walther, J.B. (1994): Anticipated ongoing interaction versus channel effects on relational communication in computer-mediated interaction; in: Human Communication Research, 20(4), p. 473–501.

Walther, J.B. (1995): Relational aspects of computer-mediated communication: Experimental observations over time; in: Organizational Science, 6(2), p. 186–203.

Walther, J.B. (1996): Computer-mediated communication: Impersonal, interpersonal, and hyperpersonal interaction; in: Communication Research, 23(1), p. 3–43.

Walther, J.B. (1997): Group and interpersonal effects in international computer-mediated collaboration; in: Human Communication Research, 23, p. 342–369.

Walther, J.B./Burgoon, J.K. (1992): Relational communication in computer-mediated interaction; in: Human Communication Research, 19(1), p. 50–88.

Walther, J.B./Anderson, J.F./Park, D.W. (1994): Interpersonal effects in computer-mediated interaction: A meta-analysis of social and antisocial communication; in: Communication Research, 21, p. 460–487.

Warschauer, M. (1995/1996): Comparing face-to-face and electronic discussion in the second language classroom; in: CALICO Journal, 13(2–3), p. 7–26.

Warschauer, M. (2002): „Reconceptualizing the Digital Divide", in First Monday 7(7), June 2002; verfügbar unter: http://www.firstmonday.dk/

Watzlawik, P./Beaven, J.H./Jackson, D.D. (1969): Menschliche Kommunikation. Formen, Störungen, Paradoxien, Bern/Stuttgart

Wehner, J. (1997): Medien als Kommunikationspartner. Zur Entstehung elektronischer Schriftlichkeit im Internet; in: Gräf, L./Krajewski, M. (Hg.): Soziologie des Internet. Handeln im elektronischen Web-Werk, Frankfurt am Main, S. 125–149

Weiber, R./Meyer, J. (2000): Virtuelle Communities, in: Weiber, R. (Hg.): Handbuch Electronic Business: Informationstechnologien – Electronic Commerce – Geschäftsprozesse, Wiesbaden, S. 277–295

Weigle, J./Krcmar, H. (2000): Zur Funktionsweise Virtualisierter Organisationen; Arbeitsbericht, Akademie für Technikfolgenabschätzung in Baden-Württemberg, Stuttgart; verfügbar unter: http://fuchsresearch.de/pdfs/ab161.pdf

Weingarten, R. (1997): „Sprachwandel durch Computer". Einleitung zum Themenband; in: ders. (ed.): Sprachwandel durch Computer, Opladen/Wiesbaden, S. 7–20

Weinreich, F. (1997): Establishing a point of view towards virtual communities; in: Computer-Mediated Communication, 3 (2); verfügbar unter: http://www.december.com/cmc/mag/1997/feb/wein.html

Weisband, S./Schneider, S./Connolly, T. (1995): Computer-mediated communication and social information: Status salience and status differences; in: Academy of Management Journal, 38 (4), p. 1124–1151

Weisband, S./Kiesler, S. (1996): Self Disclosure on Computer Forms: Meta-Analysis and Implications; verfügbar unter http://www.sigchi.org/chi96/proceedings/papers/Weisband/sw_txt.htm

Wellman, B. (2000): An Electronic Group Is Virtually a Social Network [deutsche Übersetzung]; in: Thiedeke, U. (Hg.): Virtuelle Gruppen. Charakteristika und Problemdimensionen, Wiesbaden, S. 134–167.

Werlen, B. (1993): Gibt es eine Geographie ohne Raum? In: Erdkunde 47, S. 241–255.

Werlen, B. (2000): Sozialgeographie: Eine Einführung, Stuttgart u. a.

Westrum, R. (1972): Communications Systems and Social Change; unpublished PhD-thesis, University of Chicago

Wetzstein, T.A./Dahm, H./Steinmetz, L./Lentes, A./Schampaul, S./Eckert, R. (1995): Datenreisende. Die Kultur der Computernetze, Opladen

Wheeless, L.R. (1978): A follow-up study of the relationships among trust, disclosure, and interpersonal solidarity; in: Human Communication Research, 4 (2), p. 143–157

Wheeless, L.R./Grotz, J. (1977): The measurement of trust and its relationship to self-disclosure; in: Human Communication Research, 3

Whitty, M./Gavin, J. (2001): Age/sex/location: uncovering the social cues in the development of online relationships; in: Cyberpsychology & Behavior, 4 (5), p. 623–630

Whittaker, S./Terveen, L./Hill, W./Cherny, L. (1998): The Dynamics of Mass Interaction; paper presented at the ACM Conference on Computer-Supported Cooperative Work, Seattle Washington, p. 257–264.

Whitty, M.T. (2003): Cyber-flirting. Playing at Love on the Internet; in: Theory & Psychology, 13 (3), p 339–357

Wicklund, R.A./Frey, D. (1993): Die Theorie der Selbstaufmerksamkeit; in: Frey, D./Irle, M. (Hg.): Theorien der Sozialpsychologie, Bd. 1, Bern u. a.

Wiener, M./Mehrabian, A. (1968): Language within Language: Immediacy, a Channel in Verbal Communication, New York

Wilde, F. (2002): Zwischen Mündlichkeit und Schriftlichkeit: Die Chat-Kommunikation aus linguistischer Sicht, Seminararbeit; verfügbar unter: http://www.hrz.uni-dortmund.de/~hytex/chatbib/papers/wilde.pdf

Wilhelm, A. (2000): Democracy in the Digital Age, New York

Wilkins, H. (1991): Computer talk: Long-distance conversations by computer; in: Written Communication, 8, p. 56–78.

Winkler, K./Mandl, H. (2004): Virtuelle Communities – Kennzeichen, Gestaltungsprinzipien und Wissensmanagement-Prozesse (Forschungsbericht Nr. 166), München, Ludwig-Maximilians-Universität, Department Psychologie, Institut für Pädagogische Psychologie

Winterhoff-Spurk, P./Vitouch, P. (1989): Mediale Individualkommunikation; in: Groebel, J./Winterhoff-Spurk, P. (Hg.): Empirische Medienpsychologie, München, S. 247–257

Wintermantel, M./Becker-Beck, U. (2000): Interaktionssteuerung bei der computervermittelten Kommunikation; in: Kallmeyer, W. (Hg.): Sprache und neue Medien, Mannheim

Wittgenstein, L. (1984): Philosophische Untersuchungen; in: ders.: Tractatus logico-philosophicus. Tagebücher 1914–1916. Philosophische Untersuchungen, Frankfurt a.M., S. 225–580

Wolak, J./Kimberly, J. M./Finkelhor, D. (2003): Escaping or connecting? Characteristics of youth who form online relationships; in: Journal of Adolescence 26, p. 105–119; verfügbar unter: http://www.unh.edu/ccrc/pdf/jvq/CV51.pdf

Wolak, J./Mitchell, K. M./Finkelhor, D. (2002): Close online relationships in a national sample of adolescence; in: Adolescence, 37 (147), p. 441–455

Woning, R. van der (2001): The End of the Whole Mess. The Truth about the Kaycee Hoax; verfügbar unter: http://www.bigwhiteguy.com/mess.pdf

Wresch, W. (1996): Disconnected: Haves and Have-Nots in the Information Age, New Brunswick, NJ

Y

Yao, M.Z./Flanagin, A.J. (2006): A self-awareness approach to computer-mediated communication; in: Computers in Human Behavior, 22, p. 518–544

Z

Zhang, Y./Hiltz, S.R. (2003): Factors that influence online relationship development in a knowledge sharing community; verfügbar unter: http://iab.fhbb.ch/eb/publications.nsf/0/c643d2e66c4e14d9c1256d7a00495b2e/$FILE/amcis_Zhang.pdf

Zick, A. (2002): Die Konflikttheorie der Theorie der sozialen Identität, in: Bonacker, T. (Hg.): Sozialwissenschaftliche Konflikttheorien. Eine Einführung, Opladen, S. 409–426

Zifonun, G./Hoffmann, L./Strecker, B. (1997): Grammatik der deutschen Sprache, Berlin/New York

Zimbardo, P.G. (1969): The human choice: Individuation, reason, and order vs. deindividuation, impulse and chaos; in: Arnold, W.T./Levine, D. (eds.): Nebraska symposium on Motiviation, 17, p. 237–307

Zimmer, D.E. (1995): „Sonst stirbt die deutsche Sprache“; in: DIE ZEIT, Nr. 26 vom 23.6.1995, S. 42

Zimmerman, D.P. (1987): Effects of computer conferencing on the language use of emotionally disturbed adolescents; in: Behavior Research Methods, Instruments & Computers, 19, p. 224–230

Zook, M. (2001): Connected is a matter of geography; verfügbar unter: http://www.zooknic.com/info/Zook-netWorker-2001.pdf

Internetnutzungsdaten und Räume des Internets

Internetgeschichte:
- The Computer Museum History Center (1997): verfügbar unter: http://www.computerhistory.org/timeline/

Daten zur Internetnutzung:
- http://www.drweb.de/weblog/weblog/?p=499
- @facts: basics, 3. Quartal 2003, verfügbar unter: http://www.ip-interactive.tv/downloads/_facts_Q3_2003.pdf
- Übersicht über Statistiken zur Internetnutzung: http://www.digitale-chancen.de/content/stories/index.cfm/aus.2/key.399/secid.16/secid2.49

Internetquelle zu Chat-Kommunikation
- Chat-Bibliographie verfügbar unter http://www.chat-bibliography.de/

Register